航海类高等职业教育项目化教材

轮机力学基础

陈　军　主编
陈祥旺　主审

上海浦江教育出版社

图书在版编目(CIP)数据

轮机力学基础/陈军主编. —上海：上海浦江教育出版社有限公司，2014.8

（航海类高等职业教育项目化教材）

ISBN 978-7-81121-366-9

Ⅰ.①轮…　Ⅱ.①陈…　Ⅲ.①轮机-工程力学-高等职业教育-教材　Ⅳ.①U664.1

中国版本图书馆 CIP 数据核字(2014)第196085号

上海浦江教育出版社出版

社址：上海海港大道 1550 号上海海事大学校内　邮政编码：201306

电话：021-38284923(总编室)　38284910/12(发行)　传真：021-38284916(传真)

上海图宇印刷有限公司印装　　上海浦江教育出版社发行

幅面尺寸：185 mm×260 mm　印张：13.75　字数：334 千字

2014 年 8 月第 1 版　2014 年 8 月第 1 次印刷

责任编辑：贾裙平　封面设计：赵宏义

定价：44.00 元

内容提要

本书主要内容分为三部分。第一部分为工程力学,介绍理论力学中的静力分析基础和平衡方程及其应用;材料力学中的构件的承载能力、材料四种基本形变失效的概念、零部件的强度和刚度条件及其应用;流体力学中的流体静力学方程与流动连续性方程。第二部分为工程热力学,介绍热能与机械能的转换关系,分析能量转换设备的经济性。第三部分为船舶常用量具和仪表的原理与使用。

本书精选船舶轮机工程技术专业实践以及后续专业课程中必须掌握的知识、技能,遵循“够用、实用”的原则,采用以任务驱动项目教学的形式,以应用为主,突出实用性、典型性和教学的可操作性,着眼于学生在应用能力方面的培养。每个项目后面都附有思考和练习题,便于学生巩固所学知识并强化技能。学生每完成一个项目的学习,不仅能较系统地记识相应的理论知识,还能掌握生产中的实际技能。

本书可作为高职高专院校和成人高校轮机工程技术、船舶工程和机械类相关专业教材,也可作为初、中级工程人员的参考资料。

总　序

当前，我国高等职业教育已进入了快速发展时期，职业教育的教学模式也悄然发生着改变，传统学科体系的教学模式正逐步转变为行动体系的教学模式。项目化教学是“行动导向”教学法的一种，因其具有实践性、自主性、发展性、综合性、开放性等多个优点而被高等职业院校广泛采用。但由于受传统学科体系的教学模式和海事局船员适任考试评估大纲的影响，航海类高等职业教育的教材目前大多仍按知识体系架构编写，内容偏重于理论知识，而轻视实践技能的训练，与职业能力培养要求存在较大的差距。国内部分院校虽然也进行过项目化教学改革的尝试，但编写的配套教材大多采用模块（知识体系）＋实训（海事局评估项目）架构，教学方法上采用“理论与实践交替互动”的模式，没有真正实现以项目为载体的理实一体化教学。

为了培养高素质航海技术技能人才，使教学模式遵循职业教育教学规律和高职学生的认知规律，我们组织编撰了《航海类高等职业教育项目化教材》（丛书）。为了高质量地完成教材的编撰工作，编委会组织了一批企业专家、知名学者和专职教师，在以华东师范大学博士徐国庆教授为核心的“职业教育项目化教改团队”的指导下，大力推进航海类专业以工作任务为导向的课程体系改革。本次课程体系改革，完全打破以往的基于知识体系的课程体系模式，而是以海船船员典型工作任务为导向，从船员岗位的工作领域和职业能力分析入手，形成了一套集知识目标和技能目标于一体、融理论学习和技能训练于一身的全新航海类项目化专业主干课程教材。

教材是课程教与学的载体，也是课程教与学模式的具体体现。在重新优化和构建以工作任务为导向的课程体系的基础上，编委会配套制定了各课程教学标准，分组开展了项目化课程设计，并以此指导项目化系列教材的编撰。

本套教材紧扣船员工作岗位的实际工作项目，通过“项目描述”“项目目标”“任务描述”“任务实施”“任务评价”等栏目逐层递进，在项目实施中完成对学生知识的积累和能力的培养。这种“做中学、学中做”教学方法，既符合高等职业教育的需求，也符合高等职业院校学生的认知规律。

航海类专业职业教育“课证融通”的特点，要求毕业生参加海事局组织的船员适任证书考试和评估，并取得相应船员适任证书。所以，本套教材在编撰过程中，还特别强调紧扣国际海事组织STCW公约2010年马尼拉修正案的新内容、新要求，在知识内容和实训项目设置上，完全涵盖中国海事局全国海船船员适任考试和适任评估两个大纲的要求，实现了理论和实践的有机融合。此外，本套教材还根据航海技术的最新发展动态，增加或修订了一些新技术或新设备内容，由此满足船员适任考试和评估的双重需要，还可作为船舶技术人员的参考用书。

本套教材的编撰，是我国航海教育项目化课程改革的有益探索和创新，由于我们的水平有限，书中或仍有某些不足，敬请专家、同行和其他读者不吝指教，以便我们适时改进，为推进我国航海高等职业院校项目化课程改革添砖加瓦。

《航海类高等职业教育项目化教材》编写委员会

2014年7月

《航海类高等职业教育项目化教材》编写委员会

前　言

为配合各地进行专业项目教学改革，我们总结教学经验，编写了《轮机力学基础》项目化教材。该项目化教材打破了传统的学科体系，整合轮机工程技术专业实践和专业课程涉及的知识和技能，同时兼顾国际海员培训、发证和值班标准国际公约《STCW 78/95 公约》（马尼拉修正案）和《中华人民共和国海船船员适任考试和发证规则》所共同要求的内容。

本教材注重基础理论与工程实际相结合，通过十三个项目，深入浅出地阐述分析问题、解决问题的思路及方法。教材力求从呈现形式和内容结构两个方面进行科学创新。一是在教材内容设计中不强求理论体系的完整性，以够用为度，以实用为标准，综合传统学科课程的相关知识与技能，有效实现理论与实践的紧密结合，促进知识与技能的同步一体化教学，有利于基础素质与实践能力的培养，在学习过程中着重培养学生独立思考问题和主动解决问题的能力以及团队合作精神。二是在呈现形式上讲究文字精练、图表丰富，做到直观感性化，以适应学生的阅读习惯和学习特点。根据教学组织环节划分任务描述、学习目标、相关知识、任务实施等板块，在知识组织上以工作实践为导向，以项目为载体，重点突出工作过程教学，在此基础上进行知识拓展。

本教材中对各项目所包含的具体任务和学习目标都作了明确的说明，并阐述了完成项目任务涉及的相关知识，便于学生自学；同时每个项目的任务后都有课程同步选择题和思考练习两大部分，有助于熟悉知识、加深理解，起到举一反三的作用。

本教材由陈军主编，其中项目一至项目三由马琳负责编写，项目六至项目十由王玉洁负责编写，项目四、项目五、项目十一至项目十三由陈军负责编写，全书由南京远洋运输股份有限公司高级工程师陈祥旺审核。

编者

2014 年 7 月

目　　录

项目一
工程构件的受力分析

项目描述

本项目主要内容是能够对工程中的构件进行正确的受力分析并作出受力图。工程构件的受力分析属于理论力学的静力学研究部分，因此需掌握力的概念、静力学公理、约束和约束反力等相关知识。在刚体平衡的前提下，从力的本质和效应出发，对力或力系进行简化并对平衡刚体进行受力分析，为后续课程（如机构原理、船舶设备故障与维修等）的学习打下必要的基础。

任务1　静力学公理的应用

任务描述

船舶上有许多机械设备，它们的运转离不开各个机构的正常工作，而机构的运动与每个构件的受力情况有关。为了能够正确地分析各构件的受力情况，需要先理清力的相关基本概念，并灵活应用静力学的四个基本公理。

学习目标

1. 辨别静力学的不同概念，如力矩、力偶矩等。
2. 能灵活运用静力学的四个基本公理。

相关知识

1. 静力学的基本概念

1）刚体、平衡与运动

（1）刚体

所谓刚体，就是无论受到什么样的力作用都不发生形变的物体。静力学中研究的物体仅限于刚体。刚体是一个抽象化的理论力系模型，实际上真正的刚体是不存在的，因为任何物体受力后都会发生形变。如果物体形变很小，对我们所研究问题的结果影响很小，那么这些物体就可以看成是刚体。将物体抽象化为刚体可以为解决实际问题带来方便，并简化过程，在实际应用中是必不可少的。比如柴油机的连杆在工作中承受巨大的压力，会产生压缩形变，但这种形变相对于气缸容积的变化很小，对研究柴油机的压缩比影响非常小，因此，可以不考虑柴油机连杆的形变，这样大大减少问题的复杂性。

（2）平衡与运动

平衡是指物体相对于周围物体静止或做匀速直线运动。静力学主要研究物体在力系作用下的平衡问题。

世界上的一切物体都在运动，运动是物体的固有属性。刚体有两种基本运动形式，即刚体的平动和定轴转动。

在刚体运动过程中，若刚体上任意一直线始终与原来的位置保持平行，则刚体的这种运动称为刚体的平行移动，简称平动。

在刚体运动过程中，若刚体内（或延伸部分）某一直线始终保持不动，则刚体的这种运动称为刚体的定轴转动，那条保持不动的直线称为固定转轴。

2）力的概念

(1) 力的含义

力是力学中的一个基本量。

力的概念是人类在长期的生产实践中逐步形成和建立起来的科学概念，它揭示了自然界物体间并非各自孤立的，而是相互联系、相互影响的，这种物体之间的相互作用表现出力的现象。

(2) 力的效应

力对物体作用产生两种效应：一是引起物体运动状态变化的外效应（运动效应）；二是引起物体形状改变的内效应（形变效应）。

(3) 力的三要素

实践表明，力的效应取决于三个要素：力的大小、力的方向和力的作用点。

在力的三要素中，只要其中任何一个要素发生改变，都将改变力的作用效果。

若有两个力分别作用于物体，产生的效应完全相同，则称这两个力等效。力的等效条件是：力的三要素均相同。

力是既有大小又有方向和作用点的物理量，因此，力是矢量，或称“定位矢量”。如图 1-1-1 所示，一般用粗斜体字母表示力，矢量的模（力的大小）用一般字母表示（图中为 AB）。力的国际单位为牛顿，简称牛，符号为 N，常用单位为 kN。

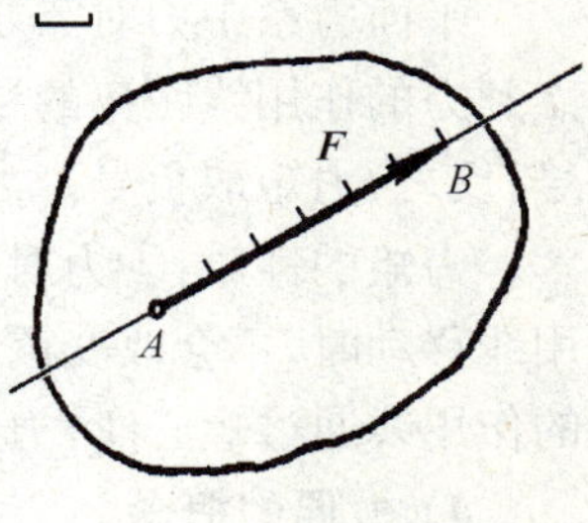

图 1-1-1　力矢量

(4) 工程中常见的力

工程中常见的力主要有三种：

① 重力。重力是由于地球吸引物体而产生的力。物体所受重力的大小等于物体的重量，其方向竖直向下，指向地心。重力的作用点就是物体的重心。

② 弹力。物体相互作用并发生弹性形变时，物体间会产生一种试图使物体恢复原来形状的作用力，这种作用力称为弹力。弹力的方向总是与使物体发生形变的外力方向相反。在弹性限度内，形变愈大，则弹力愈大；形变消失，则弹力消失。

③ 摩擦力。两相互接触物体之间有相对运动或有相对运动趋势时，其接触面上就产生一种阻碍相对运动或相对运动趋势的摩擦力。摩擦力的方向永远沿着接触面的切线方向，且与相对运动或相对运动趋势方向相反。

(5) 力系

同时作用于物体上的多个力称为力系。

各力的作用线都在同一平面内的力系称为平面力系，各力的作用线不在同一平面内的力系称为空间力系。

在力系中，如果所有力的作用线都汇交于一点的，则称为汇交力系；如果所有力的作用线相互平行，则称为平行力系；如果所有力的作用线既不汇交于一点，也不互相平行，则称为一般力系或任意力系。

若作用于物体上的力系使物体处于平衡状态，则这个力系称为平衡力系；若作用于一个物体上的力系可以用另一个力系替换，且其作用效应不变，则这两个力系称为等效力系。

若一个力与一个力系等效，则这个力称为该力系的合力，力系中的各力称为这个力的分力。

3) 力矩的概念

生活经验告诉我们，力除了能使物体产生移动外，还能使物体产生转动。现以扳手拧螺母为例来说明。如图 1-1-2 所示，作用在扳手上的力 $\boldsymbol{F}$ 使扳手绕螺母中心 O 的转动效果，不仅与力的大小 F 成正比，而且与 O 点到力作用线的距离 d 成正比。因此，用乘积 Fd 表示力 $\boldsymbol{F}$ 使扳手绕 O 点产生的转动效果，称为力 $\boldsymbol{F}$ 对 O 点之矩，用记号 $M_O(\boldsymbol{F})$ 表示，即

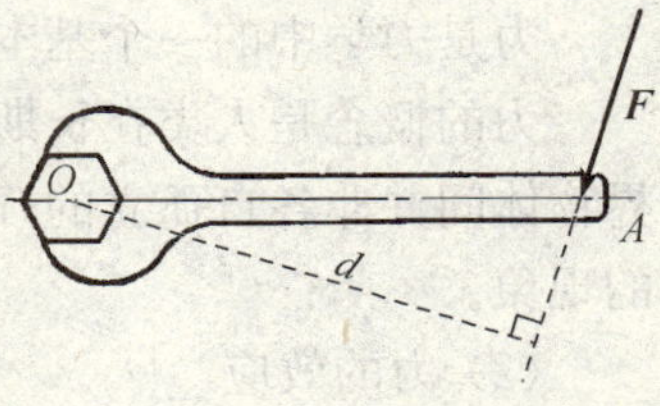

图 1-1-2　力矩

$$M_O(\boldsymbol{F}) = \pm Fd \tag{1-1-1}$$

式中：O 点为力矩中心，简称矩心；d 为力臂；正负号用于说明物体在力矩作用下的转动方向。

平面力系中力对点之矩的定义为：力对点之矩是一个代数量，其大小等于力的大小与该点到力的作用线距离的乘积。其符号规定为：力使物体绕矩心逆时针方向转动，力矩取正号；反之，力矩取负号。力矩的单位为 N·m（牛·米）或 kN·m（千牛·米）。

力矩的性质：①力对点之矩不仅与力的大小有关，同时还与矩心的位置有关；②力沿作用线移动时，不会改变该力对某一矩心的力矩，因为此时力与力臂的大小均未改变；③当力的作用线通过矩心时，力矩等于零；④互相平衡的一对力对同一点之矩的代数和等于零。

4) 力偶的概念

(1) 力偶的定义

由大小相等、方向相反、作用线平行但不共线的两个力组成的力系称为力偶。作用在物体上的两个或两个以上力偶构成力偶系。

在生产和生活实践中，物体受力偶或力偶系作用的现象是常见的。例如，汽车司机双手施加在方向盘上的两个力；工人使用丝锥在工件的孔里加工内螺纹时，作用于铰杠上的两个力（图 1-1-3）；两手指拧动水龙头、旋紧钟表的发条等所加的力；电动机中的转子受到一组电磁场力（图 1-1-4）等。

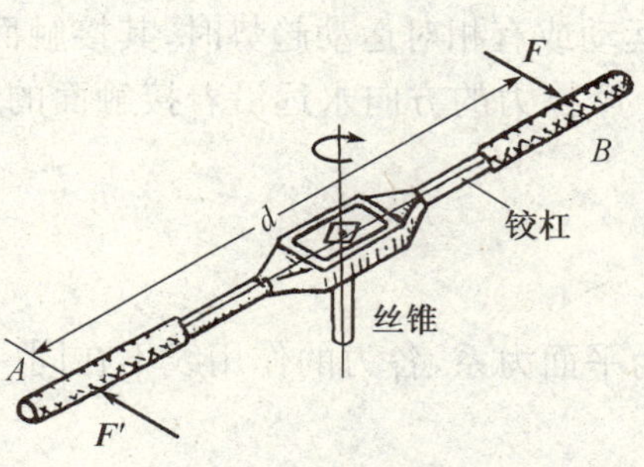

图 1-1-3　力偶

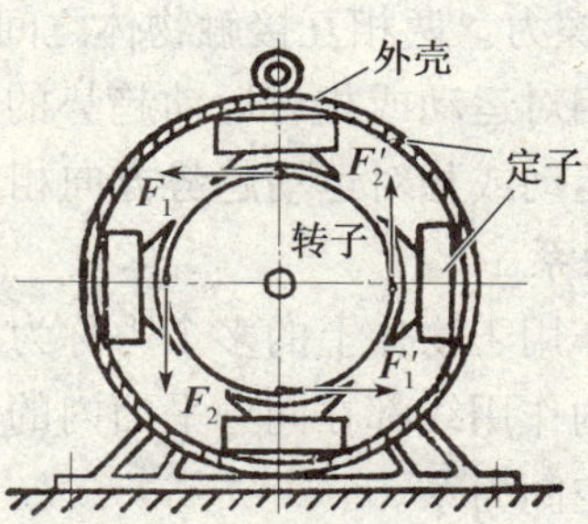

图 1-1-4　力偶

可见，力偶只能使物体产生转动（外效应）。力偶常用记号（$\boldsymbol{F}$，$\boldsymbol{F}'$）表示；力偶中两力作用线间的距离称为力偶臂，用 d 表示；力偶中两个力所确定的平面称为力偶作用面。

(2) 力偶的三要素及等效条件

在力偶的作用面内，力偶使物体产生纯转动效应，其转动效果取决于力偶的转向、力偶

中力的大小和力偶臂的长短。因此，在力学中以力的大小 F 和力偶臂 d 的乘积作为度量力偶对物体作用效应的物理量，称为力偶矩，用符号 $M(\boldsymbol{F}, \boldsymbol{F}')$ 或 M 表示，即

$$M(\boldsymbol{F}, \boldsymbol{F}') = \pm Fd$$

或

$$M = \pm Fd \tag{1-1-2}$$

式中：正负号表示力偶的转向。规定：若力偶使物体逆时针转动，则其力偶矩为正；反之为负。在平面内，力偶矩也是一个代数量。力偶矩的单位与力矩相同，常用 N·m 或 kN·m。

可见，力偶对物体的转动效果完全取决于力偶矩的大小、力偶的转向和力偶的作用面，这就是力偶的三要素。

在平面问题中，力偶对物体的转动效应与力偶矩的大小和力偶的转向有关，因此，力偶可用一带箭头的弧线（如图 1-1-5）表示，其中箭头表示力偶的转向，M 表示力偶矩的大小。

力偶的等效条件为：力偶的三要素均相同。

（3）力偶的基本性质

性质一：力偶无合力，即力偶不能与一个力等效。

组成力偶的两个力是等值、反向且平行的，它们在任一坐标轴上投影的代数和恒等于零（如图 1-1-6），因此，力偶对物体只有转动效应而无移动效应。力偶不能合成一个力，当然不能用一个力来平衡，而只能与力偶相平衡。所以力偶和力是组成力系的两个基本物理量。

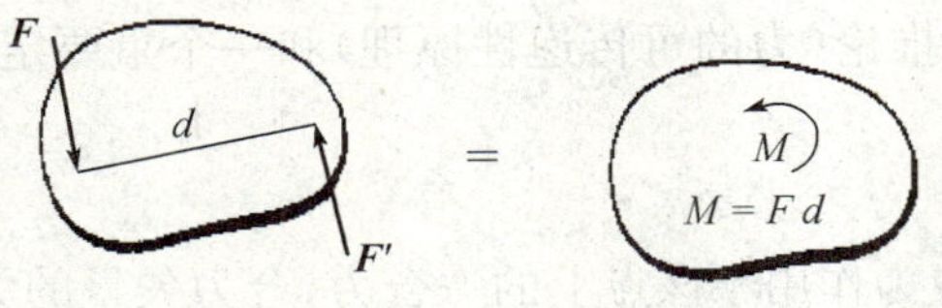

图 1-1-5　力偶的三要素

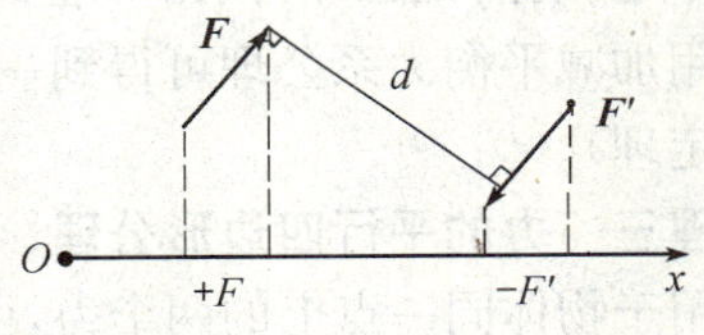

图 1-1-6　力偶无合力

性质二：力偶对物体的作用效应仅取决于力偶的三要素，而与力偶的作用位置无关，即力偶可在作用平面内任意移动。

性质三：在力偶的三要素不变的前提下，可以任意选择组成力偶的两个力的大小和力偶臂的长短，即在同一平面内，只要保持力偶矩的大小和力偶的转向不变，可以同时改变力偶中力的大小和力偶臂的长短，而不改变力偶对刚体的作用效应。

进一步分析可以证明，只要保持力偶矩的大小和力偶的转向不变，力偶可以从一个平面移至另一与其平行的平面，而不会改变对刚体的转动效应。

需指出的是，上述关于力偶对刚体作用等效的性质只适用于刚体，而不能用于变形体。

（4）力偶矩矢

对于空间力偶问题，由于力偶的作用面在空间的方位不同，其转动的效应就不同，故力偶矩不能用代数量而必须用矢量表示，称为力偶矩矢。力偶矩矢垂直于力偶作用面，即沿着力偶作用面的法线方向，其指向可按右手螺旋法则确定：以弯曲的四指表示力偶在其作用面内的转向，伸直的大拇指为力偶的矢量方向，矢量的模为力偶矩的大小。在空间力系中，力偶在其作用面内不仅可以任意移动，也可以向与其平行的平面搬移，因此，力偶矩矢是自由矢量。

2. 静力学公理

公理一　二力平衡公理

作用在同一刚体上的两个力，平衡的必要和充分条件是：这两个力大小相等、方向相反且作用在同一条直线上。如图 1-1-7。

但对于变形体来说，该平衡条件仅是必要条件，不是充分条件。如图 1-1-8 所示的绳索，当其承受大小相等、方向相反的拉力时可以平衡，但当其承受大小相等、方向相反的压力时则不能保持平衡。

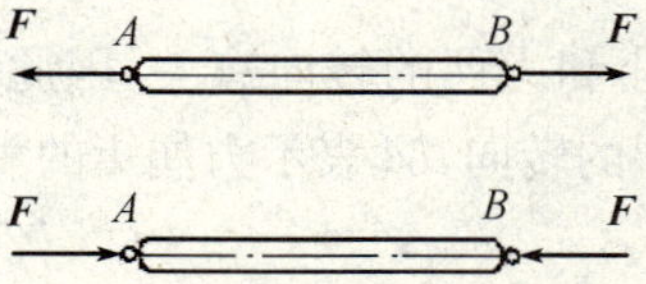

图 1-1-7　二力平衡公理

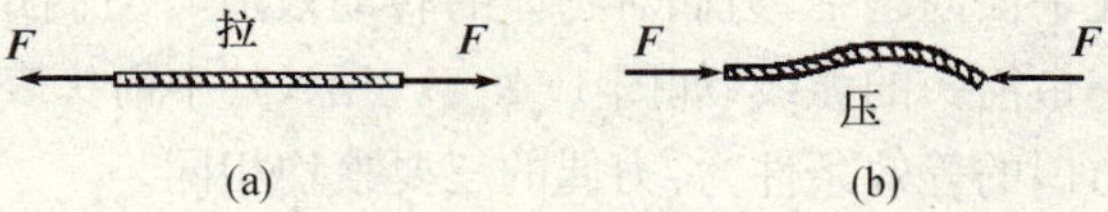

图 1-1-8　二力平衡公理适用条件

在两个力作用下处于平衡状态的构件称为二力构件(或二力杆)。二力构件在工程中经常遇到。

公理二　加减平衡力系公理

在作用于刚体的已知力系中加上或减去任意平衡力系，不会改变原力系对刚体的作用效应。

利用加减平衡力系公理可得到一个重要推论(力的可传递性原理)和一个重要定理(力的平衡定理)。

公理三　力的平行四边形公理

作用于物体同一点上的两个力，可以合成为作用于该点上的一合力，合力矢量的大小和方向由以这两个分力为邻边所作的平行四边形的对角线确定，如图 1-1-9(a)所示。

这个公理又称平行四边形法则，根据这个公理作出的平行四边形称为力平行四边形。这种求合力的方法可用矢量加法表示，即合力矢量等于原来两个力的矢量和，表示为

$$\boldsymbol{R}=\boldsymbol{F}_1+\boldsymbol{F}_2$$

用平行四边形法则求合力时，可以不画出整个平行四边形，而是从 A 点作一与力 $\boldsymbol{F}_1$ 大小相等、方向相同的矢量 $\overrightarrow{AB}$，过 B 点作一个与力 $\boldsymbol{F}_2$ 大小相等、方向相同的矢量 $\overrightarrow{BC}$，则矢量 $\overrightarrow{AC}$ 就是 $\boldsymbol{F}_1$ 与 $\boldsymbol{F}_2$ 的合力 $\boldsymbol{R}$。这种求合力的方法称为力三角形法则，如图 1-1-9(b)所示。

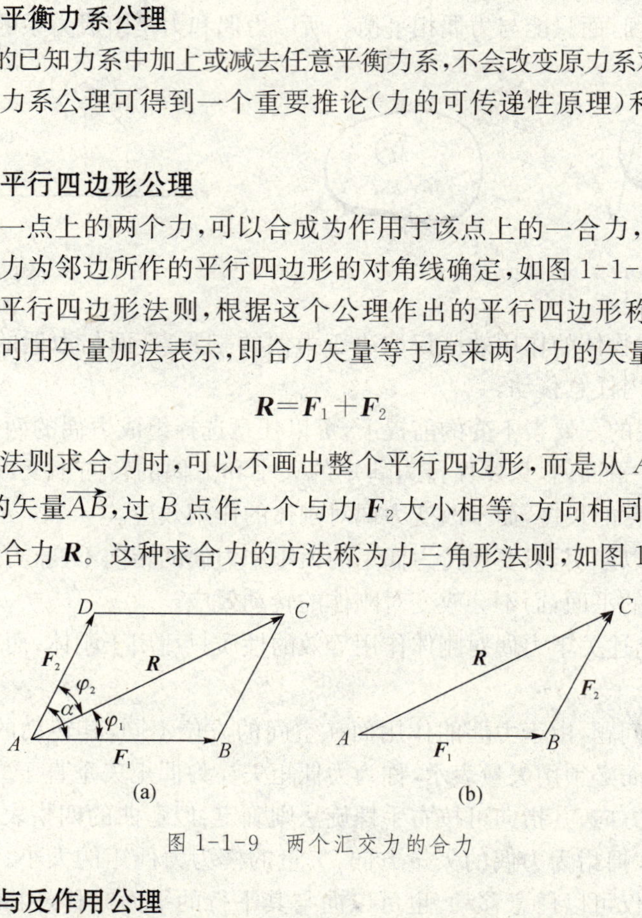

图 1-1-9　两个汇交力的合力

公理四　作用与反作用公理

两物体相互作用的力总是同时存在的，这两个力大小相等、方向相反，沿同一直线分别

作用在这两个物体上。

这说明力永远是成对出现的，有作用就有反作用，两者总是同时存在、同时消失的。

任务实施

【任务要求】

在图 1-1-10 的柴油机机构中，分析每个运动件的受力来源，并重点分析连杆的受力特点。

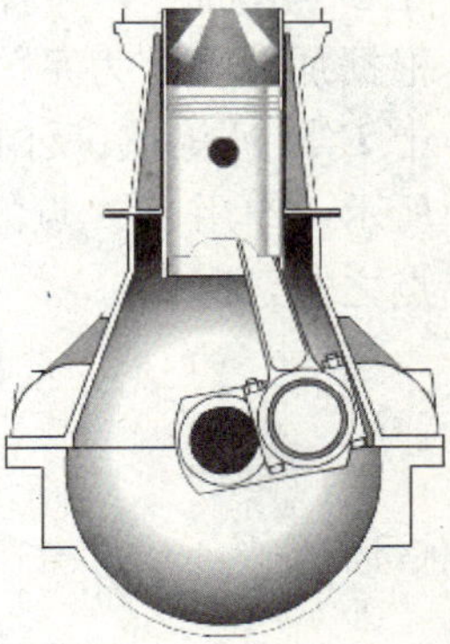

图 1-1-10　柴油机机构

【任务准备】

1. 了解柴油机机构属于哪种机构类型。
2. 大概了解柴油机的工作原理。

【任务操作】

1. 柴油机机构属于曲柄滑块机构，其中的活动件为活塞、连杆和曲轴。

2. 柴油发动机工作时，压缩的空气温度上升，雾化的柴油喷入后发生爆炸，产生的高温高压气体的压力直接作用在活塞上，推动活塞沿气缸往下做直线运动。因此活塞运动的受力来源是高温高压燃气。

3. 活塞是通过活塞销连接着连杆的，因此，当活塞运动时，连杆受到活塞销的力而运动起来。

4. 连杆摆动时，对曲轴产生作用力并产生力矩，使得曲轴做旋转运动。

5. 连杆受到活塞销的力而运动，并把力传给曲轴，根据作用与反作用公理，活塞销也受到连杆的作用力，而连杆也受到曲轴的作用力。若不考虑连杆的重力，则连杆受到来自活塞销和曲轴的两个力。又因为当柴油机稳定工作时连杆处于平衡的状态，符合二力平衡公理，所以连杆是一个二力杆。

任务评价

1. 能否正确认定哪些是运动件。
2. 能否正确说出每个运动件受到哪部分施加的力而产生运动。
3. 能否正确运用静力学公理。
4. 能否判断出连杆为二力杆。

任务拓展

推论一　力的可传性原理

作用在刚体上某点的力，沿其作用线移到刚体内任一点，不会改变它对刚体的作用。

力的可传性原理表明，作用在刚体上的力是一滑移矢量。

应该指出，公理二及其推论都只适用于刚体，对于变形体则不适用，如图 1-1-11 所示。

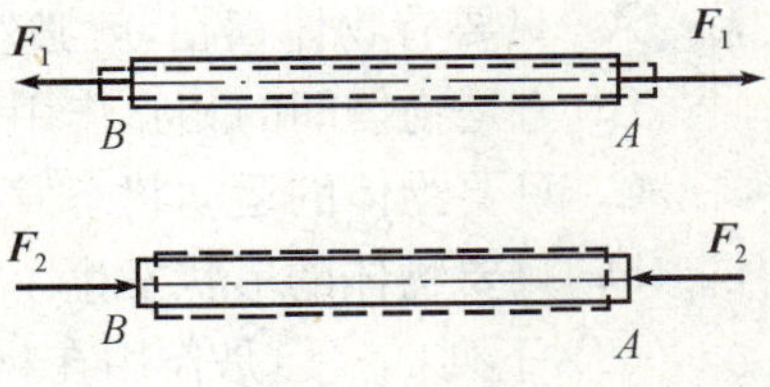

图 1-1-11　变形杆

定理一　力的平移定理

考察作用在物体上 A 点的单个力 $\boldsymbol{F}$(如图 1-1-12(a)所示)平移至 O 点时产生的后果。在 O 点施加一对平衡力 $\boldsymbol{F}'$ 和 $\boldsymbol{F}''$,其作用线平行于 $\boldsymbol{F}$,且 $F'=F''=F$,如图 1-1-12(b)所示。根据加减平衡力系公理,力 $\boldsymbol{F}$ 单独作用与由 $\boldsymbol{F}'$, $\boldsymbol{F}''$和 $\boldsymbol{F}$ 构成的力系作用等效。在该力系中 $\boldsymbol{F}$ 与 $\boldsymbol{F}''$等值、反向、作用线相互平行,组成一力偶,其力偶矩用 M 表示,如图 1-1-12(c)所示。作用于 A 点的力 $\boldsymbol{F}$ 平移至 O 点后,变成一个力和一个力偶,其力偶矩等于 $\boldsymbol{F}$ 对 O 点之矩,即

$$M = M_O(\boldsymbol{F}) = Fd \tag{1-1-3}$$

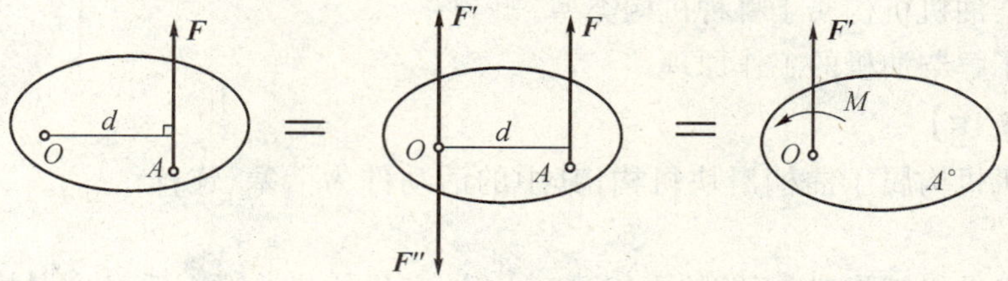

图 1-1-12　力的平移定理

上述结果可以推广为一般结论:作用在刚体上的力可以向任意点平移,平移后除了这个力以外,还产生一附加力偶,其力偶矩等于原来的力对平移点的力矩。这就是力的平移定理,换句话说,平移前的一个力与平移后的一个力和一个力偶等效。

推论二　不平行三力的平衡条件

刚体受同一平面内互不平行的三个力作用而平衡的必要和充分条件是:三力的作用线必交于一点。

证明:设作用在刚体上同一平面内三个点 A, B 和 C 的力分别为 $\boldsymbol{F}_1$, $\boldsymbol{F}_2$ 和 $\boldsymbol{F}_3$,三者互不平行,如图 1-1-13 所示。首先将 $\boldsymbol{F}_1$ 和 $\boldsymbol{F}_2$ 分别沿二者的作用线移至交点 O 处,运用平行四边形法则得合力 $\boldsymbol{R}_{12}$,此时刚体可视为只受 $\boldsymbol{R}_{12}$ 和 $\boldsymbol{F}_3$ 两个力的作用。根据二力平衡公理,$\boldsymbol{R}_{12}$ 与 $\boldsymbol{F}_3$ 必须等值、反向、共线,因此,$\boldsymbol{F}_3$ 作用线亦必通过 $\boldsymbol{F}_1$ 与 $\boldsymbol{F}_2$ 的交点,即三力平衡其作用线必交于一点。

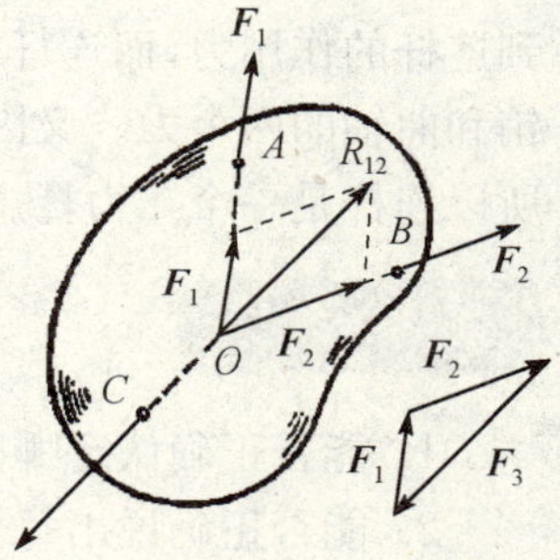

图 1-1-13　三力汇交

课后练习

1. 请选择一个最合适的答案。

(1) 关于力的含义,下列(　　)是错误的。

A. 只要有物体存在,就必然有力存在,力是物体的固有属性

B. 力是物体间的相互作用,孤立的一个物体不存在力

C. 只要物体的运动状态发生了变化,则该物体必受到力的作用

D. 只要物体的形状发生了变化,则该物体必受到力的作用

(2) 下列(　　)是作用在物体上的力的等效条件。

A. 力的大小相等

B. 力的大小相等、方向相同

C. 力的大小相等、方向相同、作用点相同

D. 力的大小相等、方向相同、作用点相同、分布相同

(3) 下列(　　)是二力平衡原理。

A. 刚体受两个力作用而平衡的充分和必要条件是此二力等值、反向、共线

B. 在作用于刚体上的任一力系中，加上或减去任一平衡力系所得到的新力系与原力系等效

C. 力的作用点可沿其作用线在同一刚体内任意移动，且不改变力的作用效果

D. 两物体间的作用力与反作用力总是等值、反向、共线，分别作用在这两个物体上

2. 设刚体上 A 点受 $\boldsymbol{F}_1$，$\boldsymbol{F}_2$ 和 $\boldsymbol{F}_3$ 三个力作用(如图 1-1-14 所示)，其大小都不为零，已知 $\boldsymbol{F}_1$ 与 $\boldsymbol{F}_2$ 共线，问这三个力能否保持平衡？

3. 作用于三角架 AB 杆中点的铅垂力 $\boldsymbol{P}$(图 1-1-15)能否沿其作用线移到 BC 杆的中点？为什么？

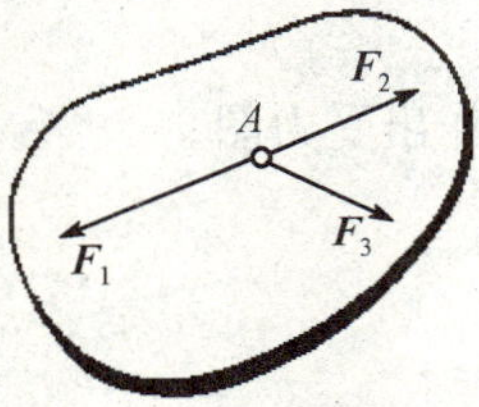

图 1-1-14

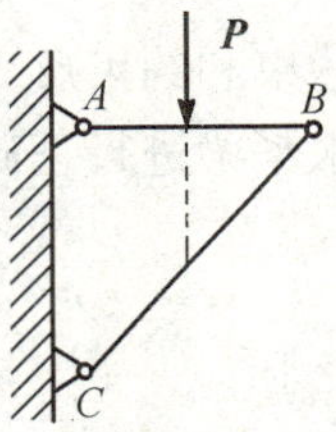

图 1-1-15

任务2　水平梁的受力分析

任务描述

通过对常见的约束和约束反力的学习，能够正确辨别工程中一些具体构件受力时属于哪一种约束。通过分析支撑梁这一实例，按照画受力图的逻辑和步骤，最终能够对支撑梁进行正确的受力分析并作出受力图。

学习目标

1. 分辨不同的约束和约束反力。
2. 对一具体的水平梁进行正确的受力分析并作出受力图。

相关知识

1. 约束和约束反力的概念

工程中的机械或结构都是由各种零件和构件组装而成的，这些零件或构件彼此之间相互联系又相互制约，各部分的运动均受到不同的限制。对运动构成限制的物体称为被限制物体的约束。例如，火车必须在预定的轨道上行驶，轨道便是火车的约束；活塞在气缸中往复运动，气缸套便是活塞的约束；悬挂重物的绳索限制物体的下落，绳索便是重物的约束；受轴承支撑的轴，其运动受到轴承的限制，轴承便是轴的约束等。

由于约束限制物体的运动，使其沿某些方向的运动受到阻挡，从而改变其运动状态，因此，约束必然承受被约束物体的作用力。同时，约束亦给物体以大小相等、方向相反的反作用力，这种力称为约束反力，简称约束力或反力。

物体受到的力一般可分为两类：一类是使物体产生运动或运动趋势的力，如重力、风力、水压力、油压力、电磁力等，这类力称为主动力；另一类是对物体的运动起限制作用的约束反力。

一般情况下，约束反力是由主动力引起的，随主动力的变化而变化，故又称为被动力。由于约束限制物体在某一方向上的运动，故约束反力的方向始终与该约束所限制的运动方向相反。根据这一性质，就可以确定约束反力作用线的位置和方向。主动力常常是已知的，或可以根据已有资料确定，约束反力则是未知的，因此受力分析的重要任务之一就是确定未知的约束反力。

2. 几种常见的约束类型

1）柔性约束

绳索、传动带、链条等只能限制物体向某一个方向运动，而不能限制其向相反方向运动，因此由绳索、传动带、链条所构成的约束称为柔性约束。这种约束的性质决定了它们提供的约束反力只能是拉力，常用符号 $\boldsymbol{T}$ 表示。如图 1-2-1 所示，吊索对重物的约束反力和传动带对带轮的约束反力都属于柔性约束。

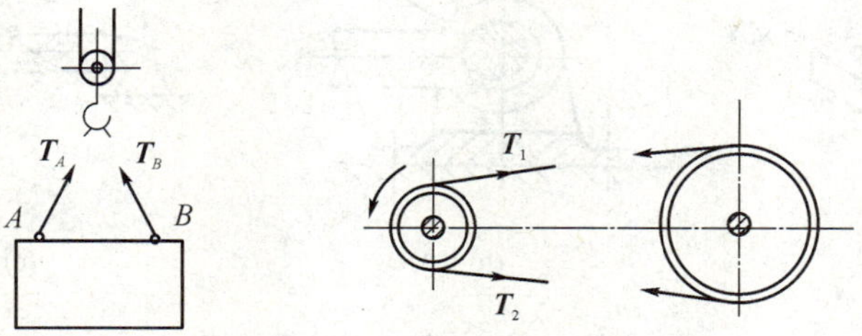

图 1-2-1　柔性约束

柔性约束的特点是：通过接触点，沿约束的中心线背离被约束物体。

2）不考虑摩擦的刚性约束

当约束为刚体，约束与被约束之间为刚性接触时，这种约束为刚性约束。刚性约束的约束反力与接触面的几何形状及接触面的物理性质（光滑程度）有关。工程中刚性约束的接触面大多为光滑面（表面光滑、润滑较好），因此，接触面之间的摩擦力可以忽略不计。这类刚性约束有以下三种。

（1）光滑面约束

当光滑平面或曲面构成对物体运动的限制时，称为光滑面约束。这种约束无论是平面还是曲面，都不能限制物体沿接触面切线方向的运动，只能限制向接触面内法线方向的运动。图 1-2-2 所示为光滑物块与光滑面接触时物块的受力。

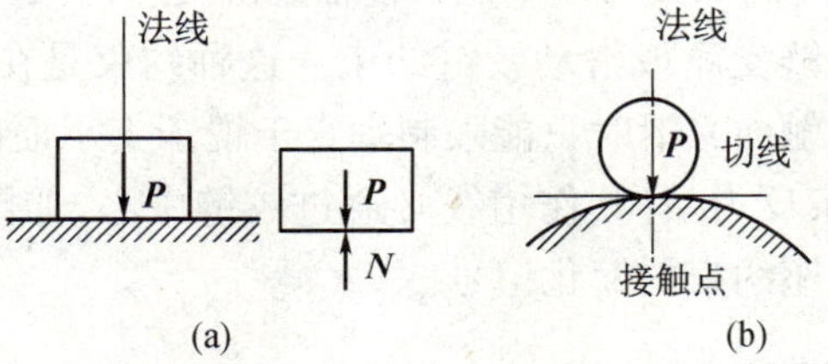

图 1-2-2　光滑面约束

光滑面约束的约束反力的特点是：方向沿接触面的公法线（外法线方向）且指向被约束物体。这种约束反力又称为法向反力。

（2）圆柱铰链约束

两物体用光滑圆柱体（例如销钉）相连接，二者都可以绕圆柱体自由转动，这时光滑圆柱体便对所连接物体的移动构成约束。最常见的有如下三种。

① 固定铰链支座约束　如图 1-2-3(a)所示，当构件承受载荷后，销钉圆柱表面便与构件上销钉孔在某处接触。若接触面光滑，则销钉对构件的约束反力 $\boldsymbol{R}$ 应通过接触点，并沿着接触面的法线方向，如图 1-2-3(b)所示。由于接触点的位置与被约束构件所承受的载荷有关，往往无法预先确定，故约束反力 $\boldsymbol{R}$ 的方向也不能确定，因此，通常用通过铰链中心的两个互相垂直的分量 $\boldsymbol{R}_x$ 和 $\boldsymbol{R}_y$ 表示，如图 1-2-3(c)所示。图 1-2-3(d)所示为固定铰链支座约束

的简化记号。

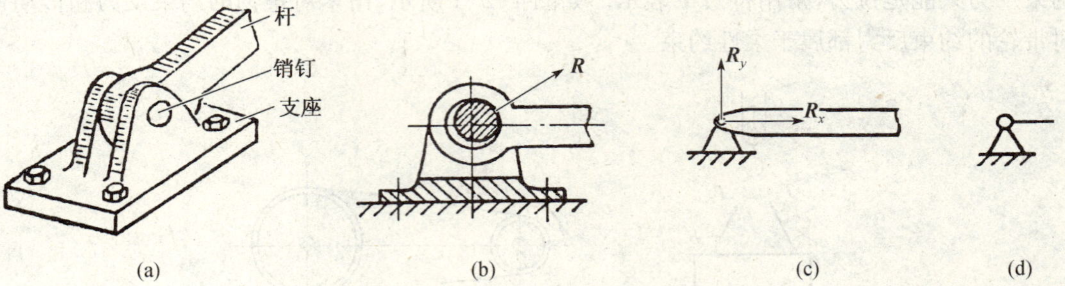

图 1-2-3　固定铰链支座约束

② 中间铰链支座约束　如图 1-2-4 所示，两构件 AB 连接处用销钉 C，即两构件被销钉约束，此时两构件均能绕销钉自由转动，但不能任意相互移动。虽然两被约束构件没有一个是完全固定的，但同样存在一个方向不定的约束反力，因此，约束反力的表示方法同固定铰链支座。图 1-2-4(c)所示为中间铰链支座约束的简化记号。

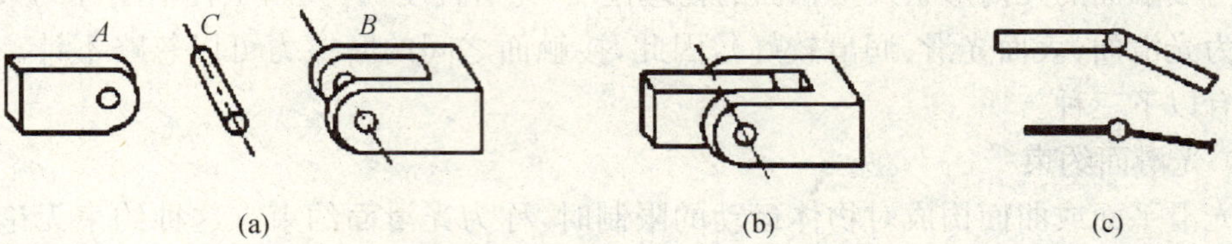

图 1-2-4　中间铰链支座约束

③ 辊轴铰链支座约束　如图 1-2-5(a)所示，辊轴铰链支座约束为光滑面与光滑圆柱约束的复合约束，又称为活动铰链支座或滑动铰链约束。这种约束是在铰链支座的底部安放若干与底座接触的辊子，当接触面光滑时只能限制垂直于辊子支承面的运动。因此，该约束只有垂直于辊子支承面的约束反力，且其作用线必通过铰链中心，如图 1-2-5(b)所示。图 1-2-5(c) 所示为辊轴铰链支座约束的简化记号。

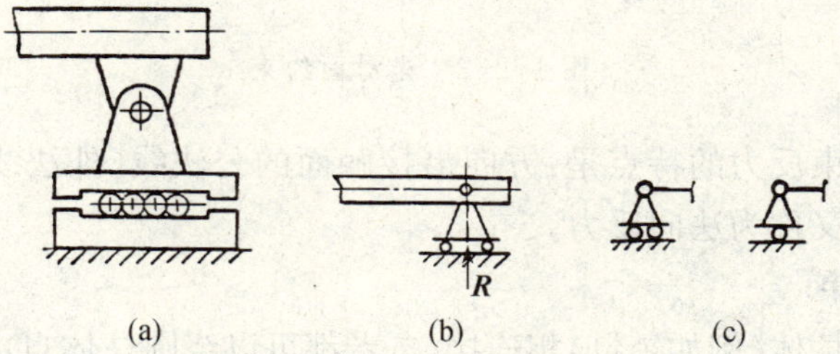

图 1-2-5　辊轴铰链支座约束

(3) 固定端约束

在工程实际中还常会遇到约束刚性较大、与被约束物体间有牢固的联结、在联结处不允许有任何相对运动(包括移动和转动)的约束，即构件在约束处是完全固定的约束，这种约束类型称为固定端约束，如图 1-2-6 所示。

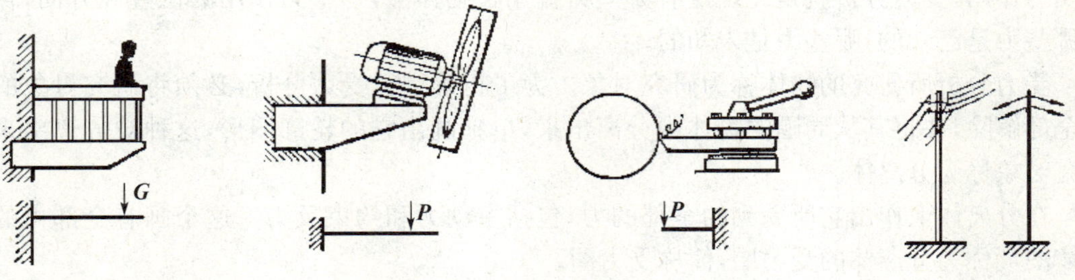

(a)　(b)　(c)　(d)

图 1-2-6　固定端约束

固定端约束处的约束反力比较复杂，工程中可根据力的平移定理将其向一点简化，求得这些力对约束处的简化结果。图 1-2-7(a)所示为一悬臂梁，梁的 A 端插在墙内，属固定端约束。插入部分与墙体接触的各点所受约束反力的大小和方向都不一样，但主动力为平面力系时，这些约束反力构成平面一般力系，如图 1-2-7(b)所示。将这个力系向 A 点简化，可得到一个约束反力 $\boldsymbol{R}_A$ 和一个力偶矩为 M_A 的约束反力偶。因 $\boldsymbol{R}_A$ 的大小和方向均未知，一般用两个正交分力 $\boldsymbol{R}_{Ax}$ 和 $\boldsymbol{R}_{Ay}$ 表示，它们限制梁的移动，M_A 则限制梁绕 A 点的转动，如图1-2-7(c) 所示。固定端约束有多种多样，但简化后都可以按如图 1-2-7(c)所示的方法表示。

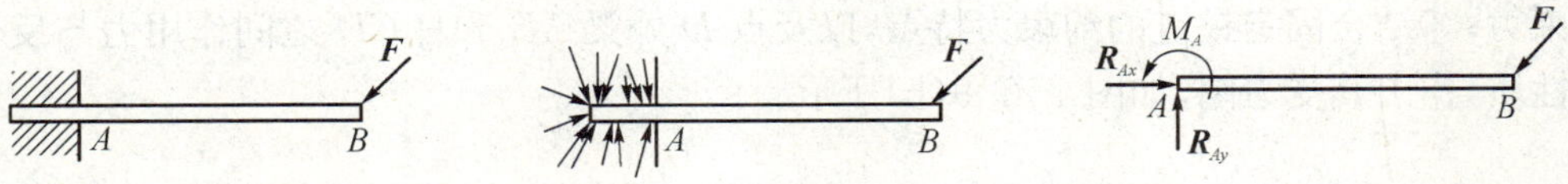

(a)　(b)　(c)

图 1-2-7　固定端约束受力分析

任务实施

【任务要求】

如图 1-2-8 所示的水平均质梁 AB 重为 P_1，电动机重为 P_2，不计杆 CD 的自重，作出杆 CD 和梁 AB 的受力图。

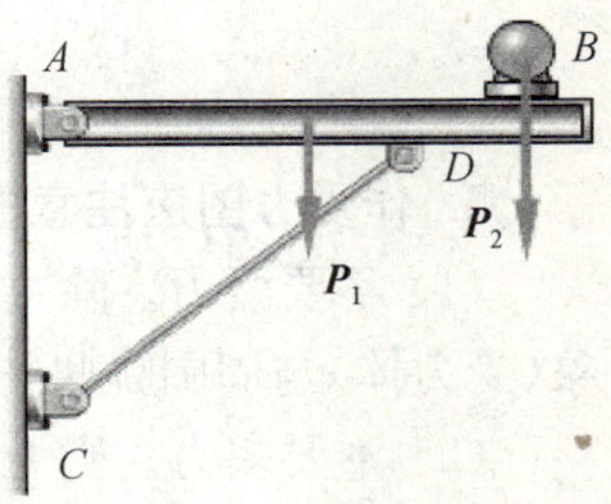

图 1-2-8　水平梁

【任务准备】

1. 了解作受力图的步骤。
2. 分析杆 CD 和梁 AB 受到哪些主动力。
3. 判断杆 CD 和梁 AB 受到哪种约束及其约束反力的性质。

【任务操作】

1. 物体的受力分析过程与作受力图的步骤

由前述可知，作用于物体上的每一个力，都会对物体的运动状态(包括平衡)产生一定的影响。因此，在工程实际中往往需要首先分析构件的受力情况。物体上一般受主动力和约束反力作用,受力分析就是先确定有哪些力作用在物体上,这些力作用的位置和方向,再确定哪些力是已知的,哪些力是未知的。

受力分析所研究的物体称为研究对象。为了正确进行受力分析,必须将研究对象的约束全部解除,并将其从周围的物体中分离出来,单独画出它的轮廓图形,这种被分离出来的研究对象称为分离体。

在分离体上作出它所受到的全部的力,包括主动力和约束反力。这个画有全部力的分离体图形称为分离体的受力图,简称受力图。

作受力图是解决力学问题的关键,是进行力学计算的依据,其步骤如下:①明确研究对象,画出分离体;②在分离体上作出全部主动力(如重力、载荷等);③在分离体上作出全部约束反力(根据约束的类型和性质画,约束反力的指向未定的可暂时假设);④全面检查作好的受力图,不能漏力,也不能多力。

需要注意的是,在分离体上作约束力一定要根据约束的类型和性质,切不可主观臆想,同时可根据二力平衡条件和三力平衡条件确定某些约束力的作用位置和作用方向。

2. 作出水平梁的受力分析图

解:(1)分析杆 CD:①CD 两端是光滑铰链;②自重忽略不计;③中间不受力。因此,可以判断杆 CD 为二力杆,其受力图如图 1-2-9(a)所示。

(2) 分析 AB 梁:①受到的主动力有两个,一个是梁的自重 P_1,另一个是电动机的重力 P_2;②受到的约束力有两个,一个是 A 端的固定铰链约束,另一个是点 D 处杆 CD 对其产生的约束力;③结合固定铰链的约束力特点,以及点 D 处梁 AB 和杆 CD 之间作用力与反作用力的性质,作出其受力图,如图 1-2-9(b)所示。

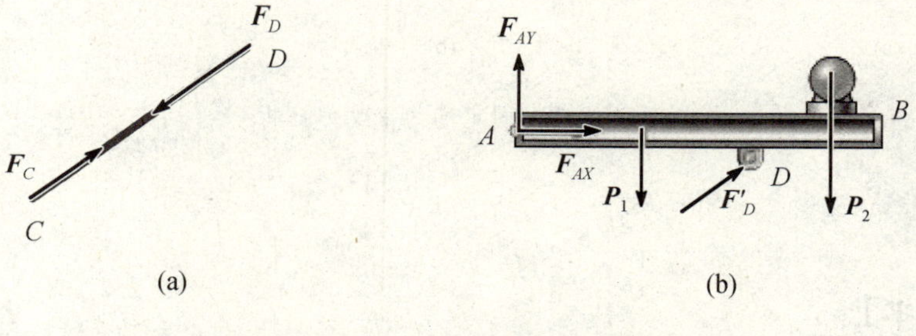

图 1-2-9 水平梁的受力分析

3. 作受力图应注意的问题

(1) 不要漏力。除主动力外,只要物体相互接触,就一定存在机械作用。要分清研究对象(受力体)与周围哪些物体(施力体)相接触,力的方向由约束类型而定。

(2) 不要多力。受力体所受的每一个力,都应明确地指出是哪一个施力体施加的。

(3) 不要画错力的方向。约束反力的方向必须严格按照约束的类型画,不能单凭直观或根据主动力的方向简单推想。在分析两物体之间的作用力与反作用力时要注意:反作用力的方向一定与作用力的方向相反,作用力的方向一旦确定,反作用力的方向也就确定,不要把箭头方向画错。

(4) 受力图上不能再带约束。受力图一定要画在分离体上。

(5) 受力图上只画外力,不画内力。一个力属于内力还是外力,要研究对象而定。当物体系统拆开来分析时，原系统的部分内力，就成为新研究对象的外力。

（6）同一系统各研究对象的受力图整体与局部必须一致，相互协调，不能相互矛盾。某一处约束反力的方向一旦设定，整体、局部或单个物体的受力图要与其保持一致。

（7）正确判断二力构件。

任务评价

1. 是否明确分析对象。
2. 是否遗漏构件受到的主动力。
3. 能否正确判断构件所受约束反力的类型。
4. 能否正确判断出二力杆。
5. 作图的正确性。

课后练习

1. 请选择一个最合适的答案。

（1）关于主动力和约束反力，下列说法正确的是（　　）。

A. 一般情况下，约束反力是由主动力的作用引起的，它随主动力的改变而改变

B. 一般情况下，主动力是由约束反力的作用所引起的，它随约束反力的改变而改变

C. 一般情况下，约束反力与主动力是互不相关的，两者可以任意改变

D. 一般情况下，约束反力与约束力共同制约着主动力，两者的和等于主动力

（2）下列（　　）为固定铰链约束的特征。

A. 限制沿支座支承面的法向运动，限制沿支座支承面的切向运动，但不限制绕支座销钉的转动

B. 限制沿支座支承面的法向运动，不限制沿支座支承面的切向运动，也不限制绕支座销钉的转动

C. 限制沿支座支承面的法向运动，限制沿支座支承面的切向运动，也限制绕支座销钉的转动

D. 不限制沿支座支承面的法向运动，不限制沿支座支承面的切向运动，也不限制绕支座销钉的转动

（3）当作物体系中某个物体的受力图时，（　　）。

A. 只作出其他物体对此物体的作用力或反作用力

B. 只作出此物体对其他物体的作用力或反作用力

C. 只成对地作出其他物体与此物体间作用力与反作用力

D. 只作此物体的反作用力

2. 作出图 1-2-10 中 ABC 梁和 CD 梁的受力图。

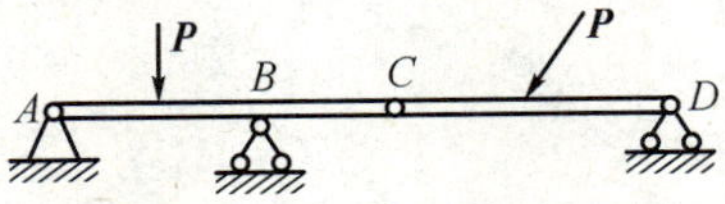

图 1-2-10

3. 作出图 1-2-11 中锤头的受力图。

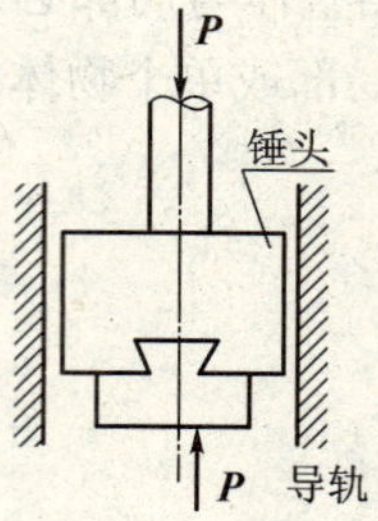

图 1-2-11

4. 作出图 1-2-12 中手动水泵的手柄和活塞的受力图。

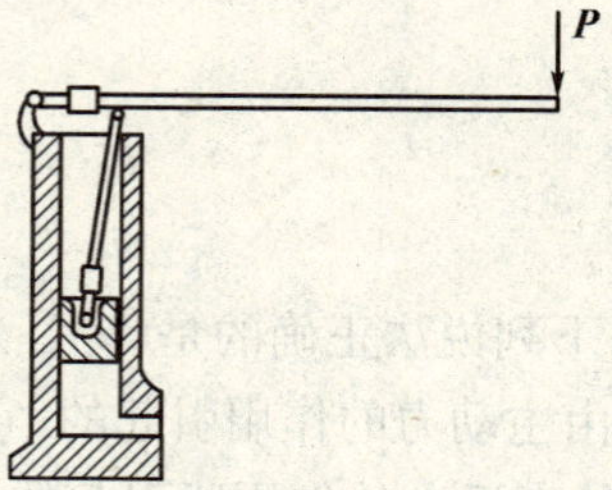

图 1-2-12

项目二
杆件四种基本形变的分析

项目描述

在实际工程中,主要以杆类构件为研究对象。工程中的梁、轴、柱等均属于杆类构件,它们的共同特点是:横截面尺寸远小于长度方向尺寸。杆的所有横截面形心的连线,称为轴线。若杆的轴线为直线,则称为直杆;杆的轴线为曲线,则称为曲杆。所有横截面的形状和尺寸都相同的杆称为等截面杆;不同者称为变截面杆。

杆件在不同外力的作用下,将产生不同的形变,其基本形变形式有以下四种:轴向拉伸与压缩、剪切、扭转和弯曲。

在工程中,杆件的形变都比较复杂,但可以看成是由以上几种基本形变组合而成的。

本项目通过一些试验和强度计算,让学生具备分辨四种基本形变的形变特点、内力和应力特点,以及进行强度计算的能力。

任务 1　低碳钢的拉伸试验

任务描述

金属的拉伸试验是一种最基本的试验，应用很广，能较全面地反映出材料的力学性能，如屈服极限 σ_s，强度极限 σ_b，延伸率 δ 和断面收缩率 ψ 等。本任务通过对低碳钢这种材料的拉伸试验，让学生具备独立做其他材料拉伸试验的能力，并能对试验结果进行分析。

学习目标

1. 熟悉拉伸试验的方法，以便今后能独立完成工程材料的拉伸试验。
2. 测定 Q235 钢的屈服极限 σ_s，强度极限 σ_b，延伸率 δ 和断面收缩率 ψ。
3. 通过试验结果分析低碳钢的力学性能。

相关知识

1. 材料力学的任务

1）弹性与塑性

材料力学主要是研究构件在载荷(外力)作用下的形变和破坏的规律，为合理设计构件提供强度、刚度和稳定性分析的基本理论和方法的科学，因此，在材料力学中所有的研究对象都被看作变形体。

实验表明，当载荷不超过一定范围时，材料在去除载荷后能够恢复原有的形状和尺寸。材料的这种性质称为弹性。载荷去除后能够消失的形变称为弹性形变。当载荷超过一定范围时，材料在去除载荷后形状只能部分复原，而部分形变不能消失，材料的这种性质称为塑性。载荷去除后不能消失的形变称为塑性形变，又称残余形变。

2）衡量构件承载能力的标准

工程结构是由许多构件组成的，它们所能承受的外力都是有限的，当外力超过一定限度时构件便会失去正常的功能，这种现象称失效或破坏。工程结构的失效形式很多，通常有三类：强度失效、刚度失效和稳定性失效。

强度是构件在确定载荷下保持不发生断裂或塑性形变的能力。如工厂车间里起重吊车(行车)的大梁(如图 2-1-1 所示)，当载荷超过额定数值时，大梁发生塑性形变，形变使吊车失去正常工作的能力。构件因强度不足而丧失正常工作能力，称为强度失效。

刚度是指构件在确定的载荷作用下，保持其弹性形变不超过其允许范围的能力。如在钻孔过程中，钻床的立柱、摇臂等都将发生形变(如图 2-1-2 所示)，这种形变虽然是弹性的，

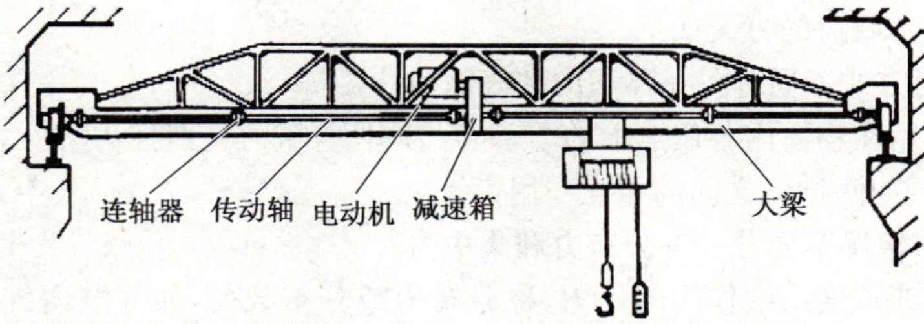

图 2-1-1　吊车大梁的强度

但从加工精度考虑，必须对这种弹性形变加以限制，否则会影响工件的质量。构件因刚度不足而丧失正常工作能力，称为刚度失效。

稳定性是指构件在某种受力形式下，保持其平衡形式或形变形式不发生突变的能力。如千斤顶的顶杆(如图 2-1-3 所示)，工作时承受轴向压缩的载荷，当载荷小于某一数值时，顶杆能保持直线平衡状态；当载荷超过这一数值时，在外界微小的扰动之下顶杆会突然由直线平衡形式转变为弯曲的平衡形式，从而丧失正常工作能力。构件的这种平衡或形变形式发生突变而导致其丧失正常工作能力的现象，称为稳定性失效。

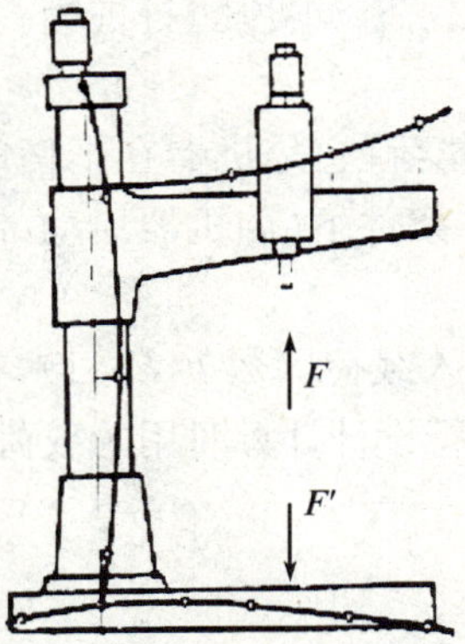

图 2-1-2　钻床的立柱和摇臂的刚度

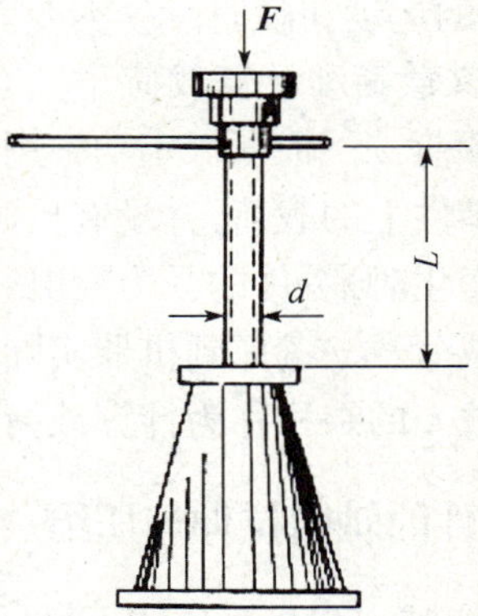

图 2-1-3　千斤顶的顶杆的稳定性

因此，要保证整个机器或结构的正常工作，构件必须满足三个基本要求：足够的强度、足够的刚度、足够的稳定性。

材料力学的任务就是：在保证满足强度、刚度和稳定性要求的前提下，以最经济的代价为构件选择合适的材料、确定合理的形状和尺寸，为构件的设计提供必要的理论基础和计算方法。

3) 变形体的基本假设

①均匀连续假设。认为材料无空隙地、连续均匀地分布于物体所占有的全部空间，物体上各点的力学性质完全一致。②各向同性假设。认为材料在各个方向上具有相同的力学性能。③小形变假设。认为材料在外力作用下所产生的形变与物体本身的尺寸相比是微小的。(据此可用静力分析的方法研究强度和刚度的平衡问题。)

2. 载荷及其分类

在材料力学中，所有作用于构件上的力和力偶统称为外力，可见外力是由载荷和约束反力组成的。载荷是作用于构件上的主动力。常见的载荷有：重力、惯性力、风力、水压力、气压力和液压力等。载荷的分类如下。

1）按其作用方式不同分——体积力和表面力

体积力是作用在物体内各质点上的力，如万有引力（重力）、惯性力等。表面力是作用于物体表面上的力，如两物体之间的相互作用力。

2）按其分布情况不同分——分布力和集中力

沿某一面积或长度连续作用的外力，称分布力或分布载荷，如气缸内气体的压力、作用于船体的水压力和风力等均为分布力，其单位一般为牛顿/平方米（N/m^2）或牛顿/米（N/m）。若外力只分布在物体表面上很小一块面积或很短一条线段上，则可看成是作用于一点的集中力，如火车轮对钢轨的压力、轴承对轴的约束力等均为集中力，其单位为牛顿（N）或千牛顿（kN）。实际上，仅由一点传递作用力是不可能的，集中力这一概念只是为了简化计算而提出的近似说法。

3）按载荷随时间的变化情况分——静载荷和动载荷

若载荷由零缓慢地增加到某一定值后不再改变或有着次数不多的很慢的改变，这种载荷称为静载荷。随时间变化的载荷称为动载荷，它又可分为交变载荷和冲击载荷。随时间作周期性变化的载荷称为交变载荷，如齿轮传动时轮齿的受力；随时间作非周期性变化的载荷，或物体的运动在瞬时发生突变而引起的载荷称为冲击载荷，如冲压、打桩等。

4）名义载荷和计算载荷

名义载荷——根据额定功率用力学公式计算出来的载荷，它是机器在平衡的工作条件下作用在零件上的载荷，并没有反映出机器在非平衡工作条件下（如机器启动、制动时以及工作负载变化时）零件的受力情况。

计算载荷——考虑到机器实际工作中的受载情况，引入载荷因数 $k(k>1)$，将名义载荷与载荷因数 k 的乘积称为计算载荷，它是工程中对零件进行设计计算时用的载荷。

3. 杆件的轴向拉伸与压缩

1）形变特点和受力特点

工程中有许多杆件承受轴线方向的拉力或压力，因而产生拉伸或压缩形变。例如，图 2-1-4 中简易吊车的三角架，在载荷 $\boldsymbol{P}$ 作用下 AB 杆受拉力，BC 杆受压力，二杆分别产生拉伸和压缩形变；又如柴油机的连杆在气缸内压力作用下，将承受轴向压力，从而产生压缩形变；连接两构件的螺栓，在预紧时将承受轴向拉力，从而产生伸长形变。

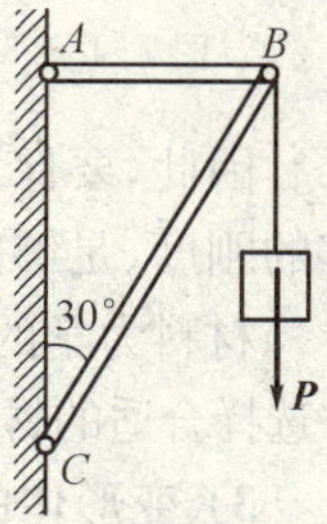

图 2-1-4 简易吊车

上述几种承受拉伸或压缩的构件均为直杆，其受力特点是：作用在直杆上的两个力等值、反向、作用线与杆轴线重合。其形变特点是：杆件产生沿轴线方向的伸长或缩短。工程上称这类产生伸长或缩短的杆件为拉杆或压杆。

2）内力及截面法

作用在杆件上的载荷和约束力统称为外力。而杆件的内力既不同于物体所固有的内力，也不同于静力分析中刚体系统的内力，这里所说的内力是指外力作用引起的物体内部相邻各部分位置发生相对变化而产生的附加内力。

实验证明：杆件的内力随着形变的增加而增加；对于确定的材料，内力有一定的限度，超过这一限度，构件将发生失效。因此，内力分析是强度、刚度分析的基础。

可以用截面法求内力。如图 2-1-5(a)中的拉杆，为了求出杆件某截面上的内力，用假想平面 *m-m* 将杆件截为两部分(如图 2-1-5(b)和 2-1-5(c))，并将其中任一部分从杆件中分离出来作为研究对象。因为杆件原来是平衡的，截开后仍然应该平衡，所以必须在截面上用内力代替另一部分对它的作用。由于轴向拉伸和压缩时外力都作用在轴线上，故此时的内力必通过截面形心并沿轴线方向(与外力构成平衡力系)。该内力称为轴力，用 **N** 表示，规定拉伸时内力为正，压缩时内力为负。内力的大小和方向可根据平衡方程求得。

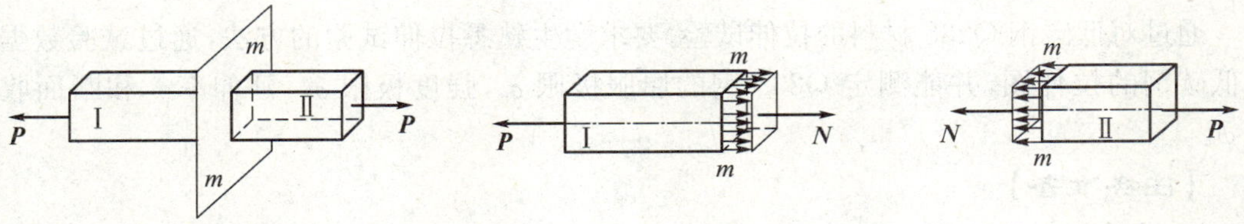

图 2-1-5　截面法

3) 拉、压杆横截面上的正应力

在受力杆件任一截面上任意点 M 处取一微面积 ΔA (图 2-1-6)，假设作用于该面积上的内力为 $\Delta \boldsymbol{N}$，将 $\Delta \boldsymbol{N}$ 与 ΔA 之比定义为 ΔA 上内力的平均集度，即

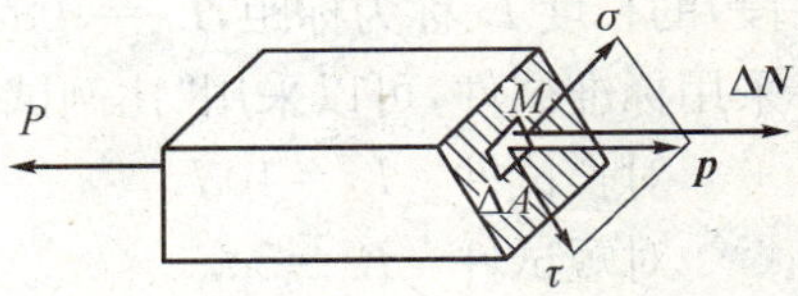

图 2-1-6　应力

$$p_m = \frac{\Delta N}{\Delta A} \tag{2-1-1}$$

称 p_m 为 ΔA 上的平均应力。

当面积 ΔA 趋近于零时，比值 $\dfrac{\Delta N}{\Delta A}$ 的极限值就成为截面上 M 点处的内力集度，称为 M 点的应力，即

$$p = \lim_{\Delta A \to 0} \frac{\Delta N}{\Delta A} \tag{2-1-2}$$

应力 p 又称为全应力，它是一矢量。通常把全应力 p 分解为沿截面法线方向(垂直于截面)的分量 σ 和与截面相切(平行于截面)的分量 τ，σ 称为正应力，τ 称为剪应力。应力的单位是帕斯卡(Pa)，也可以用千帕(kPa)、兆帕(MPa)、吉帕(GPa)，即

$$1\ \text{Pa} = 1\ \text{N/m}^2 \quad 1\ \text{kPa} = 10^3\ \text{Pa} \quad 1\ \text{MPa} = 10^6\ \text{Pa} \quad 1\ \text{GPa} = 10^9\ \text{Pa}$$

工程中，应力的单位常用兆帕，即

$$1\ \text{MPa} = 1\ \text{MN/m}^2$$

由实验知，等截面直杆(如图 2-1-7(a)所示)承受轴向拉伸或压缩载荷时，将产生均匀的轴向形变(如图 2-1-7(b))。根据材料均匀连续性假设可推知，在杆的横截面上只有沿轴线方向的应力，即正应力，并且在整个横截面上均匀分布(图 2-1-7(c))。

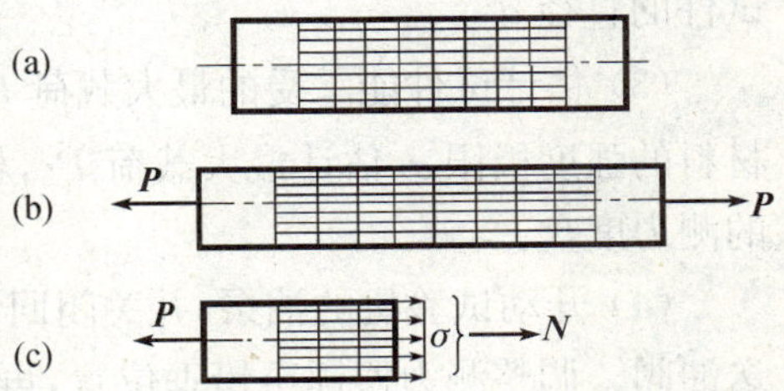

图 2-1-7　拉压杆上的正应力

设横截面上的轴力为 $\boldsymbol{N}$，横截面积为 A，由于正应力在截面上均匀分布，故有

$$\sigma=\frac{N}{A} \tag{2-1-3}$$

上式即为计算拉、压杆横截面上正应力的公式，通常规定拉应力为正，压应力为负。

任务实施

【任务要求】

通过对低碳钢 Q235 材料的拉伸试验，要求学生熟悉拉伸试验的方法，通过试验数据作出低碳钢的拉伸图，并能测定 Q235 钢的屈服极限 σ_s，强度极限 σ_b，延伸率 δ 和断面收缩率 ψ。

【任务准备】

1. 试验设备及工具

液压万能试验机、标准试件、游标卡尺。

2. 标准试件的准备

Q235 钢的标准试件，横截面为圆形，直径 $d_0=10$ mm。中间等直部分（试验段或工作段）的长度 L_0 称为标距，$L_0=10d_0$（长试件）或 $L_0=5d_0$（短试件）。如果由于各种原因而不能采用标准试件，可以采用"比例试件"，比例试件应满足下列两式之一：

对长试件　$L_0=10d_0$

对短试件　$L_0=5d_0$

本试验所采用的试件形状、尺寸如图 2-1-8 所示，其中 $d_0=10$ mm，$L_0=100$ mm。

图 2-1-8　标准试件

3. 试验前的准备工作

(1) 在试件圆形段内用划线机每隔 10 mm 刻划圆周线，以便测定延伸率及观察试件形变分布情况。

(2) 定出标距 L_0 的长度（本试验 L_0 取 100 mm）。在标距范围内的上、中、下三个截面处测出直径，每处截面在两个互相垂直的方向上各测一次，取其中最小一处的算术平均值作为试件的直径 d_0。

(3) 估计试件能承受的最大载荷 P_b，选择适合的测力度盘。用试件的横截面积 A 乘以材料的强度极限 σ_b 估计最大载荷 P_b，根据此 P_b 为测力度盘满量程的 40%～80%选择合适的测力度盘。

(4) 开动试验机的油泵，并关闭回油阀，开启送油阀，使工作台上升约 10 mm，然后关闭送油阀。调整测力摆锤至铅垂位置，再调整测力指针（主动针），使它对准零点（在绘图杆处调整），然后拨动从动针，使其与主动针重合。

【任务操作】

1. 试验步骤

(1) 调整试验机上、下夹头的位置，装上试件。

(2) 缓缓开启送油阀，对试件均匀地加载。当测力系统主动针停滞不前或有倒退现象，而从自动绘图所绘的 $P\text{-}\Delta L$ 曲线上所看到的试件形变仍在增加时，表示试件已开始屈服。

(3) 继续加载，主动针会稍微来回摆动(或间歇停止)，直至屈服阶段结束，进入强化阶段。其中第一次来回摆动的最小值即为屈服载荷 P_s，应立即记录下来。有时也可以取屈服阶段的载荷最小值作为屈服载荷 P_s，这是偏于安全的方法。

(4) 继续加载，当载荷到达最大值 P_b 时，主动针开始倒退，从动针自动停留在 P_b 位置上，标志着试件强化阶段结束，进入颈缩阶段，试件开始局部变形，出现颈缩现象。此时应立即记录最大载荷 P_b 值。

(5) 颈缩继续发展，直至试件被拉断。此时，关闭送油阀，取下试件及自动绘出的 $P\text{-}\Delta L$ 曲线图。开启回油阀，卸载后将从动针拨回零位。

(6) 观察试件破坏后的形状，量取试件断口直径，取任意两个互相垂直方向的算术平均值作为试件断口直径 d_1，并量取断后标距长度 L_1。

从拉断后的Q235钢试件上可以看到，各处的残余伸长不是均匀分布的，越靠近断口处，其残余伸长就越长。

2. 试验注意事项

(1) 送油阀的开启动作要缓慢。

(2) 加载过程要满足静载荷的要求，由零载荷缓慢逐渐增加至 P_b，一定要防止出现突加载荷，避免试件的脆断。

(3) 在试件变形过程中，注意其形变特点：弹性形变与塑性形变；均匀形变与不均匀形变；颈缩与断裂。

3. 试验报告

1) 数据记录

(1) 拉伸试验前试件尺寸记录

材料	标距 L_0/mm	直径 d_0/mm									最小横截面积 A_0/mm²
		横截面Ⅰ			横截面Ⅱ			横截面Ⅲ			
		(1)	(2)	平均	(1)	(2)	平均	(1)	(2)	平均	
低碳钢											

(2) P_s 和 P_b 记录

材　料	屈服载荷 P_s	最大载荷 P_b
低碳钢		

(3) 试件断裂后尺寸记录

断后标距 L_1/mm	断口处直径 d_1/mm			断口处横截面面积 A_1/mm²
	(1)	(2)	平均	

2）计算 σ_s，σ_b，δ 和 ψ

3）画出 P-ΔL 曲线图

任务评价

1. 试验准备是否得当。
2. 试验数据记录是否正确。
3. σ_s，σ_b，δ 和 ψ 计算是否正确。
4. 低碳钢的 P-ΔL 拉伸曲线图绘制得是否准确。

任务拓展

1. 拉、压杆的形变

实验结果表明，直杆在轴向载荷作用下，既产生沿轴向的纵向形变，也产生垂直于轴线方向的横向形变。

设等截面直杆的原长为 l，横截面尺寸为 b，在轴向拉力作用下，变形后的长度为 l_1，横向尺寸为 b_1，如图 2-1-9 所示。

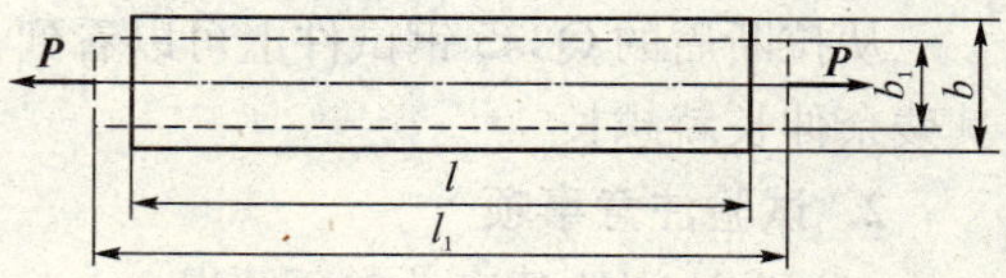

图 2-1-9　纵向形变

1）纵向形变

（1）绝对形变　杆件拉（压）后的形变与形变前的长度之差，称为绝对形变，以 Δl 表示，则

$$\Delta l = l_1 - l$$

拉伸时 Δl 为正，压缩时 Δl 为负。

（2）相对形变　绝对形变与杆件原长度有关，为消除其影响，引入相对形变概念。将绝对形变 Δl 除以原长 l，并以记号 ε 表示，则

$$\varepsilon = \frac{\Delta l}{l} \tag{2-1-4}$$

式中：ε 表示单位长度的形变，又称纵向线应变，它为无量纲量，伸长时为正，压缩时为负。

2）胡克定律

拉伸或压缩实验结果表明，大多数工程材料制成的杆件，在弹性范围内加载时，其纵向绝对形变 Δl 与轴力 N 和杆长 l 成正比，与横截面积 A 成反比，写成等式为

$$\Delta l = \frac{Nl}{EA} \tag{2-1-5}$$

上式即为胡克定律的数学表达式。式中 E 为比例常数，与材料有关，称为材料的拉压弹性模量，其单位与应力相同，常用 GPa。

式(2-1-5)中，EA 称为杆件的抗拉刚度或抗压刚度，刚度越大，形变越小，它反映拉、压杆抵抗变形的能力。

将 $\sigma=\dfrac{N}{A}$ 和 $\varepsilon=\dfrac{\Delta l}{l}$ 代入式(2-1-5)，得

$$\sigma=E\varepsilon \tag{2-1-6}$$

这是胡克定律的另外一种形式，表明在弹性范围内加载时，应力与应变成正比。

2. 拉、压杆的强度计算

为保证承受轴向拉伸和压缩的杆件不发生塑性形变或断裂，应有一定的安全储备，即保证杆能够正常可靠地工作。将工作时横截面上的正应力控制在一定范围内，写成数学表达式为

$$\sigma_{\max}=\frac{N}{A}\leqslant[\sigma] \tag{2-1-7}$$

上式称为强度条件，它是对拉、压杆进行强度计算的准则。式(2-1-7)中：$\sigma_{\max}$ 为杆的最大工作应力；$[\sigma]$ 为材料的许用应力。显然许用应力应低于极限应力 σ^0，这是因为杆件需要储备强度以应付意外情况，这个储备因数称为安全因数，用 n 表示（$n>1$）。故 $[\sigma]$ 可表示为

$$[\sigma]=\frac{\sigma^0}{n}$$

对于塑性材料，σ_s 是极限应力，故许用应力为 $[\sigma]=\dfrac{\sigma_s}{n_s}$；对于脆性材料，$\sigma_b$ 是极限应力，故许用应力为 $[\sigma]=\dfrac{\sigma_b}{n_b}$。

根据上述强度条件，可以解决三类强度问题。

(1) 强度校核

已知外载荷、杆横截面尺寸和材料的许用应力值，用式(2-1-7)校核最大正应力是否满足强度条件，判断杆件能否正常可靠地工作，这类问题称为强度校核。

(2) 截面尺寸设计

已知外载荷和材料的许用应力值，当截面形状确定后，可由强度条件设计出截面尺寸，即

$$A\geqslant\frac{N}{[\sigma]}$$

由 A 值可算出截面尺寸，这类问题称为截面尺寸设计。

(3) 许可载荷确定

已知杆横截面的尺寸和材料的许用应力值，由强度条件可求得杆所能承受的最大轴力，即

$$N\leqslant A\cdot[\sigma]$$

进而根据静力平衡条件确定结构所能承受的最大载荷。

课后练习

1. 请选择一个最合适的答案。

(1) 下列说法(　　)是正确的。

A. 截面法是分析杆件内力的基本方法

B. 截面法是分析杆件应力的基本方法

C. 截面法是分析杆件截面上内力与应力关系的基本方法

D. 截面法是分析杆件截面上应力与应变关系的基本方法

(2) 关于应力,下列说法(　　)是错误的。

A. 应力分为两种,即正应力和剪应力

B. 同一截面上,正应力与剪应力一定相互垂直

C. 同一截面上的正应力一定大小相等、方向相同

D. 同一截面上的剪应力不一定相互平行

(3) 轴向拉压形变的特点是(　　)。

A. 杆件沿轴线方向伸长或缩短

B. 两平行力间的截面将沿着力的方向产生相对错动,两力作用线间的小矩形变形后成为平行四边形

C. 杆件的轴线保持不变,其上任意两个横截面产生围绕着轴线的相对转动

2. 杆件的轴线与横截面之间有何关系?

3. 什么是弹性和弹性形变?什么是塑性和塑性形变?

4. 两根不同材料的直杆,其截面面积和长度均相等,在相同轴向拉力作用下,它们的内力是否相等?应力是否相等?形变是否相等?如果两直杆横截面不同而材料相同,所受载荷和杆的伸长也相同,其内力、应力、形变的情况又如何?

5. 图 2-1-10 所示为三种材料的应力-应变图。试说明哪一种材料的强度高,哪一种材料的刚度大,哪种材料的塑性好。

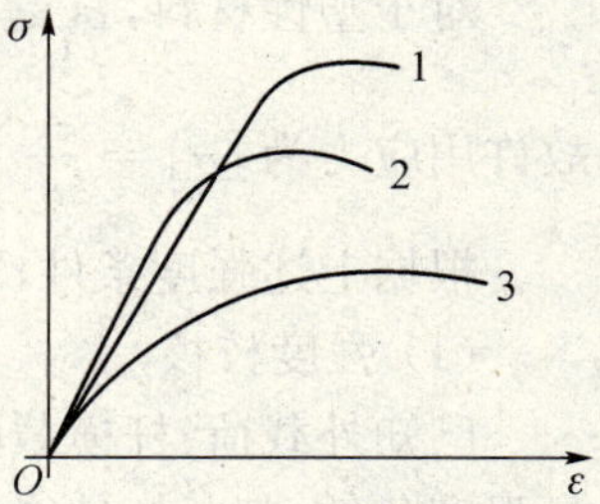

图 2-1-10

6. 圆钢杆上有一槽,如图 2-1-11 所示。已知钢杆受拉力 $P=15$ kN作用,其直径 $d=20$ mm。试求 1-1 和 2-2 截面上的应力(槽的形状可近似看成矩形,不考虑应力集中)。

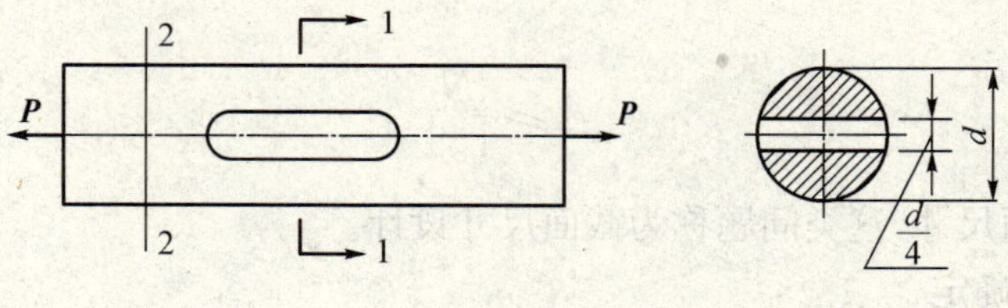

图 2-1-11

任务2　剪切形变构件的尺寸设计

任务描述

剪切形变是工程中常见的一种基本形变，如铆钉连接、键连接、销连接等都是剪切形变的实例。而构件在受剪切时，伴随着挤压现象，当物体接触面间传递压力时，两接触面就相互挤压，其后果是可能产生塑性形变（压陷）甚至压碎现象。通过本任务的学习，能够对工程中的实际受剪切而变形的构件进行尺寸设计。

学习目标

1. 分辨剪切面和挤压面。
2. 具备对剪切形变进行尺寸设计的能力。

相关知识

1. 剪切和挤压的概念

剪切形变是工程中常见的一种基本形变，如铆钉连接、键连接、销连接等都是剪切形变的实例。图 2-2-1(a)为一铆钉连接简图，钢板受外力 P 作用后又将力传递给铆钉，使铆钉左上侧面和右下侧面受力（图 2-2-1(b)），此时铆钉的上下两部分将沿着外力的方向分别向右和向左移动（图 2-2-1(c)），当外力足够大时，铆钉被剪断。因此，剪切形变的受力特点是：构件受到一对大小相等、方向相反、作用线平行且相距很近的横向力作用。其形变特点是：介于两作用力之间的各截面沿作用力方向发生相对错动。

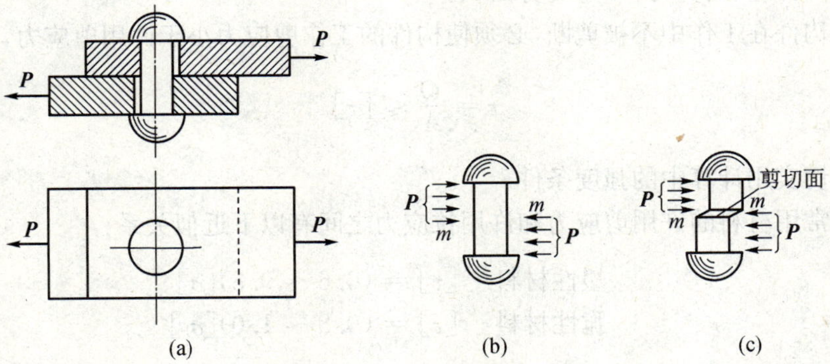

图 2-2-1　剪切形变

在承受剪切的构件中，发生相对错动的截面称为剪切面，剪切面与作用力平行，介于构成剪切的二力之间，据此可确定受剪切构件剪切面的位置，如图 2-2-2 拖车挂钩中的螺栓。

构件在受剪切时，伴随着挤压现象。

必须注意，挤压与压缩是两个不同的概念，前者产生于两物体的表面，后者产生于整个物体中。

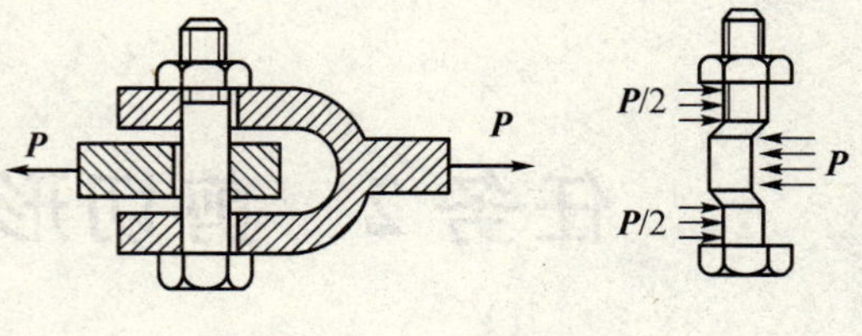

图 2-2-2　拖车挂钩螺栓

2. 剪切和挤压的实用计算

1）剪切实用计算

以螺栓(图 2-2-3(a))连接为例，说明剪切强度计算的方法。取螺栓为研究对象，受力如图 2-2-3(b)所示，用截面法将螺栓从 m-m 截面截开，任取上半部分为研究对象，在截面上画出平衡力 Q，此力即为剪切面上的内力，称为剪力。剪切面上分布内力的集度称为剪应力，用 τ 表示。剪应力的单位与正应力单位相同，常用兆帕(MPa)表示。

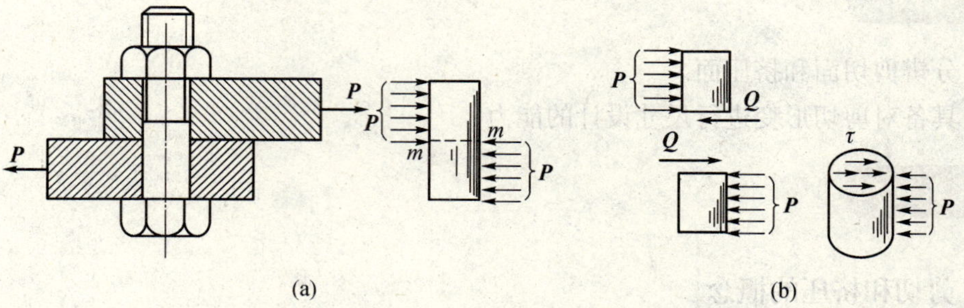

图 2-2-3　螺栓连接

因为剪切面上剪应力较复杂，所以采用以实验和经验为基础的“实用计算法”进行计算。该方法假定剪应力在剪切面上是均匀分布的，所以剪应力计算式为

$$\tau = \frac{Q}{A} \tag{2-2-1}$$

式中：Q 为剪切面上的剪力；A 为受剪面积。

为保证构件在工作中不被剪断，必须使构件的工作剪应力小于许用剪应力，即

$$\tau = \frac{Q}{A} \leqslant [\tau] \tag{2-2-2}$$

上式即为剪切实用计算中的强度条件。

工程中常用材料的许用剪应力和许用拉应力之间有以下近似关系：

塑性材料　$[\tau] = (0.6 \sim 0.8)[\sigma]$

脆性材料　$[\tau] = (0.8 \sim 1.0)[\sigma_l]$

2）挤压实用计算

在挤压面上，由挤压力引起的应力称为挤压应力，用 σ_{jy} 表示。工程上也同样采用实用计

算法，认为挤压应力在挤压面上是均匀分布的，故挤压应力为

$$\sigma_{jy}=\frac{P_{jy}}{A_{jy}} \tag{2-2-3}$$

式中：P_{jy}为挤压面上的挤压力；A_{jy}为挤压面积。

如图 2-2-4，对于挤压面为半圆柱面的构件，如螺栓、销钉等连接件，因其应力分布复杂，常采用挤压面的正投影(即直径平面)作为挤压面的计算面积。为保证构件不产生局部挤压塑性形变，必须满足工作挤压应力不超过许用挤压应力的条件，即

$$\sigma_{jy}=\frac{P_{jy}}{A_{jy}}\leqslant[\sigma_{jy}] \tag{2-2-4}$$

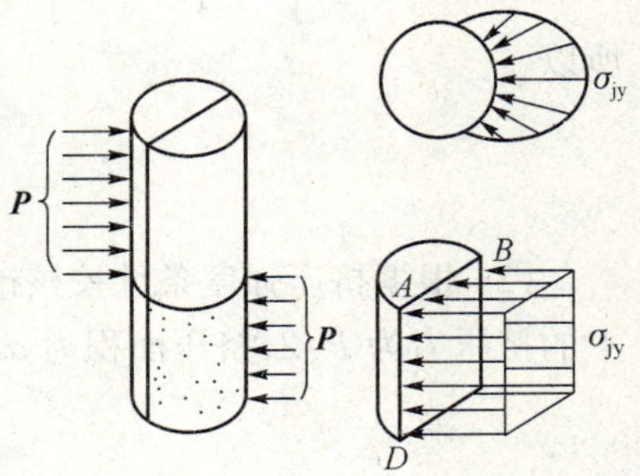

图 2-2-4　挤压

上式为挤压强度条件。

一般地，许用挤压应力与许用拉应力存在下述近似关系：

塑性材料　$[\sigma_{jy}]=(1.5\sim 2.5)[\sigma]$

脆性材料　$[\sigma_{jy}]=(0.9\sim 1.5)[\sigma_l]$

任务实施

【任务要求】

强度条件不仅可以对工程构件进行强度校核，还可以进行截面尺寸设计。本任务通过两个工程实例，在保证安全工作的前提下对受剪切而变形的构件进行尺寸上的设计计算。

【任务准备】

1. 掌握强度条件。
2. 掌握剪切和挤压的实用计算方法。

【任务操作】

工程实例 1　电机车挂钩的销钉连接如图 2-2-5(a)所示。已知挂钩厚度 $t=8$ mm，销钉材料的许用剪应力$[\tau]=60$ MPa，许用挤压应力$[\sigma_{jy}]=200$ MPa，电机车的牵引力 $P=15$ kN，试选择合适的销钉。

操作：销钉受力情况如图 2-2-5(b)所示，因销钉受双剪，故每个剪切面承受的剪力为 $\frac{P}{2}$。

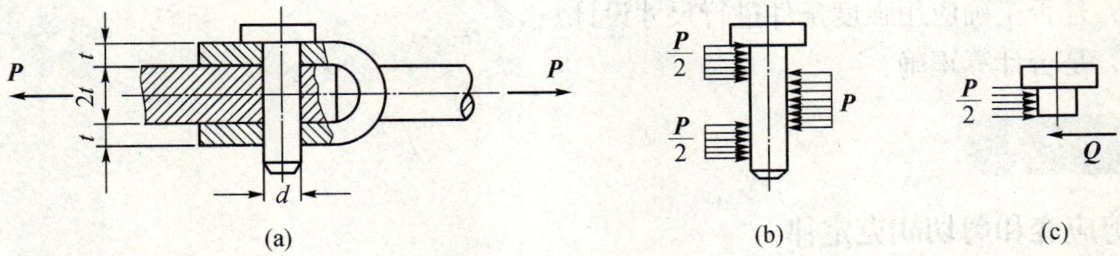

图 2-2-5　销钉连接

(1) 首先根据剪切强度条件设计销钉直径。因为

$$\tau = \frac{P/2}{\frac{\pi d^2}{4}} \leqslant [\tau]$$

所以

$$d \geqslant \sqrt{\frac{2P}{\pi[\tau]}} \approx 13 \text{ mm}$$

(2) 根据挤压强度条件校核销钉的挤压强度。由图 2-2-5(c)可知，销钉上下部挤压面上的挤压力为 $P/2$，挤压面积为 dt，因此

$$\sigma_{jy} = 72 \text{ MPa} < [\sigma_{jy}]$$

选 $d = 13$ mm 时，可以同时满足挤压和剪切强度的要求，但考虑到启动与刹车时冲击的影响，可适当加大直径，如取 $d = 15$ mm。

工程实例 2 某冲床的最大冲力 F 为 400 kN，冲头材料的许用应力$[\sigma]$=440 MPa，钢板的剪切强度极限 τ_b=360 MPa。试确定该冲床能冲剪的最小孔径 d 以及能冲剪的钢板最大厚度 δ。

操作：(1)确定最小孔径。冲床能确定的最小孔径 d 就是冲头的最小直径。如图 2-2-6，为保证冲头正常工作，必须满足其压缩强度条件，即 $\sigma = F/A = F/(\pi d^2/4) \leqslant [\sigma]$，计算可得 $d \geqslant \sqrt{4F/(\pi[\sigma])} = 34$ mm，说明该冲床能冲剪的最小孔径为 $d = 34$ mm。

(2) 确定冲剪钢板的最大厚度。冲头冲剪钢板时，剪切面为圆柱面，剪切面面积 $A = \pi d\delta$，剪切面上剪力 $Q = F$，当剪应力 $\tau \geqslant \tau_b$ 时方可冲出圆孔，即 $\tau = Q/A \geqslant \tau_b$，得冲穿钢板的剪力 $Q = F \geqslant A\tau_b = \pi d\delta\tau_b$ 由此得

$$\delta \leqslant F/\pi d\tau_b = 10.4 \text{ mm}$$

故该冲床能冲剪的最大钢板厚度为 10.4 mm。

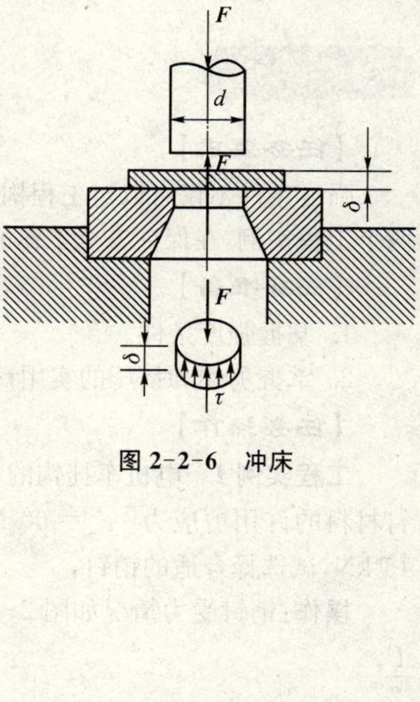

图 2-2-6 冲床

任务评价

1. 能否正确确定剪切面和受压面。
2. 能否正确进行受力分析。
3. 是否正确应用强度条件进行尺寸设计。
4. 是否计算正确。

任务拓展

剪应变和剪切胡克定律

为了分析剪切形变，在构件的受剪部位的某点 K 处取一微小的正六面体(图 2-2-7(a))

并将其放大(图 2-2-7(b))。剪切时,截面发生相对错动,致使正六面体变成平行六面体。图 2-2-7(b)中,ee'(或 ff')为平行于外力的面 $efgh$ 相对于 $abcd$ 面的滑移量,称为绝对剪切形变。相对剪切形变为

$$\frac{ee'}{\mathrm{d}x}=\tan\gamma\approx\gamma$$

相对剪切形变也称剪应变,它表示矩形直角的微小改变量,用弧度(rad)度量。

实验证明,当剪应力不超过材料的剪切比例极限 τ_p 时,剪应力 τ 与剪应变 γ 成正比(如图 2-2-7(c)),用式子可表为

$$\tau=G\gamma \tag{2-2-5}$$

上式称为剪切胡克定律,其中 G 为材料的剪切弹性模量,是表示材料抵抗剪切形变能力的量,它的单位与应力相同。常用碳素钢的 G=80 GPa,铸铁的 G=44 GPa。

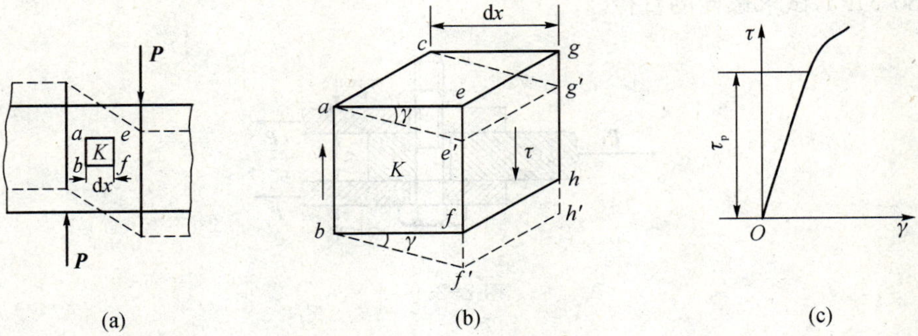

图 2-2-7　剪应变

可以证明,各向同性材料的剪切弹性模量 G,弹性模量 E 和泊松比 μ 不是各自独立的,三者之间的关系为

$$G=\frac{E}{2(1+\mu)} \tag{2-2-6}$$

课后练习

1. 请选择一个最合适的答案。

(1) 发生剪切形变的杆件,各截面上的内力为(　　)。

A. 剪力

B. 剪应力

C. 弯矩

D. 扭矩

(2) 杆件发生剪切形变时,横截面上的剪应力实际分布为(　　)。

A. 梯形分布

B. 抛物线分布

C. 等值分布

D. 不规则分布

2. 指出图 2-2-8 中构件的剪切面和挤压面。

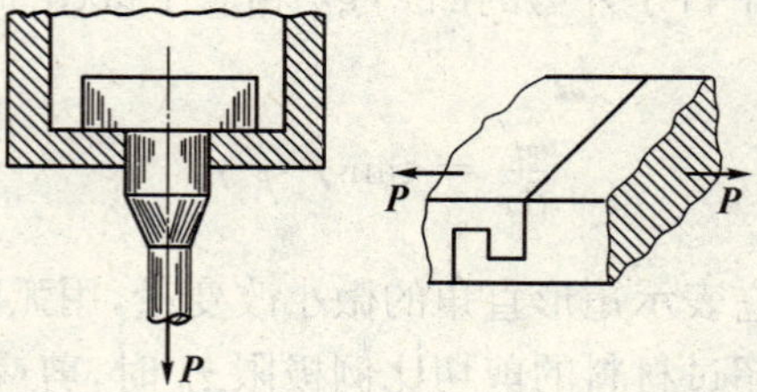

图 2-2-8

3. 挤压应力与压应力有何区别?

4. 构件在什么情况下产生剪切形变?它与拉伸(压缩)形变有何区别?

5. 一螺栓连接件如图 2-2-9 所示,已知 $P=200$ kN,$\delta=20$ mm,螺栓材料的许用剪应力$[\tau]=80$ MPa,试求螺栓的直径。

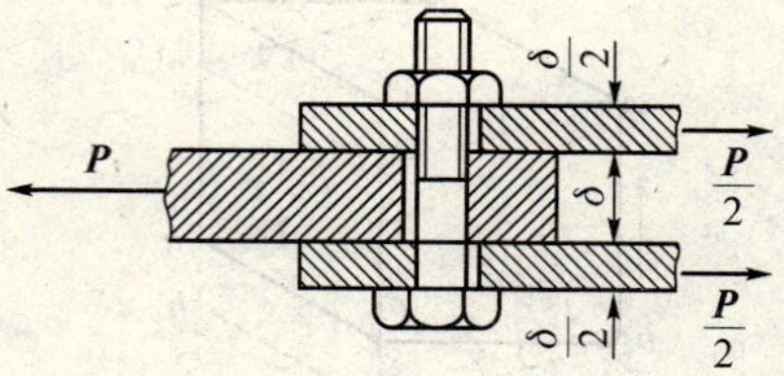

图 2-2-9

6. 上题中若板与螺栓材料相同,其许用挤压应力$[\sigma_{jy}]=200$ MPa,则螺栓直径应为多大?

任务3 圆轴扭转的强度和刚度计算

任务描述

扭转试验结果表明，当塑性材料（如低碳钢）最大剪应力达到一定数值后，也会发生屈服和断裂。本任务通过实例计算，对一空心45号钢的强度和刚度进行校核，以保证工作的安全性。另外，通过空心钢与实心钢的对比，理解工程上对经济性的考量。

学习目标

1. 能够对工程上受扭转而变形的构件进行受力分析。
2. 具备对受扭构件进行强度计算和刚度计算的能力。
3. 培养工程上既要考虑安全性又要考虑经济性的思维方式。

相关知识

1. 圆轴扭转的形变特点和受力特点

工程中构件受扭是很常见的，例如拧紧螺丝钉时的螺丝刀、船舶的尾轴、汽车的传动轴和方向盘（图2-3-1）等，都属于扭转形变的实例。受扭杆件称为轴，大多为圆轴。

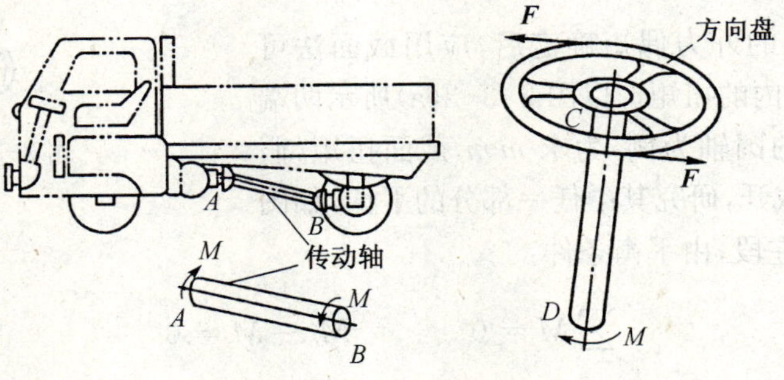

图2-3-1 扭转实例

从以上实例可以看出，圆轴扭转形变的受力特点是：在垂直于轴线的平面内，作用着一对大小相等、转向相反的力偶。其形变特点是：各横截面绕轴线发生相对转动。圆轴上任意两截面间绕轴线转过的角度 φ 称扭转角，如图2-3-2所示。

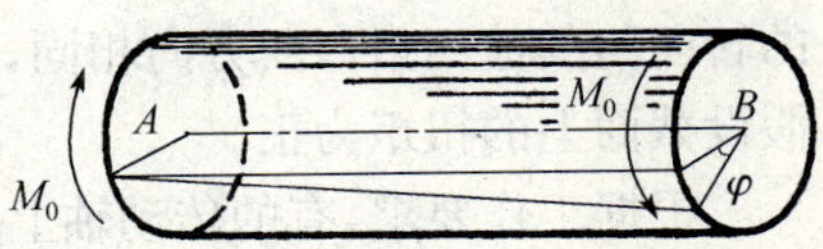

图2-3-2 圆轴扭转

2. 外力偶矩和扭矩

1）外力偶矩

通常不直接给出作用于轴上的外力偶矩数值，而是给出轴的转速和传递的功率。当轴等速转动时，作用于轴上的力偶在单位时间内所做的功即为功率 N(单位为千瓦(kW))，其值等于力偶矩 M 与角速度 ω 的乘积，即

$$N = M \cdot \omega$$

考虑到传递功率有千瓦和马力两种表示方法，同时考虑到角速度 ω 与轴的转速 n(1 min 内的转数)之间的关系 $\omega = \frac{2\pi n}{60}$ 以及单位换算 1 千瓦(kW)＝1 000 N・m/s，1 公制马力(PS)＝0.736 kW，由功率和转速计算外力偶矩的表达式为

$$M = 9\ 549\frac{N}{n}(\mathrm{N \cdot m}) \quad (N\text{ 单位取千瓦}) \tag{2-3-1}$$

$$M = 7\ 024\frac{N}{n}(\mathrm{N \cdot m}) \quad (N\text{ 单位取马力}) \tag{2-3-2}$$

在确定外力偶矩的方向时应注意：输入功率的齿轮或皮带轮上作用的力偶矩为主动力矩，其方向与轴的转动方向一致；输出功率的齿轮或皮带轮上作用的力偶矩为阻力矩，其方向与轴的转动方向相反。

2）扭矩

在外力偶的作用下，圆轴横截面上将连续分布内力，根据截面法分析，这一分布内力应该组成一作用在横截面内的合力偶，与作用在垂直于轴线平面内的外力偶相平衡。分布内力构成的合力偶的力偶矩称为扭矩，用 M_n 表示。

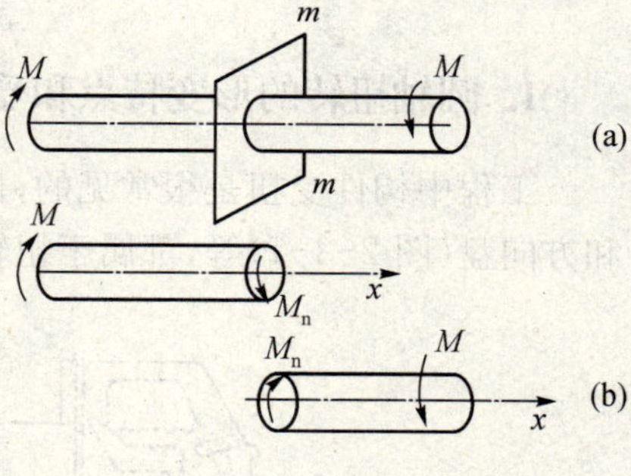

图 2-3-3　扭矩

当作用在轴上的外力偶矩确定后，应用截面法可确定轴上各横截面内的扭矩。以图 2-3-3(a)所示两端承受外力偶矩 M 的圆轴为例，为求 m-m 截面扭矩，假想将轴在 m-m 处截开，研究其中任一部分的平衡，如图 2-3-3(b) 所示之左段，由平衡条件：

$$\sum M = 0 \qquad M_n - M = 0$$

求得

$$M_n = M$$

扭矩的正负号作如下规定：使右手的拇指与截面外法线的方向一致，此时若截面上扭矩的转向与其他四指弯曲方向相同，则扭矩取正号，反之取负号。在应用截面法时，一般都先假设截面上的扭矩为正。

根据工作要求，有的传动轴上除了一个输入功率轮外，可能有两个或两个以上的输出功率轮，这时轴上将有三个或三个以上的外力偶作用，因而需要分段应用截面法计算各段的扭矩，并且绘制出扭矩图，以描述横截面上扭矩沿轴线方向的变化。

3. 圆轴扭转时横截面上的应力

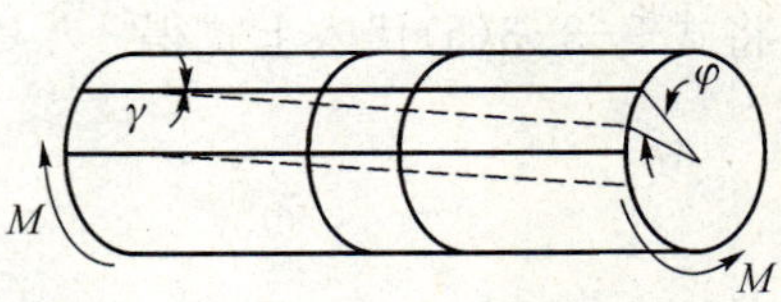

图 2-3-4　圆轴扭转平面假设

1）应力分析

如图 2-3-4 所示圆轴，试验前在其表面划上相互平行的圆周线和平行于轴线的纵向线。圆轴受扭后，表面具有如下特点：

（1）各圆周线形状、尺寸和间距均保持不变，只是绕轴线做相对转动；各纵向线仍为直线，但都倾斜了一个角度。

（2）由于上述形变结果，圆轴表面的小方格变成歪斜的平行四边形。

根据圆轴表面形变的特点，作如下假设：圆轴受扭变形后横截面依然保持平面，且其形状、尺寸、相邻横截面间的距离均保持不变，半径线仍保持直线，即横截面刚性地绕轴线做相对转动。这一假设称为平面假设。

根据平面假设，可得两点结论：

（1）相邻截面相对转过一个角度，即横截面间发生旋转式的相对错动，出现剪切形变，故截面上有剪应力存在。又因半径长度不变，剪应力方向必与半径垂直。

（2）由于相邻截面的间距不变，所以横截面上没有正应力。

2）应力计算

下面就圆轴扭转形变的几何关系、物理关系和静力学关系三个方面建立圆轴横截面上剪应力的计算公式。

（1）形变的几何关系（找出剪应变沿径向分布的规律）

如图 2-3-5，在圆轴中取出微段 dx 进行研究。圆轴扭转后，微段的右截面相对于左截面转过一个微小角度 $d\varphi$，半径 CO_2 转到 C_1O_2，半径为 ρ 的内层圆柱上纵向线 EF 倾斜到 EF_1，倾斜角为 γ_ρ。由前面的分析可知，此倾斜角 γ_ρ 就是剪应变，在弹性范围内剪应变 γ_ρ 是很小的。图 2-3-5 中的几何关系有

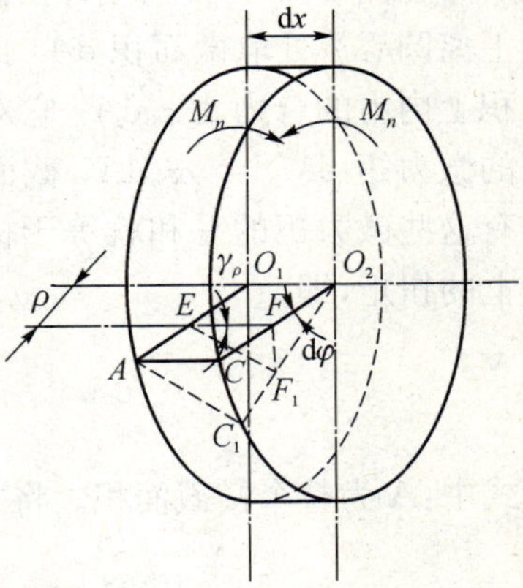

图 2-3-5　几何关系

$$\tan\gamma_\rho = \frac{FF_1}{EF} = \frac{\rho \cdot d\varphi}{dx} = \rho\frac{d\varphi}{dx} = \gamma_\rho \qquad (2\text{-}3\text{-}3(a))$$

即

$$\gamma_\rho = \rho\frac{d\varphi}{dx} \qquad (2\text{-}3\text{-}3(b))$$

式中，$d\varphi$ 对于 ρ 为常量，即 $\frac{d\varphi}{dx}$ 不随半径 ρ 而变化，对于同一横截面上的各点为一常数。因此，式 2-3-3(a)表明：横截面上任意一点的剪应变 γ_ρ 与点到圆心的距离成正比。这就是圆轴扭转时横截面上各点剪应变沿径向的分布规律。

（2）物理关系（找出剪应力沿径向分布的规律）

根据剪切胡克定律，当在弹性范围内加载时，剪应力与剪应变成正比，即

$$\tau_\rho = G\gamma_\rho$$

将式 2-3-3(a)代入上式得

$$\tau_\rho = G\rho \frac{d\varphi}{dx} \tag{2-3-4}$$

式中，G 和$\frac{d\varphi}{dx}$ 均与半径 ρ 无关，故该式表明：圆轴扭转时，横截面上任意一点的剪应力 τ_ρ 与该点到截面中心的距离 ρ 成正比，在截面中心处剪应力为零，截面边缘各点剪应力最大。这就是圆轴扭转时横截面上各点剪应力沿径向分布的规律。

显然，在所有与圆心等距离的点处剪应力均相等，其方向与半径垂直。图 2-3-6(a)表示剪应力在横截面上的分布规律。

式(2-3-4)虽然描述圆轴扭转时横截面各点的剪应力分布规律，但其中 $\frac{d\varphi}{dx}$ 为未知，所以必须借助静力学关系解决这一问题。

(3) 静力学关系(找出剪应力表达式)

如图 2-3-6(b)所示，在横截面上离圆心 ρ 处取微面积 dA，此微面积上内力的合力为 $\tau_\rho dA$，它对圆心的微力矩 $dM_n = \rho\tau_\rho dA$，截面上所有这些微力矩的总和就等于横截面上的扭矩，即

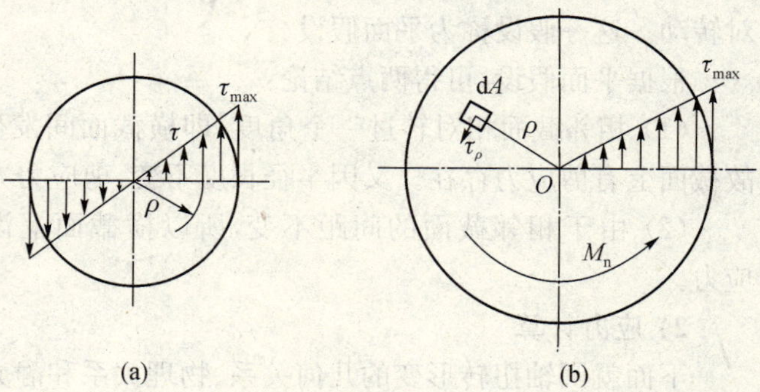

图 2-3-6　扭转剪应力分布规律

$$M_n = \int_A \rho\tau_\rho dA$$

式中：A 为整个横截面积。将式(2-3-3)代入上式，得

$$M_n = \int_A \rho\left(G\rho \frac{d\varphi}{dx}\right) \cdot dA = \int_A G\rho^2 \frac{d\varphi}{dx} \cdot dA$$

因为 G 和$\frac{d\varphi}{dx}$ 均为常量，故上式可写成

$$M_n = G\frac{d\varphi}{dx}\int_A \rho^2 dA \tag{2-3-5}$$

式中：$\int_A \rho^2 dA$ 是仅与截面形状和尺寸有关的几何量，称为横截面对 O 点的极惯性矩，用符号 I_P 表示，即

$$I_P = \int_A \rho^2 dA$$

I_P 单位为长度单位的四次方，常用 mm^4 或 m^4 表示。于是式(2-3-5)可写成

$$M_n = GI_P \frac{d\varphi}{dx} \quad 或 \quad \frac{d\varphi}{dx} = \frac{M_n}{GI_P} \tag{2-3-6}$$

将式(2-3-5)代入(2-3-3)得

$$\tau_\rho = \frac{M_n}{I_P}\rho \tag{2-3-7}$$

上式即为横截面上任意一点处的剪应力计算公式。式2-3-6中：M_n为横截面上的扭矩；I_P为该截面的极惯性矩；ρ为该点到圆心的距离。对于确定的轴，M_n和I_P都是定值。因为最大剪应力必在截面周边各点上，即当$\rho=\frac{D}{2}$时，$\tau_\rho=\tau_{max}$，所以有

$$\tau_{max} = \frac{M_n}{I_P}\cdot\frac{D}{2}$$

令$W_n=\frac{2I_P}{D}$，得

$$\tau_{max} = \frac{M_n}{W_n} \tag{2-3-8}$$

式中：W_n为抗扭截面系数，其单位为mm^3或m^3。

应该指出，上述剪应力计算公式都是在弹性范围的条件下得到的，因而只适用于弹性范围。

下面给出圆截面的极惯性矩和抗扭截面系数，它们可通过积分求得(推导过程从略)。

(1) 圆形截面

$$I_P = \frac{\pi d^4}{32} \approx 0.1d^4 \tag{2-3-9}$$

$$W_n = \frac{\pi d^3}{16} \approx 0.2d^3 \tag{2-3-10}$$

(2) 圆环形截面

$$I_P = \frac{\pi}{32}(D^4-d^4) \approx 0.1(D^4-d^4)$$

或

$$I_P = \frac{\pi D^4}{32}(1-\alpha^4) \approx 0.1D^4(1-\alpha^4) \tag{2-3-11}$$

$$W_n = \frac{\pi D^3}{16}(1-\alpha^4) \approx 0.2D^3(1-\alpha^4) \tag{2-3-12}$$

式中，α为内径与外径之比，即$\alpha=\frac{d}{D}$。

任务实施

【任务要求】

现有一空心传动轴，外直径D=90 mm，壁厚t=2.5 mm，轴的材料是45号钢，其许用剪应力$[\tau]$=60 MPa，许用扭转角$[\theta]$=1°/m，传递的最大力偶矩M=1 700 N·m，材料的剪切弹性模量$G=8\times10^4$ MPa，要求：

1. 校核空心轴的强度和刚度。
2. 若将空心轴变成实心轴，试按强度设计轴的直径，并比较两者的材料消耗。

【任务准备】

1. 掌握圆轴扭转强度计算的方法

圆轴扭转时，产生最大剪应力的截面称为危险截面，因此圆轴扭转时的强度条件是：危险截面上的最大剪应力 τ_{max} 不超过材料的许用剪应力 $[\tau]$，即

$$\tau_{max} = \frac{M_n}{W_n} \leqslant [\tau] \tag{2-3-13}$$

式中：M_n 和 W_n 分别为危险截面的扭矩和抗扭截面系数。同样，圆轴扭转的强度条件可以解决三类工程问题，即校核强度、确定截面尺寸和确定许可传递的功率或力偶矩。

2. 掌握圆轴扭转刚度计算的方法

对于轴类零件，有时还要求不产生过大的扭转形变。例如，机床的主轴若发生过大的扭转形变，将引起剧烈的扭转振动，影响工件的加工精度和机床的使用寿命。因此，为保证机械正常工作，需要这类重要的轴不仅满足强度条件，还要同时满足刚度条件——扭转形变量不得超过许用值。

圆轴扭转形变的大小用扭转角 φ 度量，它是指圆轴上任意两截面绕轴线相对转过的角度，通过积分可得（推导过程从略）

$$\varphi = \frac{M_n l}{GI_P} \tag{2-3-14}$$

式中：M_n 为横截面上的扭矩；l 为两横截面之间的距离；G 为剪切弹性模量；I_P 为截面的极惯性矩。式(2-3-14)就是等截面圆轴扭转角计算公式，扭转角 φ 的单位是弧度(rad)。

由式(2-3-14)可以看出，在扭矩一定的情况下，若 GI_P 越大，则 φ 越小，GI_P 反映圆轴抵抗扭转形变的能力，称为抗扭刚度。

圆轴单位长度上的扭转角称单位扭转角，用 θ 表示，则

$$\theta = \frac{\varphi}{l} = \frac{M_n}{GI_P} \tag{2-3-15}$$

上式中单位扭转角 θ 的单位是弧度/米(rad/m)。工程上常用度/米((°)/m)作为 θ 的单位，则

$$\theta = \frac{M_n}{GI_P} \times \frac{180^\circ}{\pi} \tag{2-3-16}$$

因此，圆轴扭转时的刚度条件为

$$\theta_{max} = \frac{M_n}{GI_P} \times \frac{180^\circ}{\pi} \leqslant \theta \tag{2-3-17}$$

对于一般传动轴 $\theta = 0.5 \sim 1.0°/\mathrm{m}$，精度较低的轴 $\theta = 2 \sim 4°/\mathrm{m}$，精密机械 $\theta = 0.25 \sim 0.5°/\mathrm{m}$。

应用刚度条件可以解决工程上的三类问题，即校核刚度、确定截面尺寸和确定许可载荷。

【任务操作】

1. 校核强度和刚度

(1) 校核强度

因为传动轴所受的外力偶矩 M=1 700 N·m，所以各截面上的扭矩为 M_n = 1 700 N·m，

最大剪应力为

$$\tau_{\max} = \frac{M_n}{W_n} = \frac{M_n}{0.2D^3(1-\alpha^4)}$$

式中
$$\alpha = \frac{90\ \text{mm} - 2 \times 2.5\ \text{mm}}{90\ \text{mm}} = 0.944$$

所以
$$\tau_{\max} = 56.6\ \text{N/mm}^2 = 56.6\ \text{MPa} < \tau$$

传动轴能满足强度要求。

（2）校核刚度

$$\theta = \frac{M_n}{GI_P} \times \frac{180^\circ}{\pi} = \frac{M_n \times 180^\circ}{G \times 0.1D^4(1-\alpha^4)\pi}$$
$$= 0.901\ ^\circ/\text{m} < [\theta]$$

传动轴能够满足刚度条件。

2. 空心轴与实心轴比较

（1）改为实心轴，按强度条件设计轴的直径 d_1。

$$\tau_{\max} = \frac{M_n}{W_n} \leqslant \tau = 60$$

式中 $W_n = 0.2d_1^3$，故

$$d_1 \geqslant 52\ \text{mm}$$

（2）比较材料消耗。空心轴与实心轴在相同条件下的材料消耗比就是截面积之比，即

$$\frac{A_{空}}{A_{实}} = \frac{\frac{\pi}{4}(D^2 - d^2)}{\frac{\pi}{4}d_1^2} = \frac{D^2 - d^2}{d_1^2} = 0.324$$

该比值说明空心轴的材料消耗仅为实心轴的32.4%，可节约三分之二的材料，所以空心轴是比较经济的。空心轴的材料分布离轴线较远，故截面的极惯性矩较大。在工程实际中，以钢管代替实心轴，不仅节约材料，还可减轻构件的重量。应注意的是，当采用焊接钢管做抗扭构件时，必须保证焊缝质量。

任务评价

1. 是否能够正确进行强度计算。
2. 是否能够正确进行刚度计算。
3. 是否能够兼顾经济性。

任务拓展

提高圆轴抗扭能力的措施

研究提高物体抗扭能力的措施，应该从其强度条件和刚度条件来分析。我们已经知道

强度条件和刚度条件分别为

$$\tau_{max}=\frac{M_n}{W_n}\leqslant[\tau]$$

$$\theta_{max}=\frac{M_n}{GI_P}\times\frac{180^\circ}{\pi}\leqslant[\theta]$$

由此可以发现，在材料其他条件不变的情况下，提高轴的抗扭能力（即降低 τ_{max} 和 θ_{max}）可以从两方面入手：一是降低扭矩 M_n，二是增大抗扭截面系数 W_n 或极惯性矩 I_P。

扭矩 M_n 的大小，不仅与外载荷（外力偶矩）的大小有关，还与外载荷在轴上的分布情况有关。当轴上有多个外力偶矩作用时，合理安排外力偶矩在轴上的位置，可以大大降低轴上的最大扭矩，从而提高轴的抗扭能力。

另外，截面的形状和尺寸的大小对抗扭截面系数 W_n 和极惯性矩 I_P 有重大的影响。在横截面积相同的条件下，空心圆截面的 W_n 和 I_P 比实心圆截面大得多，说明在外载荷及其他条件相同的情况下，使用空心轴可以节省材料、提高承载能力。

课后练习

1. 请选择一个最合适的答案。

（1）中间轴在工作中的主要形变为（　　）形变。

A. 压缩　　B. 剪切　　C. 扭转　　D. 弯曲

（2）圆轴发生扭转形变时，横截面上的剪应力沿半径为（　　）。

A. 线形（非等值）分布　　B. 抛物线分布

C. 等值分布　　D. 不规则分布

2. 图 2-3-7 所示的两个传动轴中，哪一种轮的布置对提高轴的承载能力有利？

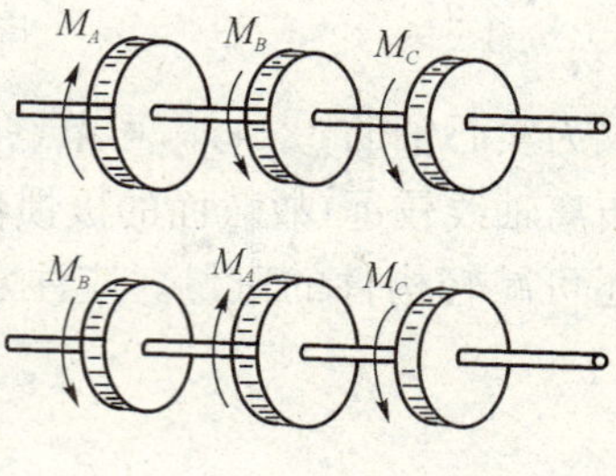

图 2-3-7

3. 圆轴和空心轴截面上的剪应力是如何分布的？

4. 为什么同一减速器中高速轴的直径较小，而低速轴的直径较大？

5. 直径 $D=50$ mm 的圆轴，受到扭矩 $M_n=2\ 150$ N·m 的作用，试求离轴心 10 mm 处的剪应力和截面上最大剪应力。

6. 一钢轴的转速 $n=240$ r/min，传递功率 $P=44.1$ kW。已知 $[\tau]=40$ MPa，$[\theta]=1\ ^\circ/\text{m}$，$G=80$ GPa，试按强度和刚度条件计算轴的直径。

7. 圆轴直径 $d=50$ mm，转速 $n=120$ r/min，若该轴横截面上的最大剪应力等于 60 MPa，试求传递的功率是多少千瓦。

任务4　弯曲正应力测定

任务描述

本任务通过对矩形截面梁纯弯曲横截面上正应力的测定，学会应变电测的方法，并将实验结果与公式计算所得的理论值的误差进行比较。

学习目标

1. 具备操作应变电测的能力。
2. 将纯弯曲的正应力的实验值与理论值进行比较。

相关知识

1. 梁弯曲的概念

工程中承受弯曲或主要承受弯曲的构件是很多的，例如桥式吊车的大梁(图 2-4-1(a))、跳水板(图 2-4-1(b))、火车轮轴(图 2-4-1(c))等，在外力作用下都将发生弯曲。

这些发生弯曲形变的构件都可以简化为一根直杆。它们的受力特点是：外力都垂直于杆的轴线(或受纵向力偶)。它们的形变特点是：杆件的轴线将弯成曲线。这种形变形式称为弯曲形变。发生弯曲或以弯曲形变为主的杆件称为梁。

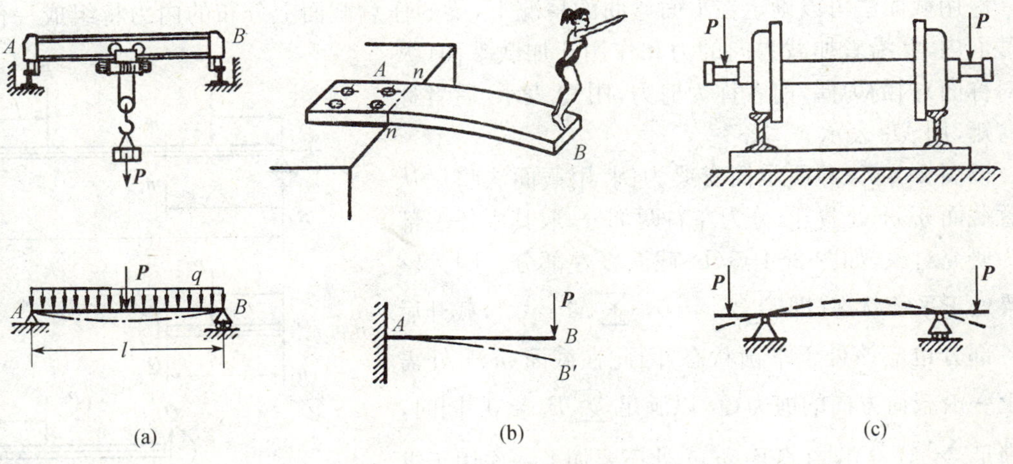

图 2-4-1　弯曲形变

工程中大多数梁的横截面都有对称轴，所有横截面的对称轴组成梁的纵向对称面，当所有外力均垂直于梁的轴线，并作用在同一对称面时，梁的轴线在纵向对称面内由直变曲(图 2-4-2)，这种弯曲称平面弯曲，它是弯曲问题中最常见、最基本的一种。这里仅讨论平面弯曲问题。

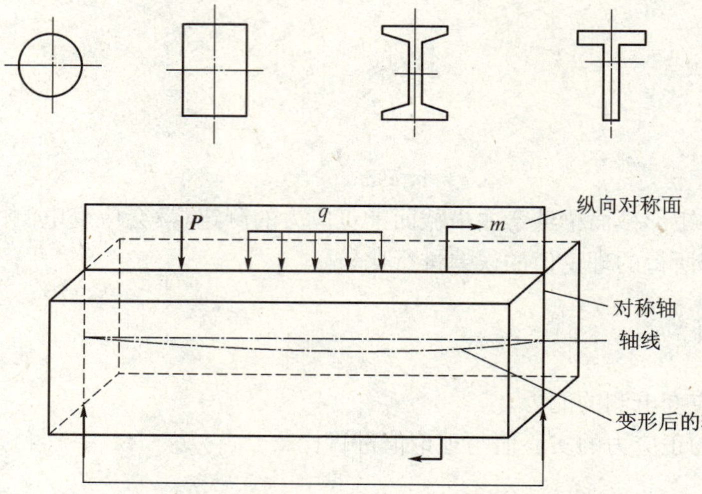

图 2-4-2　平面弯曲

经过简化，梁可以分为以下三种：

(1) 简支梁　梁的一端为固定铰链支座，另一端为活动铰链支座，如图 2-4-1(a)所示。

(2) 悬臂梁　梁的一端固定，另一端自由，如图 2-4-1(b)所示。

(3) 外伸梁　其支座形式同简支梁，但梁的一端或两端伸出支座之外，如图 2-4-1(c)所示。

2. 梁的内力——剪力和弯矩

应用截面法可以确定在平面弯曲的情况下，梁的任意截面上分布的内力将组成一作用于截面内，并沿着加载方向的力和作用于加载平面(纵向对称面)内的力偶，前者称为剪力，用 Q 表示，后者称为弯矩，用 M_W 表示。

以图 2-4-3(a)所示简支梁为例，用截面法将梁从任意截面 m-m 处截开，分为左右两部分，取其中任一部分为研究对象，如图 2-4-3(b)截面以左部分。因为整个梁处于平衡状态(即 $\sum F_y=0$，$\sum M=0$)，截开后的各部分也应该处于平衡状态，因此在截面 m-m 处需加上一沿载荷方向的剪力 Q，以满足 $\sum F_y=0$。同时，为满足 $\sum M=0$，在截面 m-m 处还要加上一作用于纵向对称面的力偶 M_W，称为弯矩。剪力和弯矩的大小可通过平衡方程求出，即

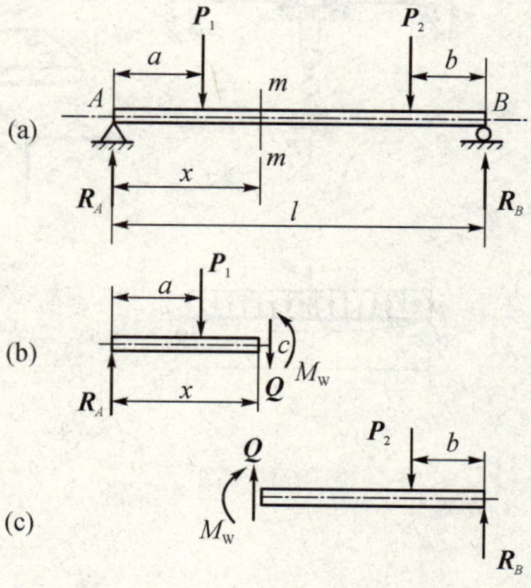

图 2-4-3　剪力和弯矩

$$\sum F_y = 0 \quad R_A - P_1 - Q = 0 \quad Q = R_A - P_1$$
$$\sum m_C = 0 \quad P_1(x-a) - R_A x + M_W = 0 \quad M_W = R_A x - P_1(x-a)$$

若以截面右部分为研究对象，如图 2-4-3(c)，可得到相同的结论（这里不再赘述）。可见弯曲时横截面上一般存在两个内力元素剪力 Q 和弯矩 M_W。前者使梁相邻截面产生剪切形变，后者使梁截面绕某一轴转动，从而使整个梁发生弯曲。剪力和弯矩统称为弯曲内力。

用截面法分析计算剪力和弯矩的规律如下：

(1) 剪力和弯矩的大小。梁内任一截面上的剪力，等于截面任一侧梁上外力的代数和；梁内任一截面上的弯矩，等于截面任一侧梁上外力对该截面形心的力矩的代数和。

(2) 剪力和弯矩的符号。使梁的二个相邻截面发生左上右下相对错动的剪力为正，反之为负，如图2-4-4(a)和 2-4-4(b)；使梁发生向上凹的形变时，弯矩为正，反之为负，如图 2-4-4(c)和 2-4-4(d)。

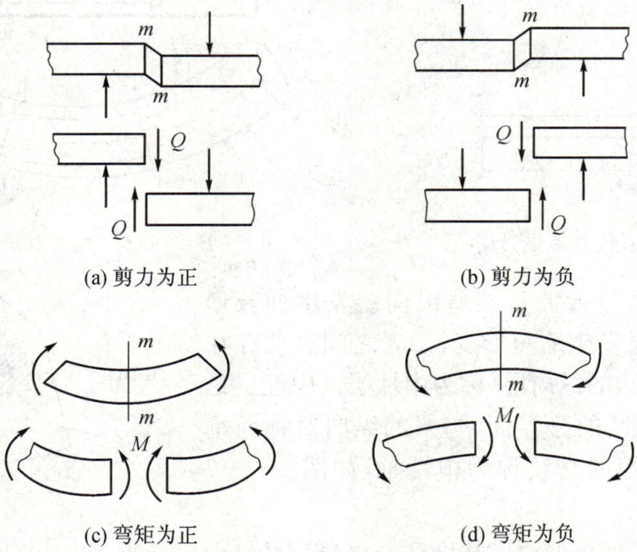

图 2-4-4　计算弯曲内力的规律

根据以上规律，当应用外力或外力矩的代数和计算剪力和弯矩时，外力的正负号确定应该遵循以下规则：

(1) 计算剪力时，截面左侧向上的外力、右侧向下的外力取正号，截面左侧向下的外力、右侧向上的外力取负号。

(2) 计算弯矩时，无论截面左侧或右侧，向上的外力取正号，向下的外力取负号。

应该指出，运用上述规律计算弯曲时横截面上的剪力和弯矩，要比用截面法列平衡方程求解简便得多，所以在今后计算中可直接利用其规律计算截面上的剪力和弯矩。

3. 纯弯曲时梁横截面上的正应力

确定梁的内力分量及其分布，是解决梁强度问题的重要步骤之一，但是最终要对梁进行强度计算，还必须确定梁横截面上的应力。本节只讨论一种最简单、最基本的形式——纯弯曲梁横截面上的应力。

梁横截面上只有弯矩没有剪力作用，这时梁的弯曲称为纯弯曲。如图 2-4-5，梁 AB 段的各截面上只有弯矩而无剪力作用，因此产生的弯曲形变为纯弯曲。

1）表面形变平面假设

研究图 2-4-6 所示纯弯曲梁模型，加载前在其表面画上平行于轴线的纵向线和垂直于轴线的横线（图 2-4-6(a)），受力后其形变如图 2-4-6(b)所示。可以看出：(1)发生形变后，横线仍保持为直线，只是相对地转过一个角度，但仍与形变后的纵向线垂直；(2)纵向线均弯成相互平行的弧线，且靠近顶面的纵向线缩短，靠近底面的纵向线则伸长。

根据上述形变现象作出如下假设：梁弯曲前的横截面在发生形变后仍然保持平面，并垂直于梁的轴线，只是各自绕截面上某一轴转过一个角度。这就是纯弯曲时的平面假设。

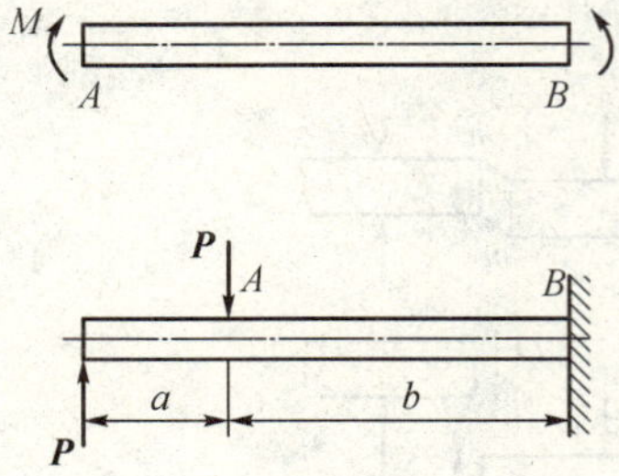

图 2-4-5 纯弯曲梁 AB

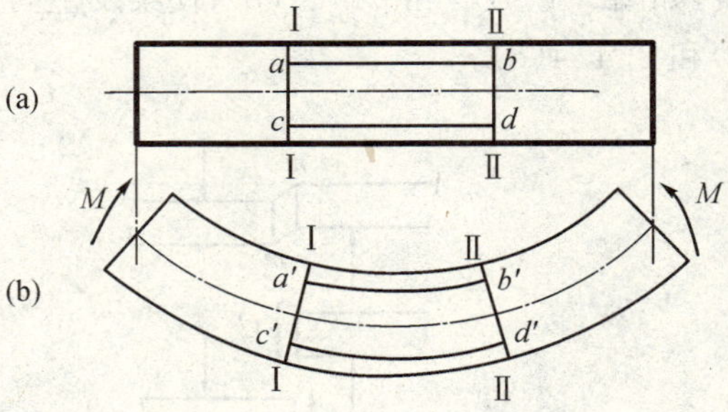

图 2-4-6 纯弯曲模型

根据平面假设，梁弯曲后某些纵向层发生伸长形变，而另一些纵向层发生缩短形变，二者之间必然存在着既不伸长也不缩短的纵向层，称为中性层。中性层是梁上拉伸区与压缩区的分界面，与梁的纵向对称面垂直，中性层与横截面的交线称为中性轴，如图 2-4-7 所示。

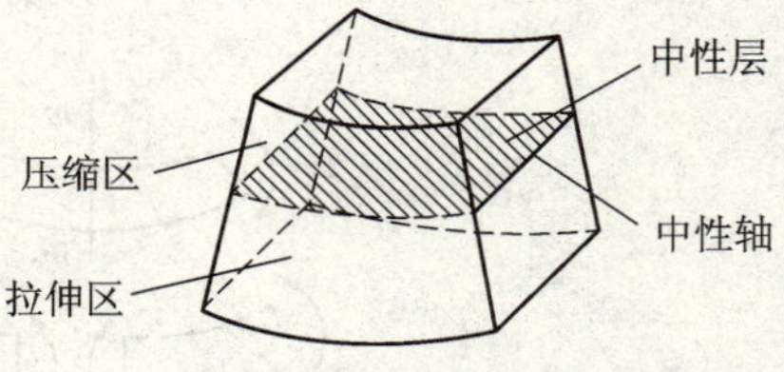

图 2-4-7 中性层

由上述可知，梁发生形变后其横截面仍然与各纵向层垂直，即无剪切形变，这说明横截面上各点的剪应力为零。因此，横截面上中性轴两侧各点分别只承受拉应力和压应力，中性轴上各点的正应力为零。

2）正应力沿截面高度的分布规律

各纵向层只承受纵向拉伸或压缩，因此由胡克定律知，在弹性范围内横截面上的正应力与正应变之间的关系为 $\sigma = E \cdot \varepsilon$，得

$$\sigma = E \cdot \frac{y}{\rho} \tag{2-4-1}$$

因为所讨论的是某个截面上各点的正应力，所以上式中 E 和 ρ 均为常量，因此对于确定的横截面，其上各点的正应力与该点到中性轴的垂直距离 y 成正比。表明在弹性范围内，横截面上的正应力沿截面高度呈线性分布。如图 2-4-8 所示，距中性轴最远各点分别承受最大拉应力和最大压应力，中性轴上各点正应力为零，横截面同一高度上各点的正应力相等。

3）正应力表达式

虽然给出了横截面上正应力的分布规律，但中性轴的位置尚未确定，$\frac{1}{\rho}$ 是未知量，故需要利用静力学平衡条件才能确定中性轴的位置，并进一步推导出正应力计算公式。

在梁的截面上任取一点 k，在该点处取微面积 $\mathrm{d}A$（图 2-4-8），设 z 为横截面的中性轴，点 k 到中性轴的距离为 y，若点 k 处的正应力为 σ，则微面积 $\mathrm{d}A$ 上的法向内力为 $\sigma \cdot \mathrm{d}A$。截面上各点的法向内力构成一空间平行力系，应用平衡条件 $\sum F_x = 0$，则有

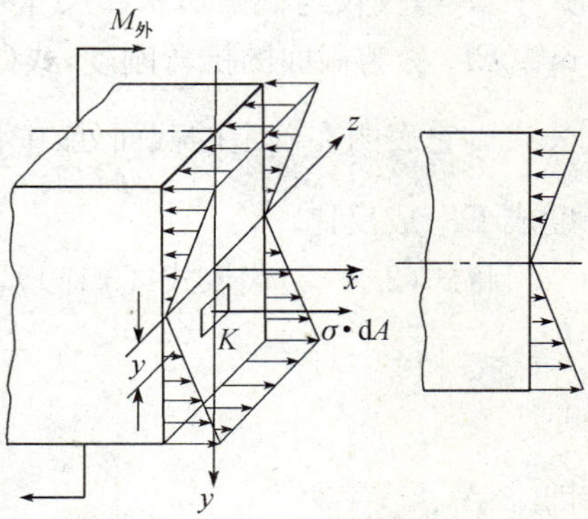

图 2-4-8　正应力分布

$$\int_A \sigma \cdot \mathrm{d}A = 0 \tag{2-4-2}$$

将式(2-4-1)代入(2-4-2)，得

$$\int_A E\frac{y}{\rho} \cdot \mathrm{d}A = 0 \quad 或 \quad \frac{E}{\rho}\int_A y \cdot \mathrm{d}A = 0$$

因为 E 和 ρ 均为常量，其比值不可能等于零，因此

$$\int_A y \cdot \mathrm{d}A = 0 \tag{2-4-3}$$

上式中，$\int_A y \cdot \mathrm{d}A = y_C \cdot A = S_z$ 称为截面对 z 轴的静矩。根据截面形心坐标与静矩的关系式 $y_C \cdot A = S_z$ 可知：当 $S_z = 0$ 时，面积 A 不可能等于零，只能 $y_C = 0$，因为 y_C 为截面形心的坐标。此结果说明横截面的形心在 z 轴上，即中性轴必通过横截面的形心。这样，中性轴的位置就确定了。

由图 2-4-8 分析知，横截面上各点微面积上的法向分力 $\mathrm{d}N$（$\mathrm{d}N = \sigma \cdot \mathrm{d}A$）对 z 轴之矩的代数和应等于该截面上的弯矩，由 $\sum m_z(\mathrm{d}N) = M_W$ 得

$$\int_A \mathrm{d}N \cdot y = M_W$$

即

$$\int_A y \cdot \sigma \cdot \mathrm{d}A = M_W \tag{2-4-4}$$

将式(2-4-1)代入(2-4-4)，得

$$M_W = \int_A E \cdot \frac{y^2}{\rho} \cdot \mathrm{d}A = \frac{E}{\rho}\int_A y^2 \mathrm{d}A$$

令

$$I_z = \int_A y^2 \mathrm{d}A，则$$

$$\frac{1}{\rho} = \frac{M_W}{EI_z} \tag{2-4-5}$$

式中：I_z是仅仅与截面形状和尺寸有关的几何量，称为截面对 z 轴的惯性矩，单位为 mm^4或 m^4。EI_z 称为截面的抗弯刚度，式(2-4-5)是计算纯弯曲时梁的中性层或梁轴线曲率半径的公式。它表明在确定的截面处，中性层的曲率 $\frac{1}{\rho}$ 与该截面上的弯矩 M_W 成正比，与抗弯刚度成 EI_z 成反比。

将式(2-4-5)代入式(2-4-1)，得

$$\sigma = E \cdot y \frac{M_W}{EI_z}$$

即

$$\sigma = \frac{M_W}{I_z} y \tag{2-4-6}$$

式中：σ 为横截面上某点处的正应力；M_W为横截面上的弯矩；y 为横截面上该点到中性轴的距离；I_z为横截面对中性轴 z 的惯性矩。式(2-4-6)即为横截面上任意一点的正应力计算公式。该式表明：横截面上任意一点的弯曲正应力与该截面上的弯矩 M_W及该点到中性轴的距离 y 成正比，与截面对中性轴的惯性矩 I_z成反比。中性轴上各点的正应力为零($y=0$)，离中性轴越远，正应力的绝对值也就越大。显然，最大正应力产生在离中性轴最远的边缘上，即

$$\sigma_{max} = \frac{M_W}{I_z} \cdot y_{max} \tag{2-4-7}$$

上述公式是在纯弯曲的情况下推导出的，而一般的梁横截面上既有弯矩又有剪力，因此用上述公式计算时存在误差。大量实验表明：对于细长梁，剪力对正应力的影响很小，因而可忽略不计。工程中多为细长梁($l/h \geqslant 5$)，所以一般梁的弯曲问题也可以运用上述公式计算。

任务实施

【任务要求】

1. 了解应变电测的基本原理及基本操作方法。

2. 测定矩形截面梁纯弯曲段横截面上的正应力，并与理论计算值进行比较，以验证纯弯曲梁正应力公式的正确性。

【任务准备】

1. 实验仪器与设备

(1) 弯曲梁实验装置一台。

(2) YJ-25 静态电阻应变仪。

(3) P20R-25 型预调平衡箱。

2. 弯曲梁实验装置见图 2-4-9。

弯曲梁材料为钢，其弹性模量 $E=210$ GPa，泊松比=0.29。旋转手轮，则梁的中间段承受纯弯曲。

实验时，通过旋转手轮和蜗轮丝杆可连续加、卸载，

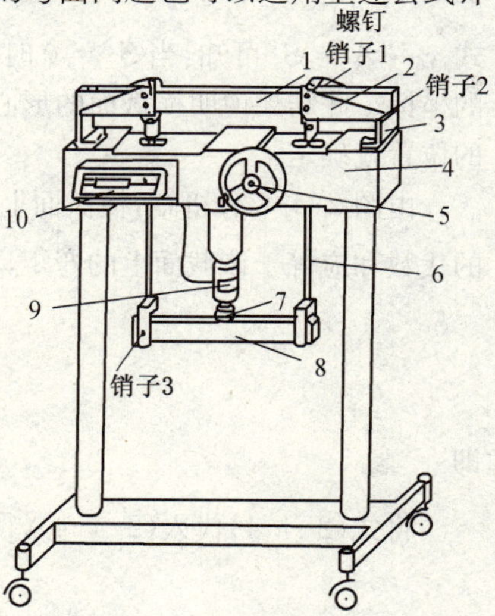

1-弯曲梁；2-定位板；3-支座；4-试验机架；5-加载系统；6-两端带万向接头的加载杆；7-加载压头(包括钢珠)；8-加载横梁；9-载荷传感器；10-测力仪

图 2-4-9　弯曲梁实验

载荷大小通过拉压传感器由测力仪直接显示。当增加力 ΔP 时，通过两根加载杆使距梁两端支座各为 c 处分别增加作用力 $\Delta P/2$，如图 2-4-10 所示。

在梁的纯弯曲段内，沿梁的横截面高度已粘贴一组应变片，见图 2-4-10 所示。应变片 1 粘贴在中性层上，应变片 2 和 3 粘贴在距中性层 $h/4$ 处，应变片 4 和 5 粘贴在距中性层 $3h/8$ 处，应变片 6 和 7 粘贴在梁的上下表面。当梁受载后，可由应变仪测得每片应变片的应变，即得到实测的沿梁横截面高度的应变分布规律。

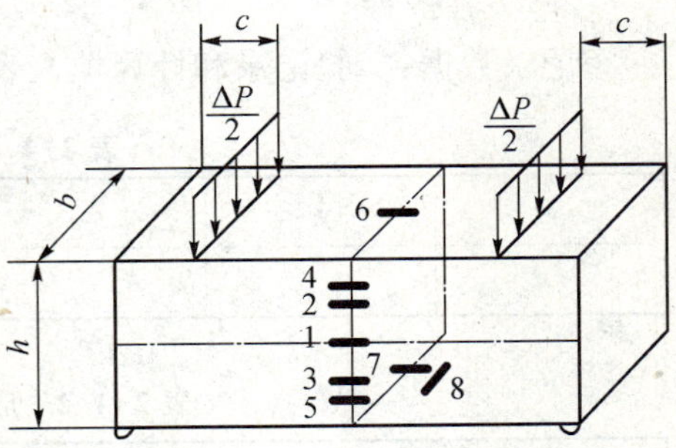

图 2-4-10　粘贴应变片位置

【任务操作】

1. 实验步骤

(1) 弯曲梁截面宽度 $b=20$ mm，高度 $h=40$ mm，载荷作用点到梁支点距离 $c=150$ mm。

(2) 将载荷传感器与测力仪连接，接通测力仪电源，将测力仪开关置"开"。

(3) 将 YJ-25 静态电阻应变仪前面板(图 2-4-11)上的选择开关置"开"。并将"测量基零"开关置"测量"挡。调节应变仪面板上的灵敏系数旋钮，使仪器的灵敏系数与所用应变片的灵敏系数相同。本实验应变片灵敏系数 $K=2.17$。

(4) 将梁上的应变片按序号接至预调平衡箱背面(图 2-4-12)相应序号的通道上，工作片接在 A 或 B 上。

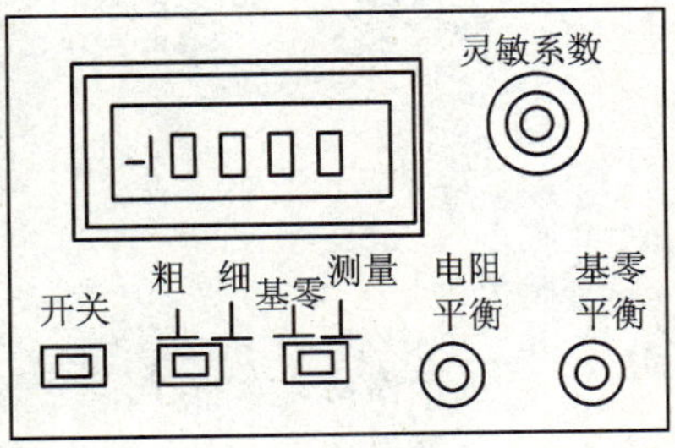

图 2-4-11　YJ-25 型电阻应变仪前面板

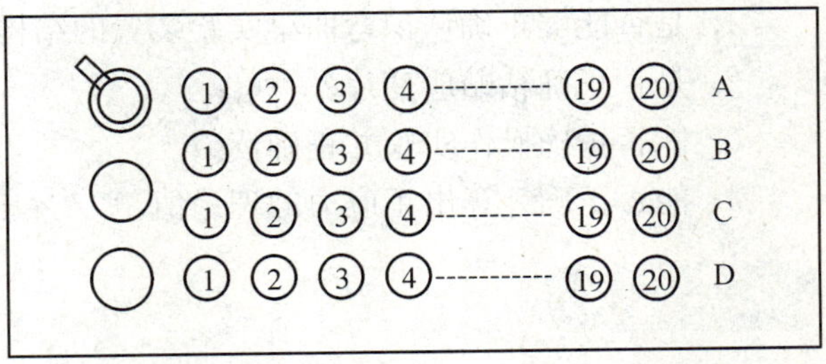

图 2-4-12　P20R-25 预调平衡箱背面

(5) 实验

① 本实验取初载荷 $P_0=0.5$ kN，$P=4.5$ kN，$\Delta P=4$ kN。

② 初加载荷 $P_0=0.5$ kN，将预调平衡箱"切换开关"置于相应测点挡，调节其电阻平衡电位器，使 YJ-25 电阻应变仪显示为"±0000"。依次将各测点调零。

③ 加载 $P=4.5$ kN，记录各通道应变读数。

2. 注意事项

(1) 粘贴应变片的位置要准确。

(2) 应变片按序号接至预调平衡箱背面相应序号的通道上，不能随意更换位置，以免造成实测数据与实验现象完全不符。

(3) 电阻应变仪的调零工作要按应变片序号逐一、无遗漏地进行。

3. 实验报告

记录数据：实验记录和计算填入表 2-4-1，2-4-2，2-4-3 中。

表 2-4-1　应变片至中性层的距离　mm

y_1	y_2	y_3	y_4	y_5	y_6	y_7

表 2-4-2　应变片在不同载荷作用下的应变

应变片号	1	2	3	4	5	6	7
P= 0.5 kN							
P= 4.5 kN							

表 2-4-3　载荷为 4.5 kN 时应变片应变的实验值与理论值比较

应变片号	1	2	3	4	5	6	7
应力实验值/MPa							
应力理论值/MPa							
误差/%							

任务评价

1. 是否能够正确认识弯曲梁实验装置的结构。
2. 是否正确粘贴应变片。
3. 能否正确操作实验并正确读数。
4. 能否正确计算出正应力的理论值。

任务拓展

1. 应力集中的概念

等截面直杆轴向拉伸和压缩时，横截面上的应力是均匀分布的。实际上，由于结构和工艺方面的要求，构件的形状往往是比较复杂的，如机器中的轴(如图 2-4-13)，常需要在上面开油孔、键槽，或留有凸肩的阶梯轴，它们使轴的截面尺寸在局部发生突变，在突变处截面上的应力分布是不均匀的。通过实验分析，在孔、槽附近的局部范围内应力显著增大，而较远处又渐趋于均匀，这种由于截面的突然变化而产生的应力局部增大现象，称为应力集中。有应力集中时最大应力 $\sigma_{\max}$ 与无应力集中时的应力 σ 之比，称为应力集中因数，用 α_k 表示，即

$$\alpha_k = \sigma_{\max}/\sigma$$

它反映杆件在静载荷下应力集中的程度，一般为 1.2～3。

2. 应力集中对塑性材料和脆性材料的影响

需要指出的是，在静载作用下应力集中对塑性材料和脆性材料的强度产生的影响是不同的。如图 2-4-14(a)所示，有小圆孔的杆件在拉伸时孔边产生应力集中，对于塑性材料来说，当孔边附近的最大应力 σ_{max}达到屈服极限 σ_s时，该局部将产生塑性形变；如果载荷继续增大，孔边两点的形变继续增大而应力不再增大，如图 2-4-14(b)所示；其余各点处于弹性形变阶段，应力尚未达到 σ_s，随着载荷的增大，这部分的应力将相继增大，直至整个截面上的应力都达到屈服极限 σ_s，截面的应力因此趋于均匀分布，如图 2-4-14(c)所示。这种应力重新分布的现象，对材料的破坏起到一定的缓冲(应力松弛)作用，因此，在静载荷作用下，应力集中对塑性材料的强度影响很小。脆性材料则不同，因为它无屈服阶段，故无法使应力松弛，局部应力随载荷的增加而上升。当脆性材料的最大应力 σ_{max}达到强度极限 σ_b时，将引起局部裂缝，很快导致整个构件破坏。因此，应力集中会严重降低脆性材料构件的强度。

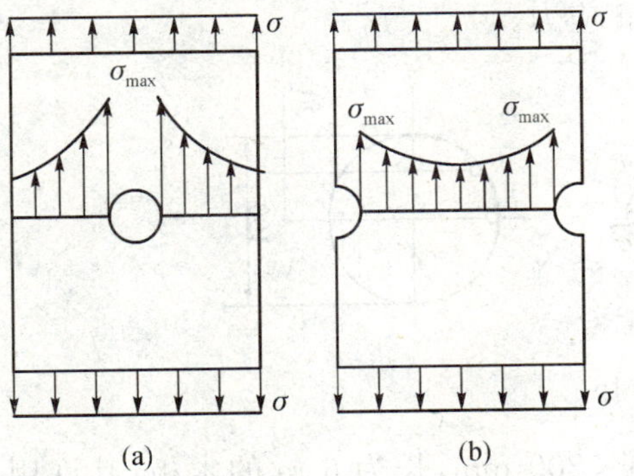

图 2-4-13　应力集中

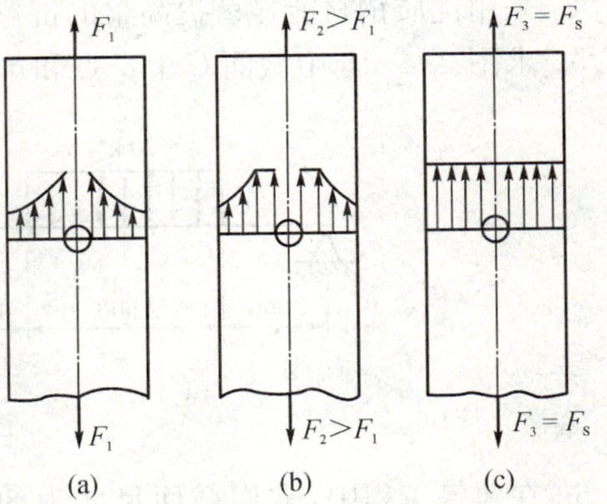

图 2-4-14　应力集中对塑性材料的影响

但是，常用的脆性材料——铸铁，由于其组织的原因，材料内部存在严重的应力集中，构件外形突变引起的应力集中与其相比微不足道，所以在静载荷下的强度计算可不考虑外形突变引起的应力集中的影响。

由上述可知，应力集中产生在杆件横截面发生急剧改变的地方，它使脆性材料的强度大大降低，或使塑性材料产生局部的塑性形变。因此，对于有应力集中的构件，往往可以通过降低材料的许用应力的办法保证构件的安全。

课后练习

1. 请选择一个最合适的答案。

(1) 扭转形变的受力特点是(　　)。

A. 外力(或合外力)的作用线沿着杆件的轴线

B. 在垂直于杆件轴线方向上作用着一对大小相等、方向相反、作用线相隔很近的平行力

C. 作用在杆两端的是一对大小相等、方向相反的力偶，且力偶作用面与杆的轴线垂直

D. 直杆受到与其轴线垂直的外力的作用，或受到作用面过直杆轴线的力偶的作用

(2) 梁受载弯曲时，截面上的内力为(　　)。

A. 剪力　　B. 弯矩　　C. 拉力和弯矩　　D. 剪力和弯矩

2. 对于受集中力 P 作用的简支梁，试画出图 2-4-15 所示各种形状截面的中性轴，以及图示 y-y 直线上的应力分布图。

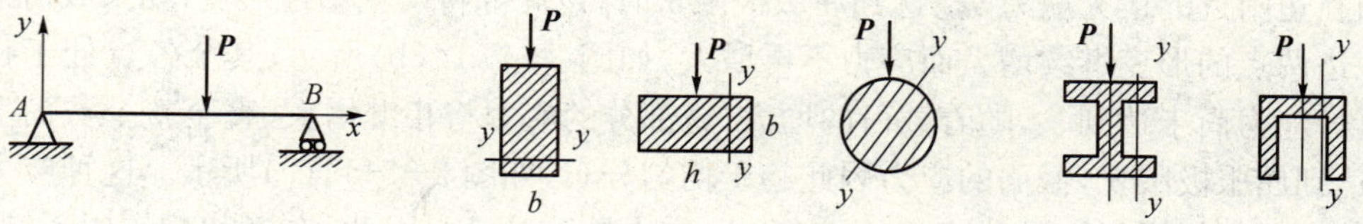

图 2-4-15

3. 设矩形截面梁的中性轴为 z，试说明其高度 h 增加一倍或宽度 b 增加一倍时，其弯曲强度各增加几倍。

4. 采用优质钢材能显著提高梁的抗弯能力吗？为什么？

5. 求图 2-4-16 中截面 C 上 a 点和 b 点的正应力。

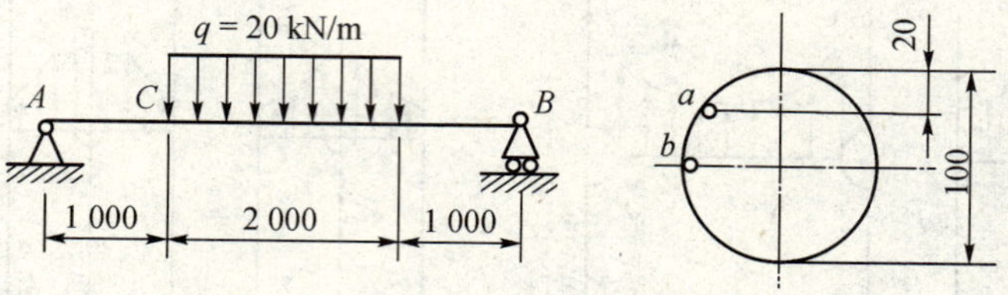

图 2-4-16

6. 在建筑工程中，常用截面尺寸为 80 mm×300 mm，长为 6 m 的木板，其许用应力 $[\sigma]=5$ MPa。今将它作为临时跳板，搁在相距 4 m 的两个建筑物上，若木板的矩形截面是平放的，那么一体重为 700 N 的工人从上走过是否安全？

项目三
流体特性在船舶上的应用

项目描述

船舶的行驶离不开流体，如承载船舶的海洋、提供动力的燃油、减少设备磨损的润滑油等。本项目通过学习流体的一些基本知识，如流体的密度、重度、压缩性、膨胀性和黏性等物理性能，以及静力学方程和连续性方程，分析一些与船舶相关的流体状态变化、设备工作原理和一些现象发生的原因，从而为后续的专业课学习打下坚实的基础。

任务 1　流体物理性能的应用

任务描述

本任务以流体为研究对象，通过应用流体主要的物理性质，包括密度、重度、压缩性、膨胀性和黏性等，分析船舶上一些设备发生穴蚀现象的原因，以及使用燃油、润滑油需注意的问题。

学习目标

1. 具备从物理性能上区别气体和液体的能力。
2. 能够分析船舶上一些与流体相关的现象。

相关知识

1. 流体的特性

通常称能流动的物质为流体。与固体不同，流体具有容易变形的特征，这就是流体的流动性。流体按其集态的不同又可分为液体和气体。液体的流动性不如气体。此外，液体具有一定的体积，其形状与容器的形状有关。当液体与气体接触时便会出现液体与气体间的交界面，称为液体的自由表面。

2. 流体的密度和比体积

1）流体的密度和比容

流体具有质量，占有体积，在均质流体中单位体积流体的质量称为密度，用符号 ρ 表示，即

$$\rho = \frac{m}{V} \tag{3-1-1}$$

式中：ρ 为流体密度，kg/m^3；m 为流体质量，kg；V 为流体体积，m^3。

流体的密度随流体的种类、压力和温度而变化，但是同种液体的密度随压力和温度的变化较小，一般可视作常数。

比体积表示单位质量的流体所占有的体积，是密度的倒数（m^3/kg），用 υ 表示，即

$$\upsilon = \frac{V}{m} = \frac{1}{\rho} \tag{3-1-2}$$

2）重度

在均质流体中，流体具有的重量与其所占有的体积之比，称为重度，用符号 γ 表示，即

$$\gamma = \frac{G}{V} \tag{3-1-3}$$

式中：γ 为流体重度，$\mathrm{N/m^3}$；G 为均质流体重量，N；V 为均质流体体积，$\mathrm{m^3}$。

3）重度与密度的关系

根据牛顿第二定律，流体的重量与质量的关系为 $G=mg$，将此式两边同除以体积，则

$$\gamma = \rho g \tag{3-1-4}$$

式中：$g=9.81\ \mathrm{m/s^2}$，是重力加速度。

在工程上一般认为水的密度和重度不变，常取4℃蒸馏水的 $\rho=1\,000\ \mathrm{kg/m^3}$ 和 $\gamma=9\,800\ \mathrm{N/m^3}$ 作为计算值。

3. 流体的压缩性和膨胀性

随着压力的增加，流体体积便缩小，随着温度的升高，流体体积便膨胀，这是所有流体的共同属性，即流体的压缩性和膨胀性。

1）压缩性

流体分子间有一定的间隙，流体压缩性的大小用体积压缩系数度量。

体积压缩系数用符号 β 表示，它是指当温度不变时，增加一个单位压力所引起的体积相对缩小量，即

$$\beta = \frac{-\dfrac{\mathrm{d}V}{V}}{\mathrm{d}p} = -\frac{1}{V}\frac{\mathrm{d}V}{\mathrm{d}p} \tag{3-1-5}$$

式中：β 为流体体积压缩系数，$\mathrm{m^2/N}$；V 为流体的原有体积，$\mathrm{m^3}$；$\mathrm{d}V$ 为流体体积的缩小量，$\mathrm{m^3}$；$\mathrm{d}p$ 为流体压力的增加量，$\mathrm{N/m^2}$。负号表示体积变化与压力变化的方向相反，当压力增大，即 $\mathrm{d}p>0$ 时，体积减小，$\mathrm{d}V<0$，而 β 总为正。对于同样的压力增量，β 值大的流体，其体积变化率大，较易压缩；β 值小的流体，其体积变化率小，较难压缩。

2）膨胀性

在一定压力下，流体体积（或密度）随温度而改变的性质称为流体膨胀性。膨胀性的大小用体积膨胀系数度量。

体积膨胀系数用符号 α 表示，它是指在压力不变的情况下，温度上升1℃所引起的体积相对增加量，即

$$\alpha = \frac{\dfrac{\mathrm{d}V}{V}}{\mathrm{d}t} = \frac{1}{V}\frac{\mathrm{d}V}{\mathrm{d}t} \tag{3-1-6}$$

式中：α 为流体体积膨胀系数，1/℃；V 为流体的原有体积，$\mathrm{m^3}$；$\mathrm{d}V$ 为流体体积的缩小量，$\mathrm{m^3}$；$\mathrm{d}t$ 为流体温度的增量，℃。

4. 流体的表面张力

当液体与气体、固体有交界面，即出现液体的自由表面时，液体表面的性质必须加以考虑。在流体力学中，重要的是它的表面张力以及自由表面张力引起的毛细现象。

1）表面张力

液体的每个分子都受到其他分子的引力，此引力的大小与分子间距离的平方成反比。若分子间距离超过一定值 r，则引力可略去不计，以 r 为半径的球叫做分子作用球。

若分子与自由液面的距离大于或等于 r，则其周围分子的引力恰好互相抵消，此分子平衡。若分子 m（如图 3-1-1 所示）距液面 N-N 为 a（$a<r$），作 N-N 面相对于 m 点的对称面 N'-N'，介于这两对称面之间的分子对 m 的引力互相抵消，而分子作用球内 N'-N' 下之分子均有拉 m 点向下之力，在此力的作用下 N-N 液面处的分子都力图向液体内收缩。如果没有周围容器的限制，则 N-N 表面必然收缩为球面的一部分 n-n，如图 3-1-2 所示。于是在液体表面 N-N（如果收缩为 n-n）上产生应力，称为表面张力。因此，表面张力是因液体自由表面所受到的两侧分子的引力不平衡，而使自由表面上液体分子受到的极其微小的拉力。

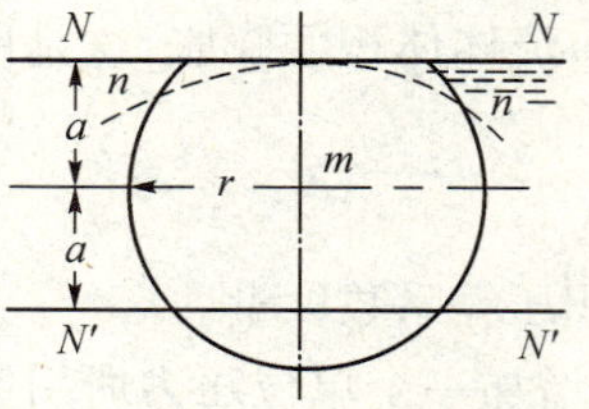

图 3-1-1　表面张力产生原因

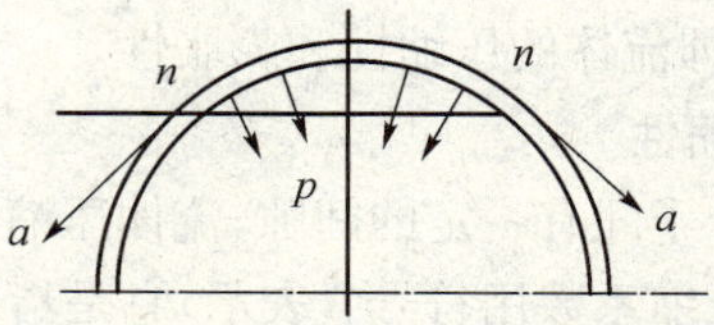

图 3-1-2　表面张力

表面张力的大小以作用在单位长度上的力，即表面张力系数 σ 表示，其国际单位为 N/m，液体的表面张力系数都很小。

2）毛细现象

如前所述，液体分子间的吸引力较大，在分子吸引力的作用下，液体分子相互制约，形成一体，不能轻易跑掉。液体分子间的这种相互制约的吸引力称为内聚力。当液体与固体壁面接触时，液体分子与固体分子之间也有吸引力。这种液体与固体分子间相互吸引的力称为附着力。

当液体与固体壁面接触时，若液体的内聚力小于它与固体间的附着力，液体将附着、湿润该固体壁面，并沿固体壁面向外伸展。例如，把水倒在玻璃上便出现这种情况。若液体的内聚力大于它与固体间的附着力，液体自身将抱成一团，并不湿润该固体壁面。例如，把水银倒在玻璃上，水银便始终保持椭球形状，而不会湿润玻璃壁面。水不湿润石蜡或油腻的壁面，这是由于水的内聚力大于它与石蜡或油腻壁面的附着力的缘故。液体与固体壁面接触时内聚力与附着力的这种关系，可以用于解释毛细管中液面的上升或下降现象。

当玻璃管插入液体内，若附着力大于液体分子间的内聚力，液体表面与固体表面的接触角 θ 是锐角，如水与玻璃的接触角 $\theta=8^\circ\sim9^\circ$，这时液体能湿润固体，则管内液面升高，如图 3-1-3(a)所示；若附着力小于液体分子间的内聚力，液体表面与固体表面的接触角 θ 是钝角，如水银与玻璃的接触角 $\theta=139^\circ$，这时液体不能湿润固体，则管内液面下降，如图

3-1-3(b)所示。

表面张力仅在液体自由表面存在，液体内部并不存在，所以它是一种局部受力现象。因为毛细管现象可以引起相当显著的液面上升或下降，所以，在某些用玻璃管制成的水力仪表（如测压管）中，必须考虑表面张力的作用。测压管中的毛细管现象将造成读数误差，通常使用管径小于 10 mm 的测压管，以减小读数误差。

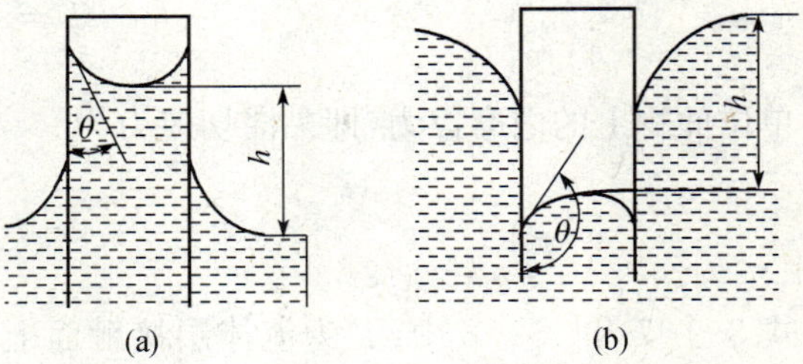

图 3-1-3　毛细现象

5. 流体的含气量和气体分离压

1）含气量

液体中所含气体体积的百分比称为含气量。液体中的空气有混入和溶入两种。混入的气体呈气泡状态悬浮于油液中，它对油液的体积膨胀系数和黏性均产生影响，尤其对体积膨胀系数的影响极大。而溶入气体则对油液的体积膨胀系数和黏性的影响极小。

油中混入的空气量决定于油液性质及其与空气接触和搅动的情况；而油中溶入的空气量正比于绝对压力。当压力加大后部分混入的空气溶入油液中。油液中混入空气后，不仅使油液的体积膨胀系数急剧下降，而且使油液的动力黏度呈线性增加。

2）空气分离压

在某一温度和压力 p_0 下，设油中空气溶解量为 α_0。当压力降为 p_1 时，相应的空气溶解量为 α_1，则 $\alpha_1-\alpha_0$ 为油液中空气的过饱和量。当压力继续降低到某一压力 p_g 时，过饱和空气将从油液中析出而发生气泡，这个压力 p_g 称为油在该温度下的空气分离压。空气分离压与油液的种类、温度、空气溶解量及混合量有关。通常油温越高、空气溶解量和混入量越大，空气分离压越高。

6. 流体的黏滞性

流体流动时，流体与固体壁面的附着力及流体本身的分子运动和内聚力使各流体层的速度不相等。在两个相邻流体层之间的接触面上，产生一对阻碍两层流体相对运动的等值反向的摩擦力，叫做内摩擦力。流体流动时产生内摩擦力的这种性质叫做流体的黏滞性。

设有两块平行板，其间充满流体，如图 3-1-4 所示。设下板固定，上板以速度 u_0 向右移动，由于液体与板面的附着力，粘在上板面的一层流体以速度 u_0 随上板向右移动，而紧贴下板的一层流体和下板一样静止不动。介于两板之间的各层流体以自上而下逐层递减的速度向右移动，流动较快的流体层带动流动较慢的流体层，因此在流体层之间产生内摩擦力。

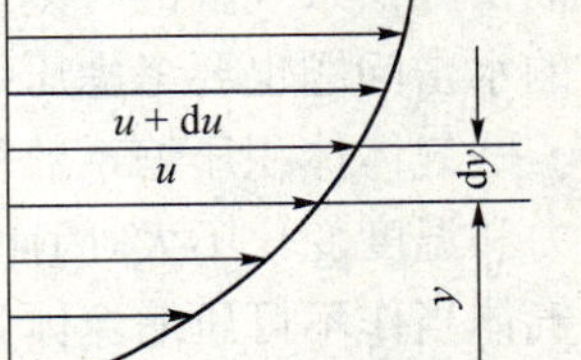

图 3-1-4　流体层流速分布

根据牛顿研究的结果，流体运动产生的内摩擦力与沿接触面法线方向的速度梯度成正比，与接触面的面积成正比，与流体的物理性质有关，而与接触面压力无关。这个关系称为牛顿内摩擦定律，其数学表达式为

$$T = \mu A \frac{du}{dy} \tag{3-1-7}$$

单位面积上的内摩擦力，即黏滞切应力为

$$\tau = \mu \frac{du}{dy} \tag{3-1-8}$$

式 3-1-7 和 3-1-8 中：T 为流体层接触面上的内摩擦力，N；A 为流体层之间的接触面积，m^2；du/dy 为沿接触面法线方向的速度梯度，1/s；μ 为流体物理性质的比例系数，称为黏性动力系数，$N \cdot s/m^2$，即 $Pa \cdot s$；τ 为黏滞切应力，N/m^2。

在流体运动中，内摩擦力或切应力总是成对出现的，它们大小相等、方向相反，分别作用在对方流层上。

流体静止时，速度梯度为零，则内摩擦力或切应力等于零，即流体不呈现内摩擦力或切应力。这说明流体黏滞性只有在流体发生运动或形变时才呈现出来，而流体的运动或形变一停止，阻碍流体运动的内摩擦力或切应力也随之消失，流体就不呈现黏滞性。

任务实施

【任务要求】

试从流体物理特性的角度解决以下在船舶上与流体相关的问题：

1. 为保证船舶正常运行，正确判断工作液体是否该考虑膨胀性和压缩性。
2. 解释船舶上经常会发生的蜂窝状穴蚀现象，如图 3-1-5 所示。
3. 分析船舶使用燃油和润滑油时需注意的问题。

图 3-1-5　穴蚀

【任务准备】

1. 观察船舶上的穴蚀现象。
2. 分析温度和压力对流体黏度的影响。

【任务操作】

1. 正确考虑流体的膨胀性和压缩性

由实验得知，液体体积压缩系数非常小，例如，在 0℃时，增加一个大气压，水的体积变化率不到万分之一。其他液体的体积压缩系数一般也是比较小的。因此，在工程实际中可把液体视为不可压缩的流体，当往复泵的活塞与泵缸间液体被密封时，泵腔内的液体可立即达到排液压力。但是，在高压情况下液体的压缩性应予以考虑。例如，由于油液的压缩性，柴油实际供入气缸的时刻通常略滞后于柴油从喷油泵排出的时刻。另外，水下爆炸及管路中的水击问题也要考虑压缩性。

气体体积压缩系数很大，故称气体为压缩性流体。在气体流速为 50～70 m/s 时，其压力和温度变化不大，因而引起的体积或密度变化可以忽略不计。如船舶通风等问题，可以把气体当作不可压缩流体处理。

与体积压缩系数一样，液体的体积膨胀系数也很小，除温度变化很大的场合外，在一般工程问题中不必考虑液体的膨胀性。例如，在一个大气压下，当温度在 0～10℃范围内变化时，水的体积膨胀系数 $\alpha = 1.4 \times 10^{-5}$；当温度在 10～20℃范围内变化时，水的体积膨胀系数

$\alpha=1.5\times10^{-5}$。其他液体的体积膨胀系数也很小，在一般温度变化范围内，液体的密度改变很小，液体的膨胀系数在大多数工程问题中都忽略不计。

2. 船舶一些部位产生穴蚀现象的原因

当用压缩空气作为往复泵排出水的稳压源时，空气因没有与水隔离就会被吸收到液体中，当高压流体流过阻力元件后压力降低时，将大量释放液体中的空气，若液体用在测量上会造成测量误差。液体的压力降到使油液汽化沸腾，气泡从液体中大量分离的现象称空穴。发生空穴后，管道或元件中的液体变为混有大量气泡的不连续状态。

液压系统中，当压力油流过节流器、喷嘴、阀或管路的狭窄缝隙时或者在液压泵的吸入管路中，都会因油压骤降产生空穴。当液压系统产生空穴，气泡随油液流到高压区时，在高压作用下迅速破裂再次渗入液体内，于是产生局部液压冲击，引起局部压力和温度的突变，使系统产生强烈的振动和噪声。在液压系统中某些局部地区和一些零件表面，因长期承受液压冲击和高温作用，以及油液中逸出气体的氧化作用，管壁和零件的表面发生剥落现象，或出现海绵状小洞穴群，这种因空穴现象造成的腐蚀称为穴蚀。柴油机气缸冷却水腔、喷油泵中进、回油孔相应零件部位和排油阀、高压油管都会因空穴发生穴蚀。

3. 使用燃油和润滑油时需注意的问题

1）温度和压力对黏度的影响

温度对流体黏度的影响较大。液体的黏度随着温度的上升而减小，而气体的黏度却随着温度的上升而增大，即温度对这两类流体黏度变化趋向的影响正好相反。之所以会出现这种情况，是由于造成它们黏性的主要因素不同。如前所述，液体分子间的空隙仅为气体分子间隙的近千分之一，由于液体的分子间距较小，液体分子间的吸引力比气体大得多，相互吸引的内聚力是造成液体黏性的主要因素，而黏滞切应力主要取决于内聚力。当温度升高时，分子间距离增大，液体的内聚力减小，切应力也随之减小，故液体的黏度降低。相反，气体的分子间距离较大，内聚力极微小，造成气体黏性的主要因素是气体分子做无规则运动时在不同流速的流层间所进行的动量交换。温度越高，气体分子的无规则运动越剧烈，动量交换越频繁，因而黏滞切应力随之增加，黏度越大。相对地说，温度对液体的影响较气体更为明显。

液体黏度随压力的升高而增大。因为当液体压力增加时，分子间的距离缩小，其黏度增加。当压力在 3×10^{7} Pa 以下时黏度与压力的变化一般成线性关系。当压力极高时，黏度会急剧增加。所以当液压油压力在 2×10^{7} Pa 以上且变化幅度较大时，应计算其黏度的变化。当液压油压力在 10^{7} Pa 以下时，其黏度变化可以忽略不计。

2）使用中需注意的问题

黏度是燃油最重要的性能指标，是划分燃油等级的主要依据。它是对流动性阻抗能力的度量，它的大小表示燃油的易流性、易泵送性和易雾化性能的好坏。各种机器使用的润滑油，其黏度应保持一定的范围。

对于高黏度的燃油，一般需先经预热，使其黏度降至一定水平，然后进入燃烧器以使在喷嘴处易于喷散雾化。对于柴油机和辅助锅炉，为使燃油雾化良好，可根据不同性质燃油进行适当加热，以使燃油黏度降低。

润滑油的黏度不要随着温度的升高而降得太低，也不要随着温度的降低而升高得太快，也就是说，在温度变化的情况下要尽量保持润滑油黏度的稳定，这就是润滑油的黏温性能。

希望采用黏温性能好的油液，即黏度随温度变化越小越好。

另外，船舶在低温区域或低温季节航行时，更应注意对燃油和滑油的加热工作，使其黏度降低，以利于管道输送。

任务评价

1. 在分析具体问题时能否正确运用相应的物理特性。
2. 能否判断船舶上气体不考虑压缩性和液体考虑压缩性的特殊情况。
3. 能否简单解释穴蚀现象。
4. 能否说明黏度对燃油和润滑油正常工作的影响。

任务拓展

1. 动力黏度 μ

动力黏度即黏性动力系数，其物理意义是：在 du/dy 相同的情况下，μ 值表征流体黏性的大小。由式(3-1-6)可知，当速度梯度等于1时，μ 在数值上就等于接触面上的切应力。动力黏度的国际单位为 $N \cdot s/m^2$ 或 $Pa \cdot s$。

2. 运动黏度 υ

$$\upsilon = \frac{\mu}{\rho} \tag{3-1-9}$$

动力黏度与流体密度之比为运动黏度。运动黏度 υ 没有什么特殊的物理意义，只是因为在应用中动力黏度 μ 与密度 ρ 的比值常常出现，为方便而设立的这一符号。因此，运动黏度不像动力黏度可以直接表示流体黏性的大小，只有密度相近的流体才可以用运动黏度大致比较它们的黏性。在液压系统计算及液压油的牌号表示上多用运动黏度。机械油的号数就是以这种油在 50℃时运动黏度的平均值标注的。

3. 恩氏黏度°E

直接测定动力黏度 μ 和运动黏度 υ 是很困难的，只能间接测量。对于流体，如液压系统中的液压油，实际上都是用黏度计测量的。用黏度计测得的液体黏度叫相对黏度。各国采用的相对黏度表示方法有所不同，美国用赛氏黏度(SSU)，英国用雷氏黏度(R)，我国、德国和前苏联用恩氏黏度(°E)。

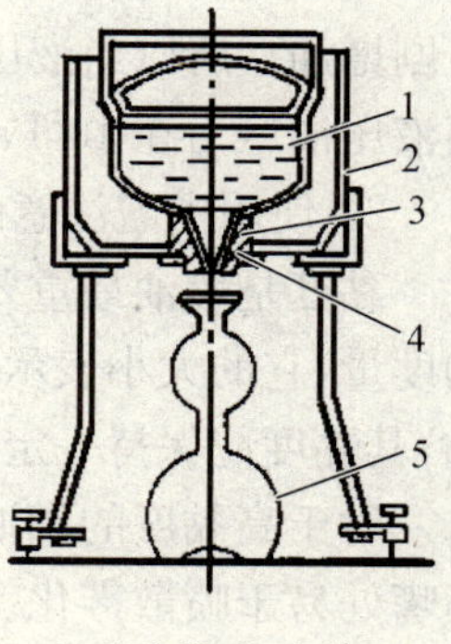

1-贮液器；2-水槽；
3-黄铜椎管；4-白金椎管；
5-长颈瓶

图 3-1-6 恩氏黏度计

恩氏黏度是利用恩氏黏度计测定的。如图 3-1-6 所示，恩氏黏度计是由一个黄铜贮液器及焊接在其底部的黄铜椎管组成的。贮液器放在水槽中，黄铜内插入一个孔径为2.8 mm 的白金椎管，以使被测液体自贮液器中流出。

测定之前先用特制的柱塞关闭白金椎管，再将 200 cm^3 的待测液体注入贮液器内，然后用煤气灯加热水槽中的水，使黄铜贮液器内的液体保持一定温度，并用温度计测量贮液器内液体温度。当液体温度稳定在规定温度时，开启柱塞，待测液体自白金椎管滴入量筒内。测出 200 cm^3 待测流体在规定温度下流完所需的时间 t_1，然后以同样的办法测定 200 cm^3 蒸馏水在 20℃下流完所需的时间 t_2（一般为 50～53 s，取平均值 51 s），则 t_1 与 t_2 之比称为恩氏黏度，即

$$°E = \frac{t_1}{t_2} \tag{3-1-10}$$

显然，恩氏黏度无量纲，工业上一般以 20℃，50℃，100℃作为测定恩氏黏度的标准温度，并相应地以符号 $°E_{20}$，$°E_{50}$，$°E_{100}$ 表示。

各国正逐步更广泛地采用运动黏度表示液体的黏度，因其测定的准确度较雷氏黏度、赛氏黏度、恩氏黏度高，且测定时样品用量少，测定迅速。各种黏度间的换算通常可通过已预先制好的转换表查得近似值。

课后练习

1. 请选择一个最合适的答案。

(1) 下列(　　)参数属于流体的物理性质。

A. 膨胀性、流量、含气量　　B. 含气量、压强、膨胀性

C. 膨胀性、流量、空气分离压　　D. 含气量、膨胀性、空气分离压

(2) 压强对流体黏度的影响(　　)；一般来说，液体的黏度随压强升高而(　　)。

A. 较大/增大　　B. 较小/增大　　C. 较大/减小　　D. 较小/减小

(3) 流体的压缩性是指(　　)。

A. 当流体的温度保持不变，流体所受压强增加时，其体积缩小的性质

B. 当流体所受压强保持不变，流体温度降低时，其体积缩小的性质

C. 当流体的温度增加，流体所受压强也增加时，其体积缩小的性质

D. 当流体的温度降低，流体所受压强增加时，其体积缩小的性质

2. 当压力增量为 50 000 N/m^2 时，某种液体的密度增加 0.02%，试求该液体的体积压缩系数。

任务 2　锅炉水位计原理分析

任务描述

本任务通过学习流体静力学中的相关概念以及静力学基本方程，分析锅炉水位计的工作原理，并拓展到分析其他一些工程设备的原理。

学习目标

1. 能够区别静力学方程的物理意义和几何意义。
2. 具备分析连通器原理的能力。
3. 能够分析锅炉水位计的工作原理。

相关知识

1. 流体静力学基本方程

1）静止流体上的作用力

作用于流体上的力按其性质可分为表面力和质量力两类。

表面力指作用在所研究的流体表面上的力。它可以是其他物体（如容器等）作用在流体上的力，也可以是一部分流体作用于另一部分流体上的力。

质量力是作用在流体的每一质点上，并与受作用的流体的质量成正比的力。质量力主要有重力和惯性力。

在流体力学中，当流体所受的质量力只有重力时，该流体称为重力流体。静止或做匀速直线运动的流体，都属于重力流体。工程技术领域中所遇到的静止流体通常都是重力流体。

2）流体静力学基本方程

在重力场中，作用在静止流体上的质量力只有重力。

在静止流体中取一点 B（如图 3-2-1），距液面的深度为 h，以点 B 为中心取一微小面积 dA，形成高为 h 的微小圆柱体。若点 B 及面积 dA 上的静压力均为 p，顶面的液体表面压力为 p_0，现取微小圆柱体为分离体，分析该分离体上所受的作用力。

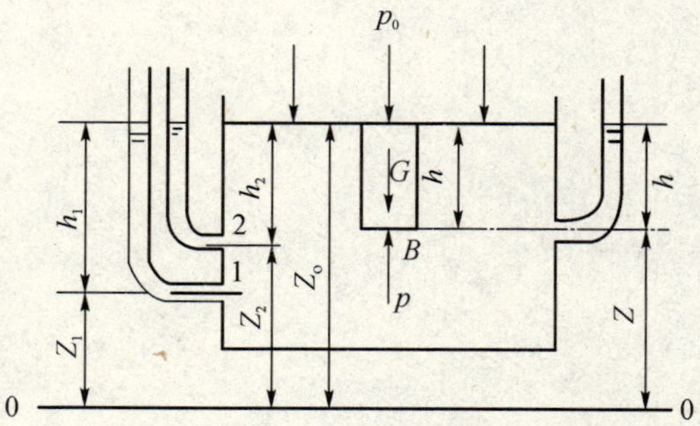

图 3-2-1　静止流体

（1）作用于顶部表面的总压力 $P_0 = p_0 dA$。

(2) 作用于底部的总压力 $P= p\mathrm{d}A$。

(3) 圆柱体自重 $G=\rho gh\mathrm{d}A$。

(4) 作用在圆柱体周围水平方向的压力大小相等、方向相反,互相抵消。

圆柱体在垂直方向的平衡方程为

$$p_0\mathrm{d}A+\rho gh\mathrm{d}A-p\mathrm{d}A=0$$

简化后得

$$p=p_0+\rho gh \tag{3-2-1}$$

上式即为不可压缩流体仅在重力作用下的静压力计算公式,通常称为流体静力学基本方程。它表示在重力场中的静止流体内的静压力分布规律,即液体中任一点的压力 p 由两部分组成:一部分是液面上的压力 p_0,另一部分是流体柱的重力所产生的压力 ρgh。

可知,当密度为常数时(即在同一容器的同种流体中),静压力的大小沿深度 h 呈线性变化。显然,自由表面下深度相同的各点的静压力大小都相等。

流体静力学基本方程还可以表达为另一种形式。如图 3-2-1 所示,取任意水平面 0-0 为基准面,点 B 位于基准面以上的高度为 Z,液体自由面位于基准面以上的高度为 Z_0,则点 B 的深度 $h=Z_0-Z$,代入式(3.2.1),得点 B 处的静压力

$$p=p_0+\rho g(Z_0-Z)$$

上式两端除以 ρg,并移项得

$$Z+\frac{p}{\rho g}=Z_0+\frac{p_0}{\rho g} \tag{3-2-2}$$

对重力作用下的静止流体来说,自由液面上各点 Z_0 都相等,而 p_0 为自由液面上的平均压力,故 $Z_0+p_0/\rho g$ 是常数。因此上式可写为

$$Z+\frac{p}{\rho g}=C(\text{常数}) \tag{3-2-3}$$

推导式(3-2-1)或(3-2-3)时点 B 是任意选定的。假如在静止液体中任选两点 1 和 2,则相对于同一基准面 0-0 必有

$$Z_1+\frac{p_1}{\rho g}=Z_2+\frac{p_2}{\rho g}=C \tag{3-2-4}$$

式(3-2-2)或(3-2-3)为流体静力学基本方程的另一种表达式。

静力学基本方程只适用于重力作用下处于平衡状态的不可压缩流体。

2. 流体静力学基本方程的意义

1) 物理意义

从物理学知道,如果任意点 A 的流体质量为 m,重量为 mg,则它对相距为 Z 的某一水平基准面的位能为 mgZ。对于单位重量流体,其位能为 $mgZ/mg=Z$,因此 $Z+p/\rho g=C$ 的第一项 Z 表示单位重量流体相对于某一水平基准面的位能,又称为比位能。

如图 3-2-2 所示,如在 A 点一侧接上一根上端封闭并抽成真空的玻璃管,则玻璃管称

为闭口测压管。重量 mg 为的流体质点 A 在静压力 p 作用下沿玻璃管上升一高度 h，在液柱上升过程中，压差克服液柱的重力做了功，则可知流体质点 A（重量 mg 的流体）所具有的压力能为 $mgp/\rho g$。对于单位重量流体，其压力能为 $p/\rho g$，称为比压力能。

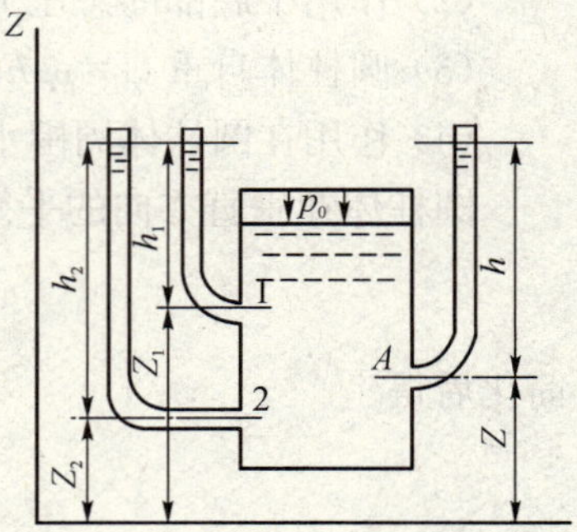

图 3-2-2 闭口测压管

位能与压力能之和称为势能或总能，故流体质点 A 的势能或总能为 $mg(Z+p/\rho g)$，点 A 处单位重量流体的总能称为总比能，即 $Z+p/\rho g$。

其中：Z 为 A 点的比位能；$p/\rho g$ 为 A 点的比压力能；$Z+p/\rho g$ 为 A 点的比总能。

对于连续均质流体中任意两点 1 和 2，它们的总比能有如下关系

$$Z_1+\frac{p_1}{\rho g}=Z_2+\frac{p_2}{\rho g} \tag{3-2-5}$$

上式说明，相对于选定的基准面，在静止流体中任意点的总比能为一常数，但各点的比位能与比压力能可以互相转换。离自由表面深度越大，比位能越小，面比压力能越大，但比位能与比压力能之和一定为常数。这就是流体静力学基本方程的物理意义。

2）几何意义

基准面到流体中某点的高度 Z 具有长度的量纲，而 $p/\rho g$ 也具有长度的量纲，可见式（3-2-4）的各项均具有长度的量纲，是可以直接测量的高度。

如图 3-2-3 所示，若在静止流体中任意点 1 和 2 压力分别为 p'_1 和 p'_2，则在其压力作用下，两闭口测压管中的流体相应上升的高度分别为：$p'_1/\rho g$ 和 $p'_2/\rho g$。

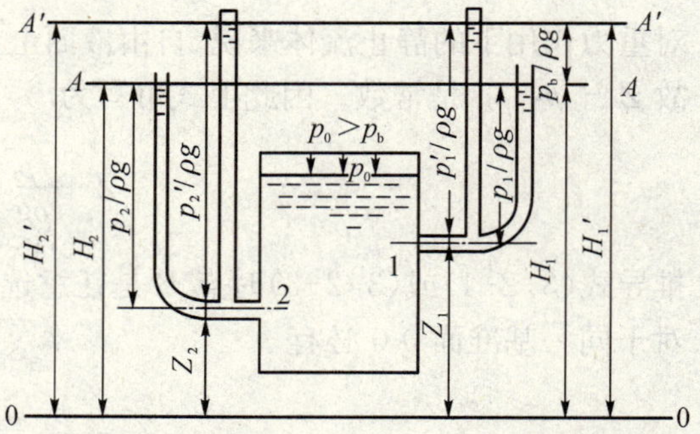

图 3-2-3 静力水头线与测压管水头线

Z_1 和 Z_2 表示点 1 和 2 所在位置距基准面的垂直高度，称为位置水头。$p'_1/\rho g$ 和 $p'_2/\rho g$ 表示点 1 和 2 的压力水头，又称静水压力高度，是以绝对真空作为基准面测得的压力高度。

$(Z_1+p'_1/\rho g)$ 和 $(Z_2+p'_2/\rho g)$ 表示点 1 和 2 处流体质点位置水头与压力水头的总和，即闭口测压管距基准面的垂直高度，称为静力水头，分别用符号 H'_1 和 H'_2 表示。

对于连续均质液体中的点 1 和 2，则有

$$Z_1+\frac{p'_1}{\rho g}=Z_2+\frac{p'_2}{\rho g} \tag{3-2-6}$$

即

$$H'_1=H'_2$$

式（3-2-6）说明静止液体中各点位置水头和压力水头可以互相转换，但各点静力水头却是相等的，即闭口测压管最高液面处在同一水平线上，该线称为静力水头线。

测压管上端抽成真空既麻烦又不可能，因此，实际的测压管不是闭口而是开口的。如图 3-2-3 所示，测压管上端与大气相通，因而点 1 和点 2 液体在开口测压管中上升的高度为 $p_1/\rho g$ 和 $p_2/\rho g$，相应地比 $p'_1/\rho g$ 和 $p'_2/\rho g$ 低，即

$$p_1/\rho g = p'_1/\rho g - p_b/\rho g$$
$$p_2/\rho g = p'_2/\rho g - p_b/\rho g$$

式中：p_b 为大气压力。由于一个工程大气压为 $9.81\times10^4\ \text{N/m}^2$，而水的密度 $\rho=10^3\ \text{kg/m}^3$，重力加速度 $g=9.81\ \text{m/s}^2$，则

$$\frac{p_a}{\rho g} = 10\ \text{m（水柱）}$$

即开门测压管液面比闭口测压管液面低 10 m 水柱。

$p_1/\rho g$ 和 $p_2/\rho g$ 压力水头，又称测压管高度，它是以一个大气压作为基准面而量得的压力高度。而 $(Z_1+p_1/\rho g)$ 和 $(Z_2+p_2/\rho g)$ 为测压管水头。从图 3-2-3 可以看出

$$Z_1 + p_1/\rho g = Z_2 + p_2/\rho g \tag{3-2-7}$$

即

$$H_1 = H_2 = H$$

连接各开口测压管液面线所得的水平线称为测压管水头线。在静止液体中，各点的测压管水头是一个常数。

任务实施

【任务要求】

图 3-2-4 为船用锅炉水位计，为了确保锅炉工作的安全性，需要用锅炉水位计监测锅炉汽包内的水位是否在正常工作范围内波动。试分析锅炉水位计的工作原理。

图 3-2-4　船用锅炉水位计

【任务准备】

1. 观察船舶上的锅炉水位计。
2. 应用静力学方程分析连通器的液体平衡原理。

【任务操作】

1. 连通器原理

如果将三个开口容器的底部用橡皮管连通，并且在连接处装上阀门，然后向 A 容器中灌满液体，再打开阀门，这时，A 容器中的流体就会向 B 和 C 容器中流去，A 容器的液面开始下降，B 和 C 容器中液面开始上升，这个过程一直要持续到三个容器的液面保持在同一个高度上时才停止。如果上下移动 A 容器，则 B 和 C 容器中的液面也会跟着上下移动，始终使液面保持与 A 容器的液面在同一水平面上，这种底部互相连通的两个或几个容器称为连通器。当容器表面压力相等或自由液面上只有大气压力时，各液面处于同一水平面，这就是连通器内液体平衡的规律。

2. 锅炉水位计工作原理

利用连通器原理可以制成锅炉水位计，如图 3-2-5 所示。在锅炉外壁上装一个玻璃管，

其下端与锅炉内液体相连通，而上端与锅炉上部蒸汽空间相连通，则玻璃管内的液体高度指示锅炉中的水位。

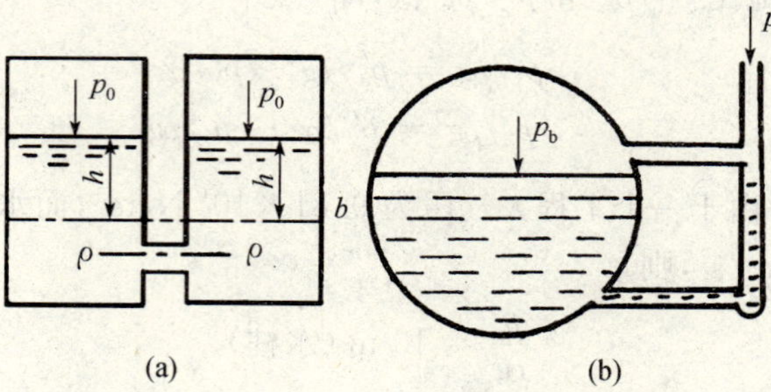

图 3-2-5 锅炉水位计

3. 两种液体的连通器分析

如果先向连通器中注入密度为 ρ 的液体，液体平衡后再向连通器的左腔中注入另一种密度为 ρ_1（$\rho_1<\rho$）的液体（如图 3-2-6），由于原自由表面受到附加压力，左腔中两种液体分界面下降；而右腔中的自由表面则上升，建立新的平衡。

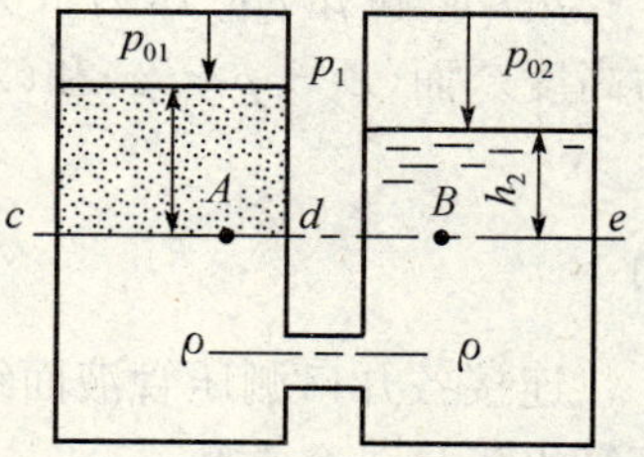

图 3-2-6 连通器中密度不同液体的平衡

设两种液体分界面为 cd 并向右延长至 e，令 cde 线距左右腔中液体新的自由表面的深度分别为 h_1 和 h_2，在两容器 cde 线上分别取 A 点和 B 点，则 A 和 B 两点流体静压力分别为

$$p_A = p_{01} + \rho_1 g h_1$$
$$p_B = p_{02} + \rho g h_2$$

由于 cde 分界面是一水平的等压面，则当液体自由表面上压力相等，即 $p_{01}=p_{02}$ 时

$$\rho_1 g h_1 = \rho g h_2$$

则

$$\frac{\rho}{\rho_1} = \frac{h_1}{h_2} \tag{3-2-8}$$

由上式可知，从液体分界面（及其延长线）距自由表面的深度与两种液体的密度成反比。根据这个结论，可利用连通器内已知液体的密度及测出的 h_1 和 h_2，求出未知液体的密度。

任务评价

1. 是否理解连通器原理。
2. 能否用连通器原理解释锅炉水位计工作原理。
3. 能否进一步说明连通器内盛有两种不同密度的液体时所具有的特性。

任务拓展

帕斯卡定律

由流体静力学基本方程式 $p = p_0 + \rho g h$ 可知，对于同一种连续液体中的任意确定点来

说 h 为定值，则 p 将随 p_0 的改变而改变。当 p_0 增加 Δp 时，只要液体原有的平衡情况未受到破坏，则 p 也必将随着增加 Δp，即

$$p + \Delta p = (p_0 + \Delta p) + \rho g h \tag{3-2-9}$$

这个规律可表述如下：在平衡液体中，液面或任意一点的压力和压力变化，将均匀地传递到液体中的每一点，而且其值不变。这就是帕斯卡定律。

帕斯卡定律是液压传动的基本原理。利用这个原理，可以计算油压千斤顶中力的比例关系。如图 3-2-7 所示为油压千斤顶的工作原理图。

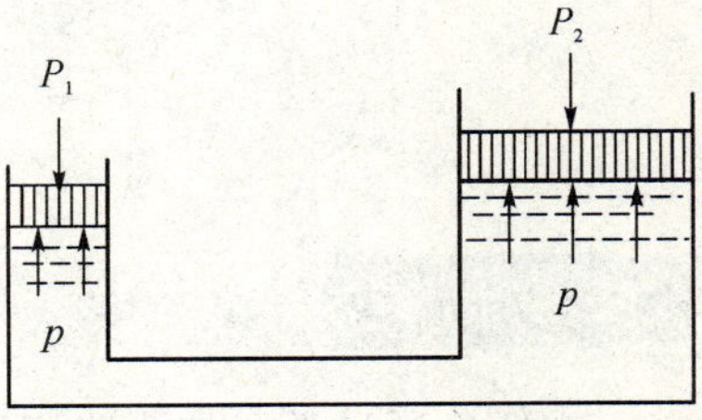

图 3-2-7　连通器内的压力传递

在连通器中左右各加一活塞，设小活塞和大活塞的承压面积分别为 A_1 和 A_2，不计活塞与器壁的摩擦力，若在小活塞上作用一个外力 P_1，小活塞对它底面接触液体所产生的压力为

$$p = \frac{P_1}{A_1} \tag{3-2-10}$$

根据帕斯卡定律，这个压力 p 将均匀的传递到液体中的每一点，因此，在大活塞的底面上产生同样的压力 p，则大活塞所受到的总压力为

$$P_2 = pA_2 = P_1 \frac{A_2}{A_1} \tag{3-2-11}$$

或

$$\frac{P_1}{P_2} = \frac{A_1}{A_2} \tag{3-2-12}$$

因为大活塞面积比小活塞面积大，所以作用在大活塞上的总压力比作用在小活塞上的总压力大得多。

这个原理较广泛地用于机械工程，如千斤顶、水压机等，在小活塞处施加较小的力就可在大活塞处产生较大的力，举起较重的物体。由于气体的可压缩性，帕斯卡定律不适用于气体。

课后练习

1. 请选择一个最合适的答案。

(1) 密度为 ρ 的静止液体自由表面的压强为大气压 p_a，距液体自由表面的垂直深度为 h 处的流体静压强(绝对压强)用该液体的液柱高度表示应为(　　)。(g 为重力加速度)

A. $p_a + \rho g h$　　B. $\rho g h$　　C. $p_a/\rho g + h$　　D. h

(2)根据流体静力学基本方程，静止液体中各点的位置水头和压强水头关系是(　　)。

A. 位置水头大于压强水头　　B. 位置水头小于压强水头

C. 位置水头等于压强水头　　D. 位置水头与压强水头之和相等

(3) 利用连通器原理制成的仪表是(　　)。

A. 比重计　　B. 锅炉水位计　　C. 水银温度计　　D. 热电偶

2. 试求水的自由液面下 5 m 深处的静压力。

3. 试说清流体静力学方程的物理意义与几何意义的区别。

任务3　分支管道的实用计算

任务描述

本任务通过学习与流体流动相关的概念和参数，再结合连续性方程，对实际工程中多分支管道的任一分支的流量、流速等流动参数进行计算。

学习目标

1. 具备分析一元流动连续性方程的能力。
2. 具备分析多分支管道连续性方程的能力。

相关知识

1. 流体流动的基本概念

1）稳定流动和非稳定流动

流体是由连续分布着的质点组成的。在运动的情况下，一个质点在某一个瞬时在一定的空间点(x,y,z)上的状态可由速度u，压力p，温度T等流动参数表示。在一般情况下，这些流动参数是空间坐标和时间的函数。

例如，在一贮液容器侧壁开一小孔，液体从小孔向外泻出。如果使容器内的液面高度保持不变，那么从孔口泻出的泻流轨迹也是不变的。这说明孔口处的流速以及泻流内各空间点的流速不随时间变化。然而，在泻流内不同位置的流体质点的流速则是不同的。这种流动参数仅是空间坐标的函数，而不随时间变化的流动称为稳定流动。可表示为

$$\begin{aligned} u &= u(x,\ y,\ z) \\ p &= p(x,\ y,\ z) \end{aligned} \tag{3-3-1}$$

机舱中的泵类，在恒定的泵轴转速和一定的排出阀开度下运转，其吸、排液管道和叶轮流道中的液体都是稳定流动。

显然，如果不往容器里添加液体，随着液体从小孔向外泻流，容器内液面不断下降，从小孔流出来的泻流的轨迹从初始状态逐渐向下弯曲。这说明，泻流内部流速的大小和方向随时间而变化。这种流动参数全部或部分随时间变化的流动称为非稳定流动。可表示为

$$\begin{aligned} u &= u(x,\ y,\ z,\ t) \\ p &= p(x,\ y,\ z,\ t) \end{aligned} \tag{3-3-2}$$

往复泵抽水时，由于活塞做不等速运动，水管内各点压力和速度忽大忽小，这就是非稳

定流动。

2）迹线和流线

运动中的某一流体质点在连续的时间内所走过的轨迹叫做迹线。将不易扩散的染料滴一滴到水流中，就可看到染了色的流体质点的运动轨迹。通过迹线可以看出流体质点是做直线运动，还是做曲线运动，以及运动路径在流场中是如何变化的。

流线是在流场中某一瞬间绘出的一条光滑曲线，曲线上每一流体质点的速度矢量在该点与该曲线相切。

流线有以下几个特性：

(1) 稳定流动时流线形状不随时间变化，始终保持不变。因为稳定流动时各点的速度不随时间变化，所以各点的速度矢量线均不变，由这些矢量线得到的流线当然也不随时间变化。

(2) 稳定流动时的流线与迹线重合，即任一流体质点沿着流线运动。

(3) 流线既不会相交又不能转折。因为一个质点在某一瞬时只能有一个流速，所以一个质点不能同时处在两条流线上，即流线不能相交；同理，流线出现转折也是不可能的。因此，流线只能是光滑的曲线。

因为流线不能转折，所以在流体中运动的物体，如船舶，后面一定有流线所达不到的地方，这里的流体不参加主要方向的流动，但是被其他流体带动而发生漩涡运动，这样消耗了运动物体的能量。因此把物体做成没有突然转折点的“流线型”，就可以减小其后面的漩涡区域，从而减少物体前进所需要消耗的能量。

3）流管、流束及总流

在流场中垂直于流动方向上取出一段微小的封闭曲线，过这条曲线上各点引出流线，这些流线所围成的封闭管状曲面，称为流线管，简称流管。在流管中运动的流体，称为流束。

流体是不能穿过流管流进或流出的，因为流动速度总是与流线相切，垂直于流线的速度分量必定为零。因此流管内的流束就像在真实管子内的流动一样，即流管内的流体只能在流管内流动，流管外的流体也只能在流管外流动。在稳定流动中，流线形状是不随时间变化的，因此流管的形状及位置也是不随时间变化的。

断面无穷小的流束称为微小流束。由于断面无穷小，可以认为微小流束断面上各点的运动要素是相等的，例如断面上各点速度的大小相同，方向均与断面相垂直。对于断面为有限大小的流束，其断面上各点速度不一定相同。在稳定流动中，微小流束不随时间改变。微小流束的极限是流线。

无限多微小流束的总和，称为总流。在工程上和日常生活中的水管和风管中的液体和气体均可视为总流。

4）过流断面、流量及平均流速

(1) 过流断面

垂直于流束的横断面称为过流断面，又称为有效断面，用符号 A 表示。微小流束的过流断面用符号 dA 表示。

过流断面随着流线的形状而改变。在流线平行的情况下，过流断面是一垂直于流线的平面；在流线不平行的情况下，则为曲面。

（2）流量

单位时间内通过总流某一过流断面的流体量称为经过该表面的流量。流量可以用体积、重量和质量计量，因此流量又分为体积流量（用符号 Q 表示，m^3/s）、重量流量（用符号 G 表示，N/s）和质量流量（用符号 m 表示，kg/s）。

对于微小流束来说，因为过流断面上各点的流束速度 u 相等，所以在 dt 时间内通过微小过流断面的流体体积 $udtdA$，则单位时间通过的流体体积 $udtdA/dt$ 就是流量 dQ，即

$$dQ = udA \tag{3-3-3}$$

对于总流来说，因为过流断面上各点实际流速不相等，所以总流流量由下式计算

$$Q = \int dQ = \int udA \tag{3-3-4}$$

（3）平均流速

由于流体具有黏性，当流体流动时，流体与固体壁面之间、流体本身质点之间都有阻力产生，总流过流断面上各点的流速是不相等的，如图 3-3-1 所示。为了简化问题，工程计算中引入平均流速的概念，即设想总流过流断面上流体以某平均速度分布，根据流量相等原则，单位时间内以平均流速 V 流过过流断面的流量与按实际流速 u 通过同一过流断面的流量相等，因此

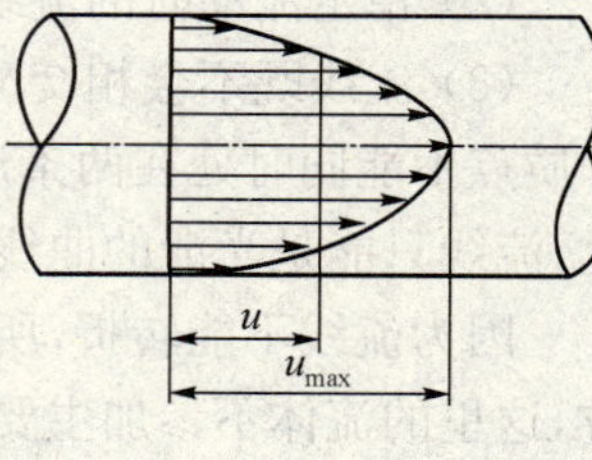

图 3-3-1　平均流速

$$Q = \int udA = UA$$

则
$$U = \frac{Q}{A} \tag{3-3-5}$$

工程上所指管道中流体的流速就是指过流断面的平均流速。

2. 连续性方程

在一般的工程流体力学中，把流体视为连续介质，在流动过程中，流体质点必须互相衔接不出现空隙。这样，根据质量守恒定律即可推导出流体流动时的连续性方程。流体的连续性方程是质量守恒定律在流体力学中的具体应用。

如图 3-3-2 所示，设在稳定流动的流场中，两端 1-1 和 2-2 上过流断面面积分别为 A_1 和 A_2，通过的平均流速分别为 U_1 和 U_2，则流入断面 1-1 的质量流量为

$$m_1 = \rho_1 Q_1 = \rho_1 U_1 A_1$$

流体流出断面 2-2 的质量流量为

$$m_2 = \rho_2 Q_2 = \rho_2 U_2 A_2$$

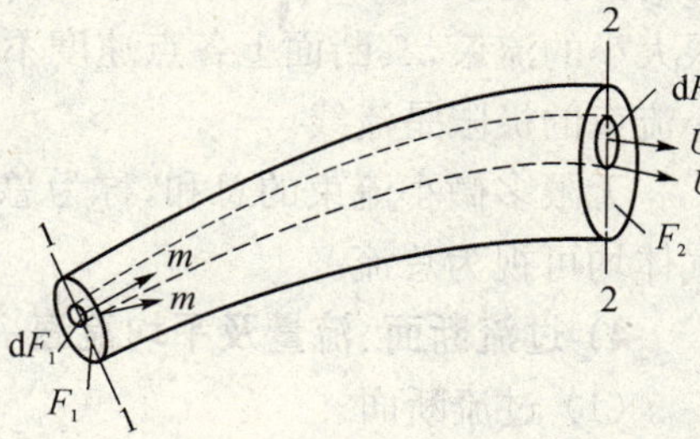

图 3-3-2　连续性方程

在稳定连续流动中，流动不出现空隙，则必然流入的流体质量等于流出的流体质量，即 $m_1 = m_2$。又对于不可压缩流体，流动中密度不变，则

$$U_1A_1 = U_2A_2 \tag{3-3-6}$$

式(3-3-6)就是不可压缩流体稳定流动的连续性方程。它是流体力学中各种流体必须遵循的基本定理之一。方程表明：沿着流动方向无论流速与断面面积如何变化，连续流动的不可压缩液体在断面处的流速与该断面面积的乘积为定值。上式也可写成

$$\frac{U_1}{U_2} = \frac{A_2}{A_1} \tag{3-3-7}$$

式(3-3-7)表明，在稳定流动中，过流断面上的平均流速与断面面积成反比。

任务实施

【任务要求】

如图3-3-3所示，某水箱有四分支管路与外界相通，各管截面面积分别为A_1，A_2，A_3和A_4。若已知管路1流入的体积流量Q_1，管路3流出的质量流量Q_{m3}，管路4流入的体积流量Q_4和水的密度ρ，那么：

(1) 根据总流连续性方程可以判断出管路2是流入还是流出。

(2) 计算出管路2的体积流量、质量流量和断面平均流速。

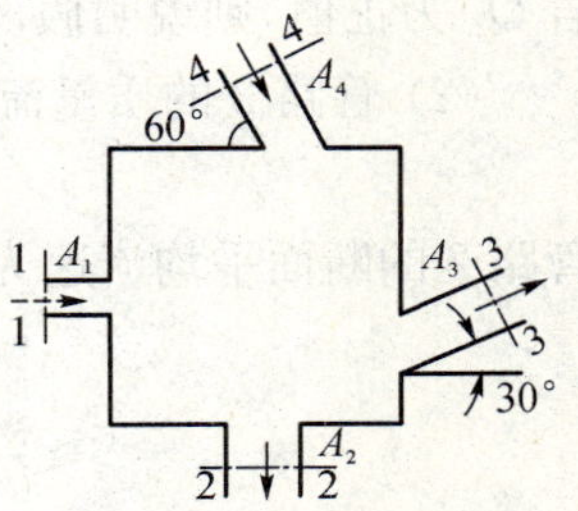

图3-3-3　四分支管路水箱

【任务准备】

分析分支管路的连续性方程特点。

【任务操作】

1. 分析具有分支管路的总流连续方程

对于具有分支管路的管流，在取控制体时要把管路的各分支部分都包括在内。对于定常流动，总流连续方程为

$$\sum \rho_{\text{out},i}\, U_{\text{out},i}\, A_{\text{out},i} = \sum \rho_{\text{in},i}\, U_{\text{in},i}\, A_{\text{in},i} \tag{3-3-8}$$

对于不可压缩流体的流动，总流连续方程为

$$\sum U_{\text{out},i}\, A_{\text{out},i} = \sum U_{\text{in},i}\, A_{\text{in},i} \tag{3-3-9}$$

式中：$\rho_{\text{out},i}$，$U_{\text{out},i}$和$A_{\text{out},i}$分别为流出控制体的各分支管路过流断面上的平均密度、平均流速和过流断面的面积；$\rho_{\text{in},i}$，$U_{\text{in},i}$和$A_{\text{in},i}$分别为流入控制体的各分支管路过流断面上的平均密度、平均流速和过流断面的面积。

如图3-3-4所示的某一分支管路，取管截面1-1，2-2，3-3及其中间的管壁为控制面组成控制体。如果管内流过的是不可压缩流体，此时流出控制体的流量为U_3A_3，流进控制体的流量为$(U_1A_1+U_2A_2)$，因此，根据质量守恒定律，有

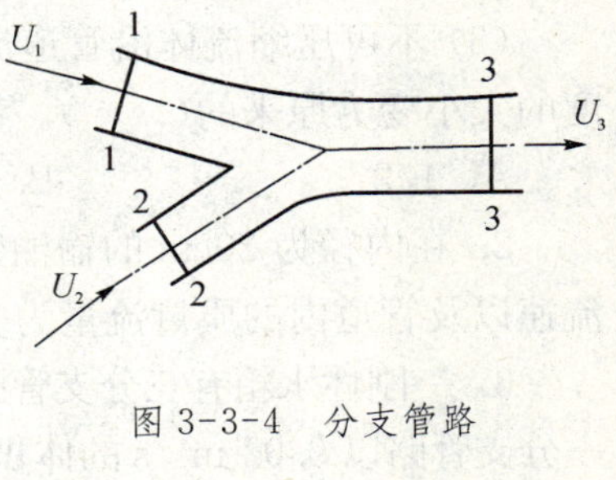

图3-3-4　分支管路

$$U_3A_3 = U_1A_1 + U_2A_2$$

若 A_1，A_2，A_3，U_1，U_2 为已知，则

$$U_3 = \frac{U_1A_1 + U_2A_2}{A_3} \tag{3-3-10}$$

2. 将分支管路的总流连续方程应用到多管路旁通水箱

(1) 如图 3-3-3，设管路 2 为流出，且体积流量为 Q_2。水可视为不可压缩流体，由不可压缩流体的总流连续方程可知

$$Q_2 + Q_3 = Q_1 + Q_4$$

则管路 2 的体积流量为

$$Q_2 = Q_1 + Q_4 - Q_3 = Q_1 + Q_4 - \frac{Q_{m_3}}{\rho}$$

若 Q_2 为正值，则说明假设正确，即管路 2 为流出；若 Q_2 为负值，则管路 2 为流入。

(2) 管路 2 的质量流量为

$$Q_{m_2} = \rho Q_2$$

管路 2 的断面平均流速为

$$U_2 = \frac{Q_2}{A_2}$$

任务评价

1. 是否理解不可压缩流体稳定流动的连续性方程。
2. 是否具有分析分支管路的总流连续方程的能力。

课后练习

1. 请选择一个最合适的答案。

(1) 下列说法正确的是(　　)。

A. 流线不能转折，但可以相交

B. 流线是瞬时的概念，而流管不是瞬时概念

C. 非定常流动中，流线形状在变，流线与迹线不一定重合

D. 定常流动中，流管可以看成真实的管子，但真实的管子不可以看成流管

(2) 过流断面是指(　　)。

A. 与流线平行的曲面　　B. 与流线垂直的曲面

C. 与迹线平行的曲面　　D. 与迹线垂直的曲面

(3) 不可压缩流体沿管道流动，当流量一定时，若管截面面积增加一倍，则管截面上速度的大小变为原来的(　　)。

A. 1/2　　B. 3/2　　C. 1/4　　D. 3/4

2. 在内径为 20cm 的输油管道截面上的流速为 2 m/s，求另一内径为 5cm 的截面上的流速以及管道内的质量流量为多少？已知油的比重为 0.85。

3. 一刚性水箱有三分支管路与外界相通，若一分支管路以 0.01 m^3/s 的体积流量流入，另一分支管路以 0.02 m^3/s 的体积流量流出，求第三分支管路的体积流量，是流入还是流出？

项目四
船用仪表的使用

项目描述

本项目通过在教学时做一体化的讲解、演示和操作，让学生了解船舶常用的仪表（测温、测压仪表，转速表，流量计，比重计）的结构、测量原理，正确选择、使用、校验和保养船用仪表。

任务1 热电偶温度计的校验

任务描述

本任务是熟悉测温仪表常用类型的结构、工作原理、特点、适用场合，选择测温热电偶为典型示例。实际操作，以使学生能正确选用安装、校验热电偶温度计。借此举一反三，并理解常用测温仪表的测温原理、使用和维护。

学习目标

1. 了解热电偶温度计等船舶常用测温仪表(膨胀式温度计、热电阻式温度计)的类型、结构、测量原理。

2. 识记各种测温仪表的特点、适用场合，正确选用仪表类型和量程，能实际安装、准确测量，妥善维护保养测温仪表。

3. 学会热电偶的校验。

相关知识

描述物体冷热程度的物理量叫温度，温度是国际单位制(SI)的7个基本量之一(国际单位制的量制包括7个基本量，即长度、质量、时间、电流、热力学温度、物质的量和发光强度)。

最常用的温标有华氏温标(单位为℉)、摄氏温标(单位为℃)和热力学温标(单位为K)。华氏温度曾在欧美各国工程界广泛应用，热力学温度是基本物理量。通常用 t_F 表示华氏温度，用 t 表示摄氏温度，用 T 表示热力学温度，三种温度之间的关系如下：

$$t_F = 1.8t + 32 \tag{4-1-1}$$

$$T = t + 273.15 \tag{4-1-2}$$

测量温度的方法很多，但通常可归纳为两类：直接计量法和间接计量法。前者是指计量温度的元件与被计量的对象直接接触。当敏感元件与被计量的物体呈热平衡时，根据温度的定义，敏感元件的温度就是计量物体的温度。后者则指计量温度的元件与被计量的对象非直接接触，通过辐射等原理计量。

1. 热电偶温度计

德国物理学家赛贝克于1821年在观察铋-铜和铋-锑电路的电磁效应时，发现了热电流的存在。他的实验表明：当两种不同的金属连接形成一个闭合回路时，若两接点处温度不同，则将产生一个净的热电势，导致一个持续电流，因而可以用这个热电势的大小衡量温度

的高低。赛贝克效应的原理如图 4-1-1，产生热电势的大小为

$$E=\frac{K(T_1-T_2)}{e}\ln\frac{n_A}{n_B} \qquad (4\text{-}1\text{-}3)$$

式中：K 为玻尔兹曼常数；e 为电子电荷；T_1 和 T_2 为两接点处温度；n_B 和 n_A 分别为金属 A 和金属 B 的电子密度。

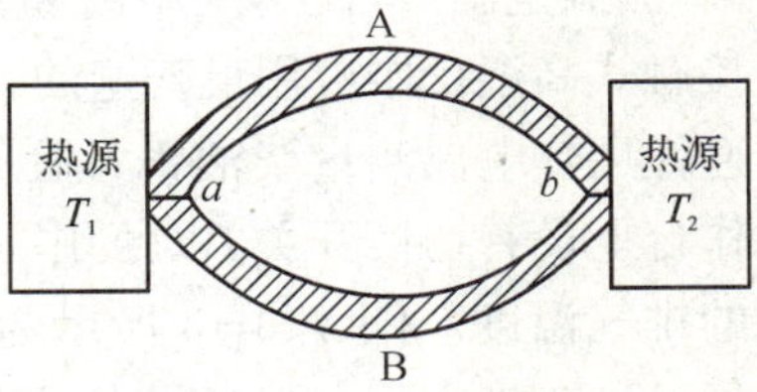

图 4-1-1　赛贝克效应

由上式可以得出以下结论：

(1) 热电势与材料和两接点温度有关，而与材料的长度和直径等无关。

(2) 当材料一定(即 n_A 和 n_B 已知)时，热电势 E 是温度 T_1(热接点温度)和 T_2(冷接点温度)的函数；当 T_2 一定时，热电势为 T_1 的单值函数。

(3) $T_1 = T_2$ 时，热电势为零。

(4) 若两种金属材料相同，即使 $T_1 \neq T_2$，热电势也为零。

热电偶温度计就是根据上述原理制成的，如图 4-1-2 所示。将两根不同的导体(热电极)A 和 B 焊接起来，焊合的一端 a 为工作端，通常为热端，用来测量被测介质的温度，与导线连接的另一端 b 称为自由端，也称冷端。若热端与冷端的温度不同，则测量仪表指示出热电偶所产生的热电势，并在仪表上直接刻出对应的温度值。

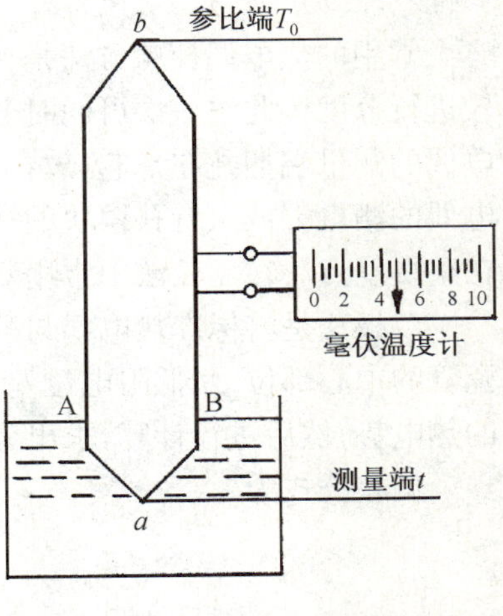

图 4-1-2　热电偶温度计原理示意图

根据热电偶测温原理，只有当热电偶冷端温度保持不变时，热电势才是被测温度的单值函数。这可以通过冷端温度校正法、冷端恒温法和补偿导线法加以补偿。大多数情况下，显示仪表是通过补偿导线将热电偶的冷端引至恒温或波动小的地方应用的。不同的热电偶要配用不同的导线，不能用错。在一定的温度范围(0～100℃)内补偿导线要具有与所连接的热电极相同的热电性能。

目前，热电偶总共有 300 余种，但常用的热电偶只有 7 种，它们在 IEC(国际电工委员会)的代号为：T 型(铜-康铜)、E 型(镍铬铜-康铜)、J 型(铁-康铜)、K 型(镍铬-镍铝、镍铬-镍硅)、S 型(铂 10%铑-铂)、R 型(铂 13%铑-铂)、B 型(铂 30%铑-铂 6%铑)。其中 T 型应用于低温，E 型、J 型应用于中温，而 S 型、K 型、R 型、B 型可在 1 000 ℃以上高温下使用。

K 型热电偶的最高使用温度为 1 200℃。S 型、R 型、B 型热电偶具有抗氧化性和高稳定性的优点，S 型、R 型的最高使用温度为 1 480℃(丝材直径为 0.5 mm)，B 型的最高使用温度可达 1 700℃(丝材直径为 0.5 mm)。铱铑合金热电偶的最高使用温度可达 2 150～2 250℃，但机械性能差，灵敏度低，稳定性差，故不适用于精密测量。钨铼(W35%Re-W25%Re)的最高使用温度达 2 400℃以上，一般在中性气氛或真空中使用，在氧化气氛中使用时应加保护管。

热电偶绝缘管的选择十分重要。绝缘管的材料应选择电阻率高、化学性能稳定、高温下与热电偶材料不发生作用的材料，例如熔融石英、氧化铝、氧化铍等。

热点偶与显示仪表配套可以测量 0～1 800℃范围内工作介质的温度，它具有测量精度

高，测温范围广，便于远距离和多点测量的优点，是接触式高温计中应用最普遍的一种。船舶机舱中普遍使用热电偶测量柴油机各缸的排气温度，并在操作台上设有切换开关，以便用一个表头读出每一缸的排气温度。图 4-1-3 所示为其原理图和构造外形。该表头实际上为毫伏表，但其刻度为温度刻度，这样就可以直接读出温度值。

热电偶在使用之前，必须进行校验，以确定是否符合技术要求，从而保证测温的可靠性。另外，热电偶使用一定时间之后，其热电性能可能发生变化，影响测温的准确性，因此亦需要定期核验。

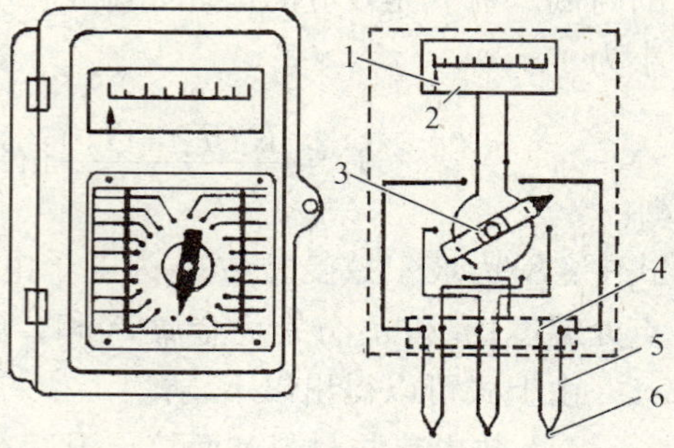

1—温度指针；2—表盘；3—切换开关旋钮；4—冷接点；5—热电偶；6—热接点

图 4-1-3　热电偶温度计

2. 热电偶温度计的校验

常用的热电偶校验方法是比较法，即将被校热电偶与比它高一级的标准热电偶直接比较进行分度。此法一次可同时分度几支热电偶，其具体方法是：把待校验的热电偶与标准热电偶的测量端捆扎在一起，放在管式电路中高温恒温区内，为保证温度场的均匀，可先将热电偶的测量端放入有孔镍块的孔中，然后一起放入管式电炉内。进行分度的温度点一般选在整百度点。在比较法中常用双极法、同名极法和微差法。

双极法是将标准热电偶与被校验热电偶捆扎或分别放入有孔镍块孔中，置于管式电炉瓷管的中心部位，用低阻电位差计分别测出标准热电偶和被校验热电偶在恒温下各分度点的热电势，然后进行计算，求出分度偏差，再求出修正值。

偏差公式为

$$\Delta t = t' - t \tag{4-1-4}$$

式中：t'为根据被校验热电偶在某分度点的热电势（参考端为 0）读数的算术平均值从分度表中查得的相应温度；t 为根据标准热电偶在同一分度点的热电势（参考端为 0）读数的算术平均值的修正值（对分度表修正）从分度表中查得的相应温度；Δt 为温度偏差值。修正值$=-\Delta t$。

［例］在 800℃温度点上，被校验Ⅱ等级 K 型热电偶两次测得的热电势分别为 33.17 mV 和 33.14 mV，采用 K 型标准热电偶两次测得的电势分别为 33.16 mV 和 33.18 mV，它们冷端温度均为零度，标准热电偶在 800℃时对分度表上的修正值 $\Delta e = 0.015$ mV，求被校验热电偶在 800℃时的偏差值和修正值。

解：标准 K 型热电偶修正后的热电势为

$$E_{标} = E_{K测} + \Delta e = \frac{33.16\ \text{mV} + 33.18\ \text{mV}}{2} + 0.015\ \text{mV} = 33.185\ \text{mV}$$

从 K 型分度表中查得 33.185 mV 对应的温度为 797℃，则标准热电偶温度 $t=797$℃。

被校验 K 型热电偶测得的热电势为

$$E_{被} = \frac{33.17\ \text{mV} + 33.14\ \text{mV}}{2} = 33.155\ \text{mV}$$

从 K 型分度表中查得 33.155 mV 对应的温度为 796℃，则 $t'=796℃$。

$$\Delta t = t' - t = 796℃ - 797℃ = -1℃，即修正值 = 1℃。$$

对于Ⅱ等级 K 型热电偶的热电势（在规定的温度范围内，参考温度为 0℃时）允许误差为±2.5℃或±0.75%t，故被校验热电偶合格。

标准热电偶对分度表上的修正值（Δe）是标准热电偶实际热电势与标准热电偶分度表对应温度的热电势之差，即为分度偏差值。例如，1 000℃下，查得Ⅱ等级标准 S 型热电偶的分度表 $E(1\,000,0)=9.585$ mV，该标准热电偶证书上写明：在测端 1 000℃，冷端 0℃时的热电动势为 9.624 mV，则该标准热电偶的修正值为 $\Delta e=9.624$ mV-9.585 mV$=0.039$ mV。

表 4-1-1　镍铬-镍硅（镍铬-镍铝）K 型热电偶在不同温度下的热电势（参考端温度：0℃）

mV

工作温度/℃	0	10	20	30	40	50	60	70	80	90
0	0	0.397	0.798	1.203	1.611	2.022	2.436	2.85	3.266	3.681
100	4.059	4.508	4.919	5.327	5.733	6.137	6.539	6.939	7.388	7.737
200	8.137	8.537	8.938	9.341	9.745	10.151	10.56	10.969	11.381	11.739
300	12.207	12.623	13.039	13.456	13.874	14.292	14.712	15.132	15.552	15.974
400	16.395	16.828	17.241	17.664	18.088	18.513	18.938	19.363	19.788	20.244
500	20.64	21.066	21.493	21.919	22.346	22.772	23.198	23.624	24.05	24.476
600	24.902	25.327	25.751	26.176	26.599	27.022	27.445	27.867	28.288	29.709
700	29.128	29.547	29.965	30.383	30.799	31.214	31.629	32.042	32.455	32.866
800	33.277	33.686	34.095	34.502	34.909	35.314	35.718	36.121	36.524	36.925
900	37.325	37.724	38.122	38.519	38.915	39.31	39.703	40.096	40.488	40.789
1000	41.269	41.657	42.045	42.432	42.817	43.202	43.585	43.968	44.349	44.729
1200	48.828	49.192	49.555	49.916	50.276	50.633	50.99	51.344	51.697	52.049

任务实施

【任务要求】

1. 对任务中使用的仪器、设备应加以爱护，保持任务操作环境清洁。任务实施前应了解仪器设备的功用及其使用方法，任务结束须将仪器整理后交还原处。

2. 操作记录数据应于任务结束后交给指导老师查阅，经指导老师认可后方可开始数据处理，如实验结果误差太大，则应详细查明原因，与指导老师商讨处理方法。

3. 认真记录实验结果，对检测结果进行数据处理，计算被校验热电偶的误差值、修正值，最后确定被校验热电偶是否合格。

【任务准备】

1. 在任务实施前预习相关理论。

2. 每个任务操作组 4～6 人，任务中各项工作有可能轮流担任，务使每人都了解操作过程中的每一步骤。

3. 任务设备中，参考端恒温器内温度为 (0±0.1)℃，管式电炉长度为 600 mm，加热管内径约为 40 mm，为保证管式炉温场符合检定要求，炉中心置一镍块。

4. 校验前须对热电偶的外观、焊接点、电极等进行检查。

5. 按图 4-1-4 所示接线图接好并检查校验装置的线路，经老师检查并确定无误后方可接通电源开始加热校验。

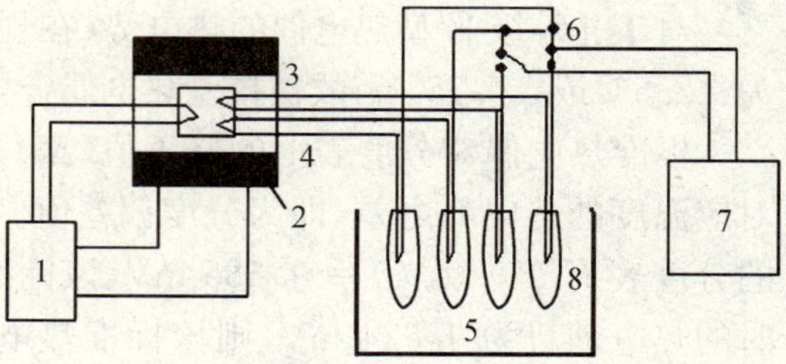

1-炉温控制温；2-管式加热器；3-标准热电偶；4-被测热电偶；5-冰点槽；6-切换开关；7-直流电子电位差计；8-试管

图 4-1-4 热电偶校验装置示意图

【任务操作】

1. 操作步骤

(1) 把装好绝缘瓷管的标准及待校验热电偶热端插入镍块的孔中，然后一起放入管式电炉炉膛中心处，用石棉绳将炉口封闭。

(2) 把热电偶与铜导线连接好，套上保护塑料管置于装有变压器油的试管中，将试管放入冰点恒温器内。

(3) 将控温仪开关置于关闭位置，将电流调整旋钮逆时针旋到头(部分控温仪没有此旋钮，不用管它)，检查电路连接是否正确，请老师检查后再接通电源；调整控温仪设定值为校验点温度，慢慢调动电流调整旋钮，开始时电流可以适当加大，炉温接近设定值时可适当减小电流以利于缩短稳定时间，使炉温升至校验温度保温。

(4) 炉温达到校验温度时，应保持炉温恒定(在 5 min 内温度波动在 1～2℃范围内，观察标准热电偶的电势值)。

(5) 测定标准热电偶的热电势和被校验热电偶的热电势，测量的顺序为：标-被-被-标，测量两个循环，最后取算术平均值作为标准或被校验热电偶在该点的热电势值。

(6) 校验 K 型热电偶使用 400℃，600℃，800℃等三个温度点，依据为 JG351-96。

2. 将检测数据及数据处理结果填入表 4-1-2 中

表 4-1-2 热电势测量数据记录

mV

温度/℃	标准热电偶	被测热电偶	被测热电偶	标准热电偶
400				
600				
800				

任务评价

1. 完成数据处理，计算被校验热电偶的误差值、修正值，最后完成被校验热电偶是否合格的检测报告。

2. 分析造成热电偶校验误差的原因及消除方法。

3. 提出本校验任务存在的问题及改进意见。

任务拓展

除在船舶上测量高温采用热电偶温度计外，常见的温度直接计量仪器还有金属电阻温度计、玻璃液体温度计、气体温度计、石英频率温度计和噪声温度计等。下面简单介绍几种典型的直接进行温度计量的仪器的原理、特性、用途和维护。

1. 膨胀式温度计

膨胀式温度计是基于物体受热体积膨胀的性质而制成的温度计，常用的膨胀式温度计有水银、酒精和双金属片温度计。

1）玻璃液体温度计

船舶机舱常用带金属保护管的水银温度计测量柴油机各气缸出水温度，如图 4-1-5 所示。由于液体在玻璃管内受热膨胀后沿着毛细管上升，依靠刻度标尺就可以根据液体上升的高度读出温度的数值。读数时，注意视线与液标最高面位于同一水平面上。

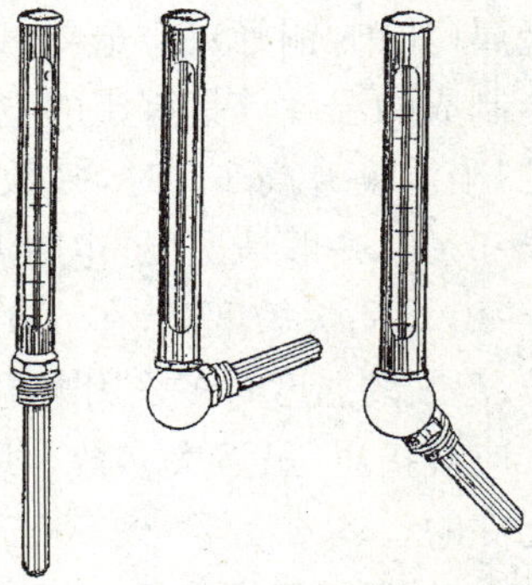

图 4-1-5 带金属保护管的工业用水银温度计

玻璃水银温度计的使用范围为－30～650℃。它具有操作方便、价廉、使用性能稳定、误差小等优点，但热惯性较大，容易破损，不能遥测、记录和自控。

2）双金属片温度计

双金属片温度计属于固体膨胀式温度计，是用两种线膨胀系数不同的金属片焊接而成的。当温度变化时双金属片就会向热膨胀系数较小的一侧弯曲变形，其形变的程度就是温度的函数。通过传动机构带动指针偏转，指示温度数值，其原理如图 4-1-6 所示。

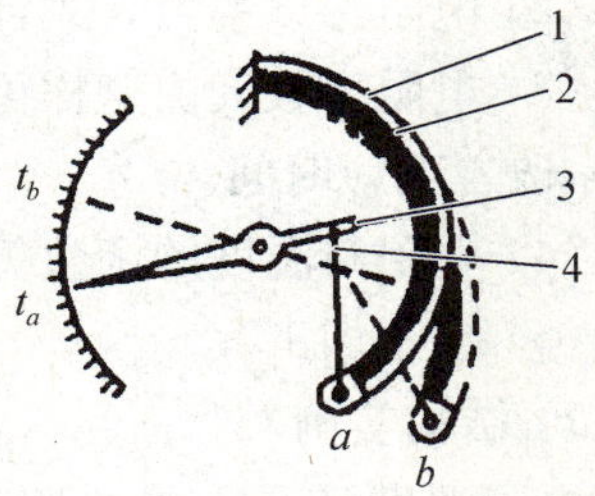

1-热膨胀系数较大金属片；
2-热膨胀系数较小金属片；
3-示值指针(或记录笔)；4-传动杆

图 4-1-6 双金属片温度计原理图

多数情况下，双金属片温度计都作为温度自动记录仪使用。如 DWJ—l 型双金属片温度计，其测量范围为－35～45℃，自动记录 1 天或 l 周的温度值，测量精度为±1℃。在使用前一般以 0.1℃刻度的水银温度计校正。

3）压力表式温度计

压力表式温度计是根据密闭容器中的液体、气体或某种液体的饱和蒸气受热后体积膨胀而转换成变化的压力值进行测温的。如图 4-1-7 所示，该温度计由压力计 1、毛细管 2 和感温元件(温包和管接头)3 等构成。

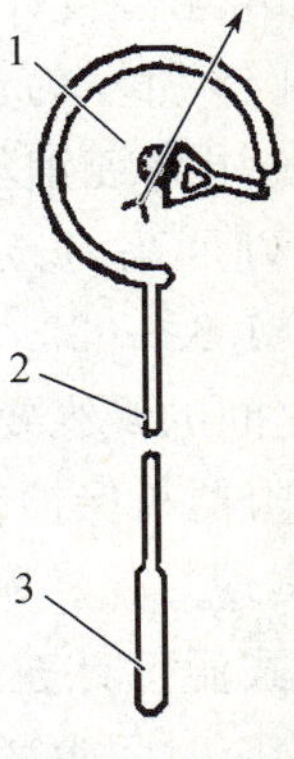

1-压力计；2-毛细管；
3-温包和管接头

图 4-1-7 压力表式温度计

测温时将温包置于被测介质中，当被测介质温度升高时，温包内的工作物质膨胀，因而压力增大，该压力变化经毛细管传给压力计，指示出被测温度。

压力表式温度计在测量船舶机舱内设备的滑油、冷却水、空气、制冷装置压力上应用很广，尤其是在制冷系统中用作遥测温度计。

2. 电阻温度计

电阻温度计是根据感温元件的电阻随温度改变的原理制成的，根据感温元件的不同分为金属（如铂、铜等）、合金（如铑铁、铂钴、金钴等）和半导体（如锗、硅等）温度计。纯金属和合金制成的温度计具有正的电阻温度系数，而半导体温度计具有负的电阻温度系数。实验证明，当温度升高1℃时，多数金属导体的阻值增加0.4%～0.6%，而半导体的阻值减小3%～6%。一般情况下，电阻温度计的计量范围宽，从0.1℃至1 000℃；不确定度小，通常可达1～10 mK；灵敏度高，在600℃以下，输出信号比热电偶大得多。因此，目前在测量－200～600℃范围的温度时多采用电阻温度计，尤其是低温测量中，电阻温度计用得较为普遍。

应该指出，虽然大多数金属（导体）的电阻随温度而变化，但并不是所有金属都能用作测量元件的。

1）对理想测温金属的要求

（1）金属的纯度高，使得由晶格缺陷散射所引起的剩余电阻在较宽的温区内没有影响。

（2）电阻温度系数α大，灵敏度高。α的定义是：温度变化1℃时电阻值的相对变化量。

（3）电阻率较大。这样可以相对缩小电阻体的体积，使得元件的热容量和热惯性相应减小，改善响应时间。

（4）电阻与温度的函数关系尽可能接近线性，简化计算温度的程序。

（5）易于加工。

2）结构实例

电阻温度计是由热电阻、显示仪表和导线组成的。热电阻由电阻体、绝缘套管和接线盒等主要部件组成。比较适宜的热电阻丝材料有：铂、铜、铁、镍和半导体材料锗。

（1）铂电阻温度计

图4-1-8所示为标准铂电阻温度计的结构。铂电阻温度计是用高纯铂丝制成的，因此温度越高，电阻也越大，其准确度高、稳定性好、性能可靠，被选作国际实用温标13.81 K～630.74℃温区的内插仪器。

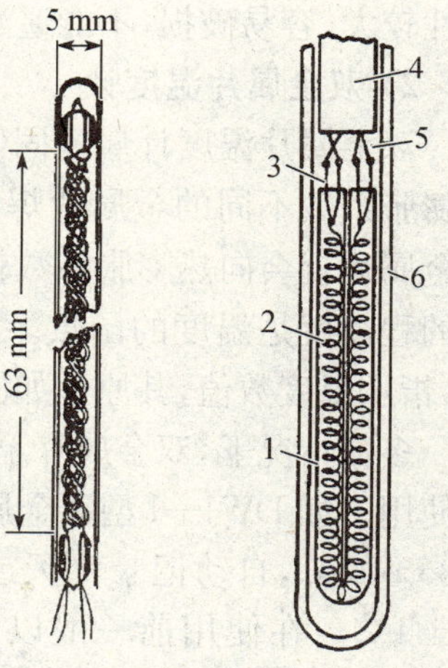

1-U型玻璃管；2-铂螺旋丝；3-铂丝；4-双孔石英管；5-铂或金丝；6-玻璃套管

图4-1-8　标准铂电阻温度计结构图

引线之间的绝缘要求为电阻值大于$5\times10^9\,\Omega$（500℃以下）。电阻器与保护套管的热接触往往用加一定量氦气的办法实现。热接触不良会增加自然效应和响应时间，Barber式温度计充以空气时的响应时间为7 s，充以氦气时的响应时间为2～3 s。

（2）其他电阻温度计

铑铁电阻温度计是一种用铑铁合金丝制成的温度计，可用于0.1～273 K温区。此外，还有半导体电阻温度计。由于半导体温度计具有负的电阻温系数，温度越低，电阻越大，且随温度变化呈指数曲线上升，因此，对电阻的精密测量十分有利。常见的半导体材料为锗，并在锗中掺砷补镓，适用于 100 mK～100 K 温区。硅材料的半导体温度计用得较少。

应该指出，间接计量方法近年来也很受重视，且发展很快，如热辐射法、激光法和光子偏振法。其中的辐射法已有悠久的历史，量限很宽，高、中、低温度范围都能应用，而且准确度也在不断提高。常用的辐射法有：光学高温计、光电高温计、红外高温计、光谱高温计、比色高温计等。间接计量方法具有一系列独特优点，如响应时间可达毫秒级甚至微秒级，不会干扰被计量对象原来的热状态，可以测量远距离的目标或热容量极小的物体等，这些都是其他方法无可比拟的。因此，间接计量方法在船舶的热力系统和安全系统中必将获得进一步的应用。

课后练习

1. 请选择一个最合适的答案。

(1) 关于电阻温度计，下列说法中不正确的是（　　）。

A. 测温元件的电阻温度系数越大，其灵敏度越高

B. 在 600℃以下，通常其输出信号比热电偶大得多

C. 测温元件包括金属、合金和半导体

D. 各种金属都能用作测温元件

(2) 关于热电偶温度计的工作原理，下列说法中不正确的是（　　）。

A. 在两种不同金属连接成的闭合回路中，两接点的温度差会导致热电势

B. 当材料一定时，两接点的温度差越大，热电势越大

C. 两接点的温度相同时，热电势为零

D. 常用的热电偶材料有四种

(3) 下列热电偶代号中，使用温度较高的是（　　）。

A. T 型　　B. E 型　　C. J 型　　D. K 型

(4) 在目前所采用的温度计中，能够测量 1000℃以上高温的是（　　）。

A. 带金属保护的水银温度计　　B. 双金属片温度计

C. 酒精温度计　　D. 热电偶温度计

(5) 按热胀冷缩原理工作的温度计是（　　）。

A. 光电温度计　　B. 热电偶温度计

C. 电阻温度计　　D. 双金属片温度计

(6) 下列温度计中，采用温度直接计量法的是（　　）。

A. 电阻温度计　　B. 光谱温度计　　C. 光学高温计　　D. 红外高温计

2. 若热电偶参考节点温度 t_0 是变化的，可采用什么补偿方法？

3. 用热电偶测量某处温度 t_1，若电偶极线途中经过一高温区，温度为 t_2（即 $t_2>t_1$），那么由热电偶热电势而查出的温度是 t_1 还是 t_2？为什么？

4. 热电偶输出电势的大小与热电偶自身的性质（长短、粗细、材质、线上材质的均匀程度）的关系如何？

任务2　弹簧管式压力表的安装、校验

任务描述

本任务介绍常见的压力测量仪表的类型、结构、工作原理、特点、选用要点，并对弹簧管式压力表进行实际操作，以使学生能正确选用、安装、校验弹簧管式压力表。

学习目标

1. 了解测压仪表(弹簧管式压力表、电触点式压力表、U形液柱式压力表)的类型、结构、测量原理。

2. 识记各种测压仪表的特点、适用场合，正确选用仪表类型和量程，能实际安装、准确测量、妥善维护保养测压仪表。

3. 学会普通弹簧管式压力表的校验。

相关知识

在轮机工程中常用的压力概念，可分为绝对压力、表压力和真空压力。表压力和真空压力都表示工质的绝对压力与当地大气压力的差值。它们都是压力表的直接读数，所以在运行管理中都习惯于用表压力或真空压力。而当需要表明工质的热力状态时，则应以绝对压力为基准，即绝对压力＝1个大气压＋表压力，绝对压力＝1个大气压－真空压力。

压力表是动力装置中最重要的仪表之一。图4-2-1所示为弹簧管式压力表，其工作原理是：一根扁圆形截面的管子，弯成圆弧形，管子B端封闭而A端通入被测工质；如将A端固定，当管内感受到被测工质的压力时，自由端B就会发生位移，当被测工质的压力大于当地大气压时B移到B'，反之则移到B''；管内受压与大气压相差越大，B端位移量也越大。通过传动机构(图4-2-2)则可示出压力(或真空压力)的大小。

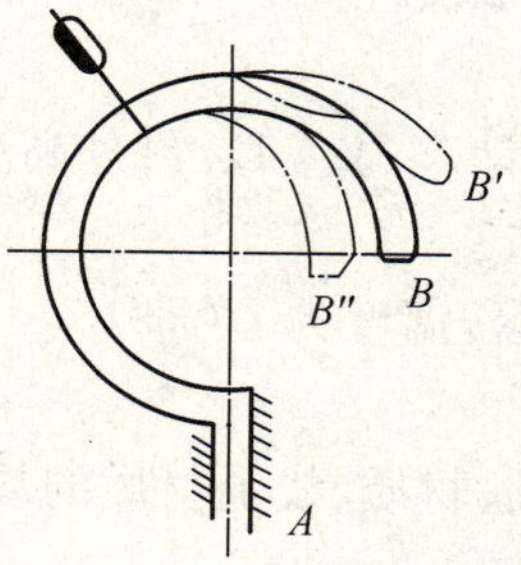

图4-2-1　弹簧管式压力表

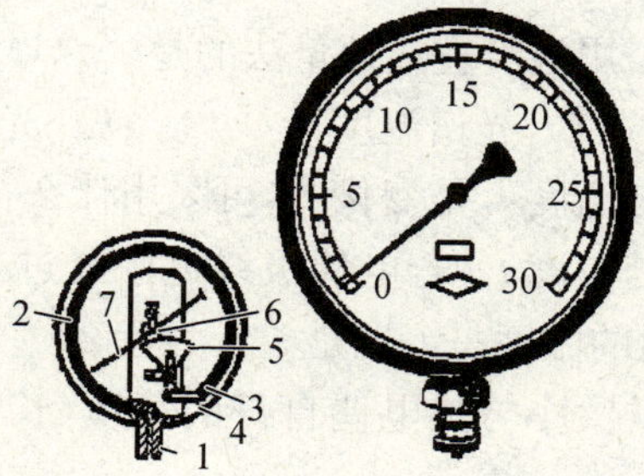

1-接被测工质的接头；
2-扁圆形截面管；
3-自由端；
4-传动杆；
5-扇形齿轮；
6-小齿轮；
7-齿轮

图4-2-2　弹簧管式压力表的构造

普通弹簧管压力表具有的测量范围很大（正压为 0.03～100 MPa，负压可接近 760 mmHg真空度）、结构简单、精度高和能长期使用的优点，但也有对冲击、振动敏感和正反行程滞回现象等缺点。

选用普通弹簧管式压力表时应注意以下几点：(1)所测量的工质不应对压力表的材料（铜和铜合金）起腐蚀作用；(2)被测介质的温度、湿度应该在测压仪表温度和相对湿度的许用范围内；(3)测量稳压时，不应超过测量上限值的 2/3；测波动压力时，不得超过上限值的 1/2，最低压力不应低于上限值的 1/3；介质的压力变化在每秒钟内不超过上限值的 10%。

压力表安装前的检查：(1)仔细检查核对型号、规格、等级是否是理想需用的要求。(2)检查封印是否完好，指针是否靠在限止钉，接头螺纹有无磨损滑牙，进气孔是否堵塞等。在一切处于完好、正常的情况下可以进行安装。压力表的安装位置须便于观察。泵出口的压力表必须安装在出口阀门前，在环境温度为－40～＋60℃，相对湿度不大于 80%的条件下使用。压力表应垂直安装，倾斜度不大于 30°，并力求与测定点在同一水平线上，以免指针迟缓。

使用压力表时应缓慢打开阀门，使压力慢慢上升到工作位置。如突然打开阀门可能导致压力失控，如压力超过测量上限，会造成弹簧管被打坏、变形或造成扇齿脱牙而使压力表失去功能。使用完毕后应缓慢泄压，不要使指针猛然间指零位，因为这样指针会撞在限止钉上，发生弯曲形变甚至折断。拆下来的压力表应存放在防尘、干燥、无腐蚀性的环境中。

任务实施

【任务要求】

1. 熟悉弹簧管式压力表的结构及工作原理，并能正确安装和使用弹簧管式压力表。

2. 了解普通弹簧管式压力表校验原理，掌握校验弹簧管压力表的方法。

3. 自觉遵守操作场所规则要求。

【任务准备】

1. 校检设备：弹簧管式压力表校验装置操作台、标准压力表、被测工业用压力表。

通常所选标准压力表应满足两点：(1)测量上限超过被校表上限三分之一的最接近系列值，一般选取大一级的系列值；(2)绝对误差小于被校表允许绝对误差的三分之一。

2. 校验原理：弹簧管在压力的作用下产生的弹性形变引起管端位移，机械传动机构将这种位移放大并传递给指示装置，指针在刻有法定计量单位的分度盘上指出被测压力值。本实验通过标准弹簧管压力表与工业用压力表测值的比较判断工业用压力表的精度。

3. 按每个任务操作组 4～6 人，相互协作，完成校验任务。

【任务操作】

1. 工作前检查

查看压力表工作环境、工作介质要求。压力表的零件装配应牢固，表玻璃应光洁透明，玻璃罩内应没有水汽，数字刻度应清晰完整。对压力表进行零点检查与调整。

2. 基本检查

对被校压力表的技术要求：(1)表示值的实际最大误差不应超过仪表精度等级所允许的误差值。(2)仪表的变差不应超过基本允许误差的绝对值。(3)在指示值范围内，指针应平稳偏转在任何位置上，指针与表盘的距离不得低于 1 mm；用手轻敲表壳时，指针的示值变动不应超过基本的允许误差绝对值的50%。(4)当仪表处于垂直位置且弹簧管内无压力时,无零位限止钉的仪表的指针应指在零位分度线上,有零位限止钉的仪表的指针应紧靠在限止钉上。

3. 安装连接

弹簧管式压力表中校验原理图如图4-2-3所示。连接过程如下。

(1) 关闭压力表接口阀门b和c,安装好压力表。检查调整活塞压力计在水平位置。

(2) 排净管道中的气体:打开储油杯阀,转动手柄1后退油缸中的小活塞吸油、再推进活塞将气体赶走,如此反复直至储油杯口无气泡为止,最后将活塞退回、将油吸入油缸内,然后关闭储油杯阀。

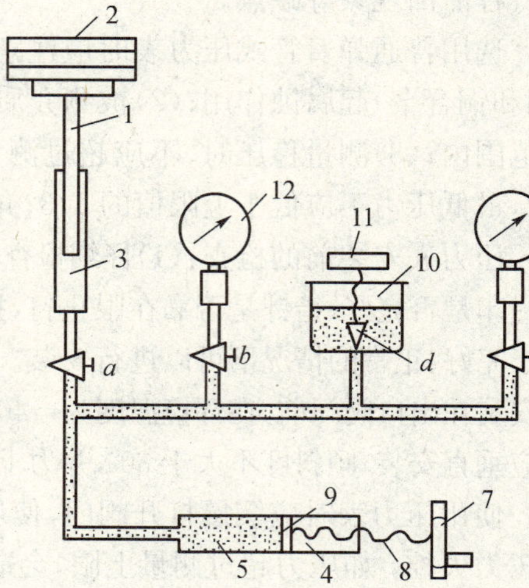

1-测量活塞;2-砝码;3-活塞杆;
4-手摇泵;5-工作液;6-被测压力表;
7-手轮;8-丝杆;9-手摇泵活塞;
10-油杯;11-进油阀手轮;
12-标准压力表;a, b, c, d-阀门开关

图4-2-3 弹簧管式压力表校验原理图

4. 工业用压力表测值的校验

(1)初检工业用压力表:缓慢打开阀门b和c,慢慢摇动手柄给以零压力和最大量程压力。升(降)压须平稳,当示值达到测量上限后耐压3 min。在每个测点时,查看轻敲(切勿重敲)表壳前后的示值与标准示值之差,对照标准压力表的读数,看被测工业用压力表的零值是否正确、量程是否合适。

(2) 观察压力表的内部结构及表内与系统是否泄漏。在测量范围内,指针偏转应平稳,无跳针和卡死现象。

(3) 校验工业用压力表:先检查零位偏差,按量程分五等份进行校验,接上行、下行读出标准表和被测工业用压力表的示值,依据国家计量JJG52-1999检验规程和校验结果判断仪表精确等级。

(4) 测试完成后,打开泄压阀,待压力表示值为零后,再拆卸压力表,最后关闭系统所有阀门。

5. 校验记录、计算

(1) 将数据、计算结果填入表4-2-1。

表4-2-1

标准值 X_0	被校值 P				变差 $(X_上-X_下)/X_全$	相对误差
	上行		下行			$\frac{X-X_0}{标尺上限值-标尺下限值}$
	被测值 $X_上$	误差 $X_上-X_0$	被测值 $X_下$	误差 $X_下-X_0$		

(2) 结论:被测工业用压力表精度等级。

任务评价

正确处理测量数据,分析误差。对比出厂时的精度,说明仪表是否需要调整,是否符合出厂时的精度。

任务拓展

1. 专用弹簧管式压力表

当被测工质的温度较高或压力脉动度较大时,例如在测量柴油机气缸的平均压力或最高压力时,压力表需带有特殊装置。在内燃机上所采用的平均压力表和最高压力表,可用于判断机器各缸的负荷是否均匀,并可用于分析柴油机的工作。制冷装置中采用的压力表往往还刻有采用不同制冷剂时的饱和温度值。

如图 4-2-4 所示,常用平均压力表主要由接头 1,测压器 3 和指示仪表 11 等组成。气缸内脉动的燃气通过接头 1 并经过滤后,进入测压器 3 的气室,燃气在气室中扩散稳压,然后进入装在气室内的毛细管,使脉动压力再一次受到阻尼后进入指示仪表 11。这样,便可测得气缸内测量期间的平均压力,该值由仪表 11 的指针示出。指示仪表 11 是一般弹簧管式压力表,可按所需测量范围选用适当量程的压力表。

最高压力表的结构如图 4-2-5 所示。当止回阀 5 的下腔内压力大于上腔内压力时,阀 5 就打开;当下腔内的压力下降时,阀 5 就关闭。这样,上腔内就能够保持所测得的最大压力。为了消除进入上腔中具有最大压力值的燃气的高温和脉动对指示仪表的影响,使高压燃气通过节流圈 7 和蛇形管 8,然后再作用到指示仪表 11,使其指示最高压力值。指示仪表 11 也是一只普通的压力表。

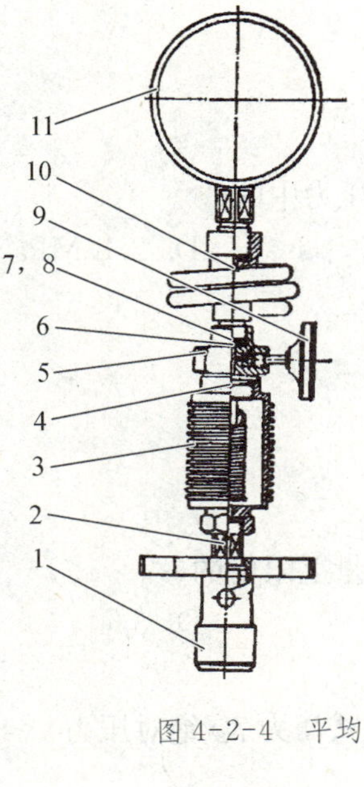

1-接头;
2-滤网;
3-测压器;
4,7,8-垫圈;
5-放气阀;
6-通道;
9-手轮;
10-蛇形管;
11-指示仪表

图 4-2-4　平均压力表

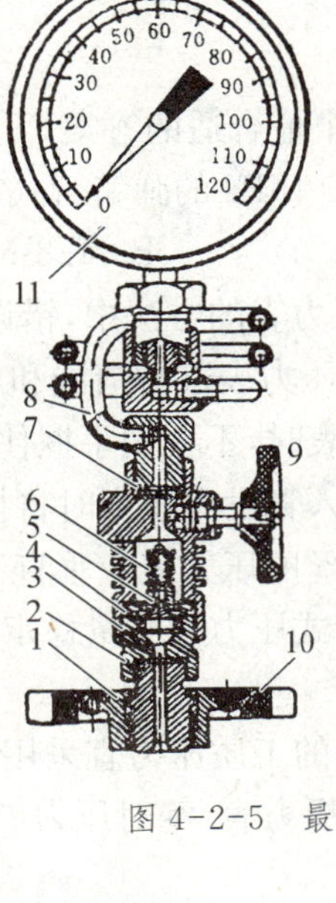

1-连接螺母;
2-端接头;
3-止回阀体;
4-阀座;
5-止回阀;
6-衬套;
7-节流圈;
8-蛇形管;
9-放气阀;
10-转动手轮;
11-压力表

图 4-2-5　最高压力表

图 4-2-6 所示为电触点式压力表的构造示意图。它主要由一个弹簧管式压力表和高、低值限定器构成。当压力降低到低限达到高限时，压力表指针上所附的接触器就与低值限定器(高值限定器)接触，从而使相应的控制电路起作用，并通过指示灯显示或蜂鸣器报警。限定器可根据需要加以调整和设定。

2. U 形液柱式压力表

这类压力表可用于测量压力较小的工质压力(例如柴油机的扫气压力、锅炉鼓风机的风压等)，其测量范围不大，一般不超过 0.2 MPa。它的构造如图 4-2-7 所示，U 形管内的液体根据所测压力的高低而采用水银、油或水。液体的一个作用是平衡被测压力，另一个作用是隔开不同工质。

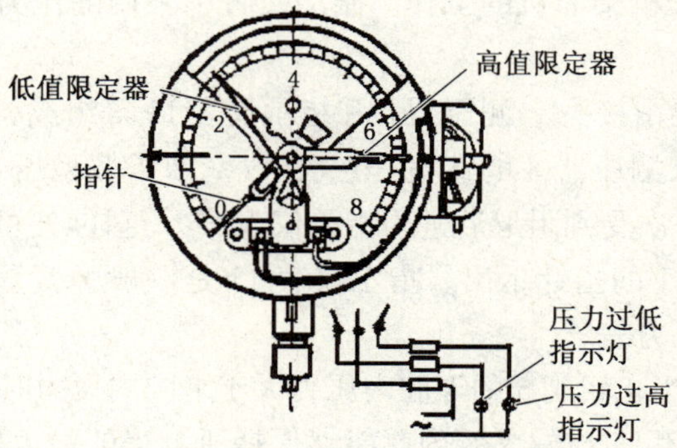

图 4-2-6　电触点式压力表

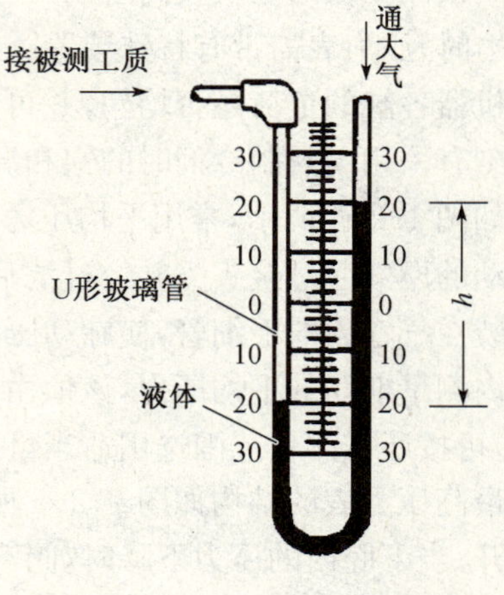

图 4-2-7　U 形液柱式压力表

当 U 形管开口端通大气时，被测工质压力为 $p=p_b+\rho gh$，在管间标以适当的刻度即可测出工质的表压力(h 为正)或真空压力(h 为负)。

课后练习

1. 请选择一个最合适的答案。

(1) 量程为 10 MPa 的弹簧管式压力表，能够测量下列波动压力中的(　　)。

A. 9.8 MPa　　B. 4.8 MPa　　C. 6.8 MPa　　D. 2.8 MPa

(2) 下列用压力表的方法中，错误的是(　　)。

A. 经常拆开压力表进行清洗和加油

B. 拧紧压力表时，不要用手握住表壳

C. 压力表引入管没有压力时将控制阀关闭

D. 表内有游丝的压力表应垂直于地面安装

(3) 用弹簧管式压力表测量稳定压力时，所测压力不超过测量上限值的(　　)。

A. 1/3　　B. 1/2　　C. 2/3　　D. 3/4

(4) 压力较小的工质压力宜采用(　　)测量，其读数为(　　)。

A. 弹簧管式压力表/绝对压力　　B. U 形液柱式压力表/绝对压力

C. 弹簧管式压力表/表压力　　　　　　D. U形液柱式压力表/表压力

(5) 一量程为4 MPa的弹簧管式压力表能够测量的稳定压力为(　　)。

A. 4 MPa　　B. 3.8 MPa　　C. 2.5 MPa　　D. 4.2 MPa

(6) 适宜用作压力控制或超压报警的压力表是(　　)。

A. 电触点式压力表　　　　　　B. 平均压力表

C. 最高压力表　　　　　　D. U形液柱式压力表

(7) 弹簧管式压力表的测压元件是(　　),压力式温度计的测压元件是(　　)。

A. 指针/指针　　　　　　B. 弹簧管/弹簧管

C. 弹簧管/温包　　　　　　D. 温包/弹簧管

2. 需要校验精度为1.0级、0～10 MPa的压力表,试选择标准表的精度和量程。

3. 校验一块精度为1.5级、0～6 MPa的压力表,现有0.25级、0～10 MPa和0.2级、0～16 MPa的压力表各一块,哪一块可以作为标准表?为什么?

4. 一般弹簧管式压力表的作用原理是什么?压力表在使用前应做好哪些准备工作?

任务3　流量计的校验

任务描述

本任务介绍流量计中常见的浮子式流量计、涡轮式流量计和椭圆齿轮式流量计，通过对流体流量计校验任务的完成，更好地认识这些常见流量计的结构、工作原理、主要特点以及安装使用法，学会流量计校验方法。同时也简单介绍船舶常用转速表和比重计。

学习目标

1. 熟悉船舶常用流量计的种类、特点、适用场合，能完成各流量计安装和校验操作。

2. 了解转速表和比重计的类型、结构、测量原理，正确选用转速仪表类型和量程，妥善维护保养仪表。

相关知识

测量流体流量的仪表统称为流量计或流量表，流量计是工业测量中重要的仪表之一。流量是指单位时间内流过管道某截面处的流体的量。该值以体积计，就称体积流量；以质量计，就称质量流量。

计量流量时，有时也需要知道某一段时间内所通过的流体总体积或总质量。用于计量累积流量的仪表就称为累积流量计(或流量表)，在工程系统中安装流量计可以直接读出流量数值。从不同的角度出发，流量计有不同的分类方法。常用的分类方法有两种：一是按流量计采用的测量原理进行归纳分类；二是按流量计的结构原理进行分类。常用的流量计有浮子式、涡轮式和椭圆齿轮式流量计。

1. 浮子式流量计

浮子式流量计已有一百多年的历史，应用广泛，可用来测量水、气、燃料油、蒸馏水和冷冻剂的流量。它是利用流体流动节流原理制成的测量仪表。

浮子式流量计的工作原理如图 4-3-1 所示。在一个竖直安装的锥管内放一浮子，浮子的密度大于被测液体的密度。当流量计未工作时，浮子因自重而处于下方。当有液体自下而上流经浮子和管壁之间的环形缝隙时，产生一压力降，浮子下面液体的压力大于浮子上面液体的压力，因此浮子被抬起。流经管内的液体流量越大，浮子被抬得

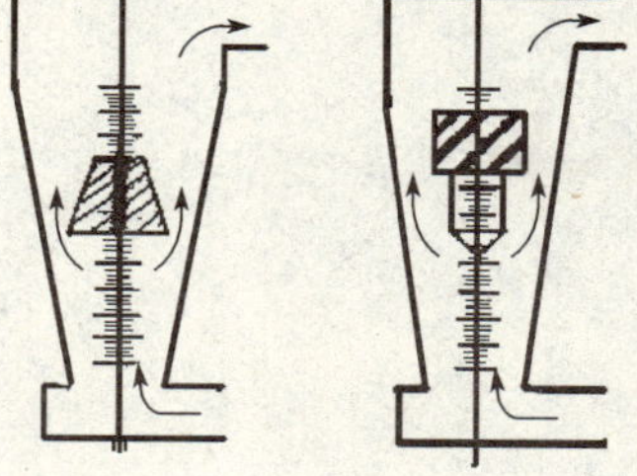
(a)　　(b)

图 4-3-1　浮子式流量计工作原理

越高，环隙流通面积也越大。当被测液体的密度一定时，流量与通流面积成正比，即与浮子被抬起的高度成正比，浮子在锥形管内的平衡位置的高度就是流量计的流量读数。由于浮子的重量不变，不论浮子处于哪一平衡位置，其两端的压差也是恒值，因此浮子流量计称为面积流量计。

为了保证浮子在管内对称中心线上，不致因偏心或偏斜而影响测量精度，可使用导向钢丝（如图 4-3-1(a)）或在浮子上开斜槽（如图 4-3-1(b)），使浮子在液流作用下产生旋转。

浮子式流量计一般适用于小流量的小管径、低流速流体，用于低压系统时可直接观察浮子升起的高度，并从刻度值上读出流量；而用于高压系统时，浮子应装在金属管中，再通过磁电感应系统将浮子的升高量转换成电参量，经测量仪表测出液体的瞬时流量，或用积数器测量某段时间内流量的总和。浮子式流量计是测量精度要求不高的现场指示仪表。

浮子式流量计的安装：必须垂直安装在无振动的管道上，流体自下而上流经流量计，且垂直度优于 2°，水平安装时水平夹角优于 2°；为便于流量计检修、更换等，安装流量计管道上应加装旁路阀和旁路管道；流量计入口处应有 5 倍管径以上的直管段，出口处应有管径 250 mm 的直管段；介质中若有固体杂质，须考虑在阀门和直管段之间加装过滤器。

2. 涡轮式流量计

涡轮式流量计相当于在管道中安装一个水涡轮，当其被液流冲动而旋转时，通过磁电变换器即可测量出流量数据。它的工作原理如图 4-3-2。

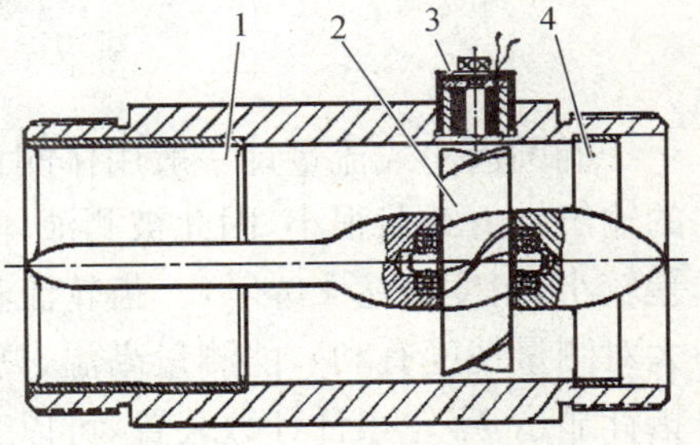

1-前导向叶片；2-叶轮；
3-磁电变换器；4-后导向叶片

图 4-3-2　涡轮式流量计工作原理

涡轮流量计是利用在被测流体中自由旋转的叶轮的转速与流体的流速成正比这一原理测量的。这种流量计中的叶轮也经仔细平衡，装于轴承内，其惯性和摩擦力都很小。叶轮旋转时，周期地改变磁电变换器中磁路的磁阻，从而输出与流量成正比的脉冲信号。信号经放大后如输送到频率计，可以测量瞬时流量；如输送到积数器，则可测量某段时间内的累积流量。

由于涡轮式流量计采用非接触式的、反作用小的磁电转换方式，所以可大大减轻涡轮负载，流量计耐压高且反应快，并用数字显示流量；它的精度（最）高，测量范围宽，适用于高压测量。流体物性参数和流动状态对涡轮式流量计特性影响较大，它不适用于高黏度介质；气-液两相流、气-固两相流、液-固两相流均不能用涡轮流量计进行测量；它对被测介质的清洁度要求高，在流量计前须安装过滤器以保证流体的清洁；它难于长期保持准确，须定期校验。

在运转维护时注意：当涡轮流量计的管道需要清洗时，必须先开旁路，清洗液体不能通过流量计；必须做到有压启动，先开进口、再开出口，缓慢开启阀门；启动时须先开旁路，以防止流速突然增加，使涡轮因转速过大而损坏；涡轮流量计轴承应定期更换，一般可根据小流量特性变化来观察其轴承的磨损情况。

3. 椭圆齿轮式流量计

椭圆齿轮式流量计是容积式流量计的一种，其工作原理如图 4-3-3 所示。它实质上相当于一个液压马达，一对相互啮合的椭圆形齿轮在测量仪进出口的液流压差的作用下工作。例如在子图(a)所示位置，作用在椭圆齿轮1上的液体作用力互相平衡，有效转矩为零，椭圆齿轮2在压差作用下产生一转矩向顺时针方向回转，并带动齿轮1向逆时针方向转动。在转到子图(b)所示位置时，齿轮2上的转矩已经减小，而齿轮1上的转矩则已产生。转到子图(c)所示位置时，齿轮2上的转矩为零，齿轮1上的转矩增至最大。因此，在每一位置上两个齿轮所产生转矩的总和基本上为一定值。齿轮每转一转，液腔a和b各充油两次，排油两次。所以它的转速正比于通过的液体流量。齿轮的转轴可经减速器传动记录流量的积数器，或者带动测速发电机供电给电动积数器，直接显示出液体的总流量。

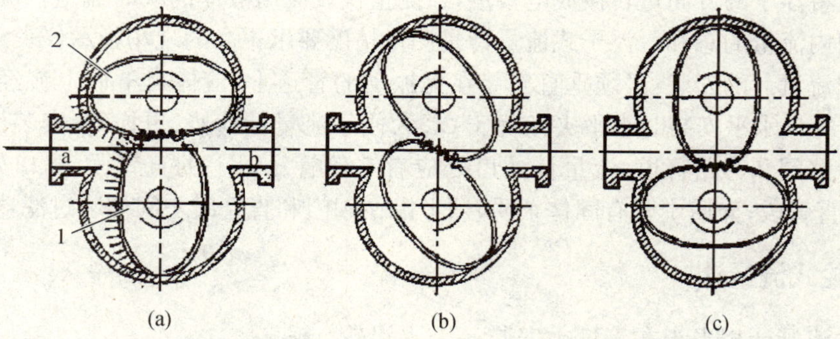

图 4-3-3　椭圆齿轮式流量计工作原理

椭圆齿轮式流量计一般用作测量某段时间内的液体总流量，是一种容积式测量仪。它的输出轴上载荷很小，因此被测液体在流量计前后的压差也很小，故容积效率很高，测量误差较小，精度可达±0.5%。齿轮流量计具有量程范围大，压力损失小，黏度适应性强(黏度大对测量精度有利)，能测量高温、高黏度液体，标定方便，安装容易等特点。该表针有现场指针显示，字轮累计计数装置，可以直接显示流经管道的液体累积流量。对不同的液体，可选择不同材质制成的流量计。

齿轮式流量计安装使用时需注意：(1)无论管路是水平还是竖直的，流量计中椭圆齿轮必须安装成水平位置，即表度盘应与水平地面垂直；(2)椭圆齿轮流量计前应安装过滤器，且过滤器与流量计流向(流量计外壳上标有流向)应该一致；(3)当被测液体中含有气体时，应该在流量计前加装气体分离器；(4)被测流量不宜过小，被测流量小于下限流量时，测量精度明显下降；被测液体温度不宜过高，过高的温度不但会增加测量误差，而且可能使齿轮卡死；(5)应注意定期校检。

任务实施

【任务要求】

采用比较法校验流量计，在校验流体流量计的过程中理解流量计的工作原理和功用。能正确安装流量计，在的指导下自行获得测量数据，完成数据整理，完成流量计校验。

【任务准备】

1. 检测设备：常用流量计(浮子式流量计、涡轮式流量计、椭圆齿轮式流量计等)，流量计标定平台与设备(电机、水泵、管道、仪表、水箱数据采集与参数监视机柜、计算机等)。

2. 校验原理：流量计标定平台示意图如图 4-3-4 所示，选用高精度的涡轮式流量计作为标准流量计，将标准流量计与被校验流量计安装于同一管径的水平直管上，感受相同流体介质作用，比较两者示值，从而确定被校验流量计的基本误差。

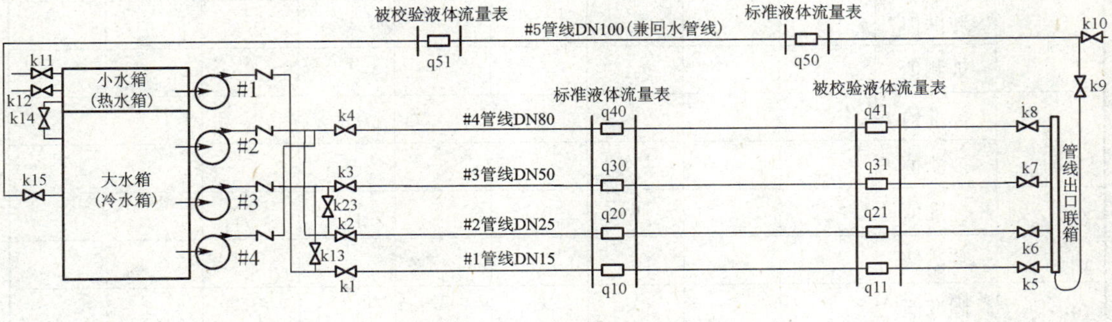

图 4-3-4　流体流量标定平台系统原理图

3. 学生进行分组，每台泵的实验可由 3～5 人相互协作完成。

【任务操作】

1. 实验前的检查

以下检查在指导老师带领引导下进行，学生未经老师同意不得擅自进行操作。

(1) 盘动各实验水泵的转轴，转轴应能灵活转动。如有卡涩严重、碰擦异响等异常等，须进行检修、排除故障。

(2) 接通总电源，各实验泵通电，各实验泵的变频调节器通电（让变频器频率和电流指示在 0 状态），检查各开关、流量计初始状态是否正确。

(3) 检查各阀门操作是否灵活、阀门行程是否正常，观察各安装流量计安装情况。

(4) 将各阀门调至实验前的初始状态，即各实验泵出口阀门（k3 和 k4）、各测量管线末端阀门（k5～k8）、回水总管上阀门（k9 和 k15）全开。

(5) 开启水箱进水阀门 k11，保证水箱水位，让水泵进水。

(6) 检查管路法兰、螺纹接口等处是否漏水。

2. 实验工况选择

工况序号	1	2	3	4	5	6	7
水泵电机频率/Hz	20	25	30	35	40	45	50

3. 校验操作步骤

(1) 启动配电柜总电源、仪表等设备，启动控制电脑。

(2) 启动设备控制及测量软件。按软件提示填写实验序号和学生信息；按指导老师提示，设置采样时间、采样数目、工况数目、电机频率、阀门开度等信息。

(3) 点击实验开始按钮，等待工况稳定。实验开始后学生根据软件进程提示完成相应操作。

(4) 保存并导出实验数据，请指导老师初步审核，若发现问题在老师的指导下处理。

(5) 全部实验结束后，关闭配电柜和实验室电源，关闭进水阀。

4. 实验数据记录

流量数据记录

m^3/h

工况序号	流量	1	2	3	4	5	6	7	8	9
1	标准值									
	被测值									
2	标准值									
	被测值									
3	标准值									
	被测值									
4	标准值									
	被测值									
5	标准值									
	被测值									
6	标准值									
	被测值									
7	标准值									
	被测值									

5. 实验数据处理与分析报告

(1) 确定标准流量计和被校流量计的不确定度、被校流量计的基本误差，对照被校流量计出厂性能参数判定其是否合格。

(2) 在同一流量-频率坐标图上绘制标准流量计与被校流量计流量曲线。

任务评价

1. 任务操作前，能否认识系统中各流量计类型，明确安装要领。

2. 操作中，是否按正确规范进行。

3. 能否对实验数据进行处理，并从实验过程中和流量计结构、质量上分析校验结果。

任务拓展

1. 比重计

比重计是浮计的俗称，而浮计是液体密度计和浓度计的统称。比重计由压载室 B、躯体 A 和干管 C 三部分组成，如图 4-3-5 所示。躯体 A 是一个圆柱形的中空玻璃管，其下端是装满小铅丸等重物的压载室 B，以使浮计的重心下降。重物的上部用隔板结

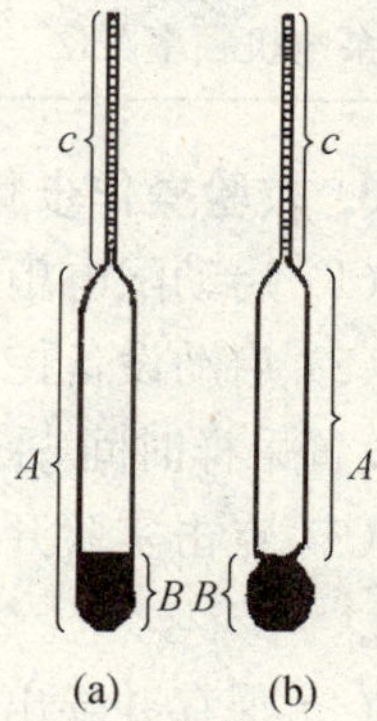

图 4-3-5 比重计结构示意图

构或胶固物封紧。干管 C 是顶端封闭的细长圆管，其下端同躯体 A 的上端熔接，内壁紧贴着刻有浮计用途和单位的分度表。

根据阿基米德原理，当浮计浸入被计量液体时受到浮力的作用。在平衡状态，浮计浸没于液体的深度取决于液体的密度，显然密度越小，浸没越深；密度越大，浸没越浅。因此，在分度表与液面重合处，即可标出液体的密度或浓度的数值。

我国的基准密度计组由 116 支不同计量范围的比重计组成。比重计使用时应注意：

(1) 轻拿轻放，以免敲碎。

(2) 放入被测液体时动作要慢，不能立即松手，以免一下子沉到底而破碎。浮不起来时，应拿出来，换一个量程低一点的再试。

(3) 比重计不要贴在容器壁上，否则误差较大。

2. 转速表

测量各种旋转物体转速的仪器、仪表称为转速表或转速仪。

1) 转速表的分类

按工作原理可分为 8 种：

(1) 离心式转速表：它是根据角速度与惯性离心力的非线性关系制成的。

(2) 定时式转速表：它的特点是利用计时机构控制计数机构，因为测量转速的时间为一定值(3 s 或 6 s)。

(3) 振动式转速表：它是利用特制弹簧片组与相应的转速谐振效应制成的。

(4) 电动式转速表：这种转速表带有机电换能器，属于这类转速表的有带电机传感器的电动式转速表和电脉冲式转速表。

(5) 磁感应式转速表：它是根据电磁感应原理制成的。

(6) 频闪式转速表：它是根据频闪测速原理制成的。

(7) 电子计数式转速表：它是利用电子计数原理制成的，由转速传感器(光电式、磁电式、激光式等)和数字显示仪两部分组成。

(8) 自动记录式转速测量仪：可自动记录转速。

按使用方式可分为 2 种：

(1) 固定式或便携式(手持式)转速表：固定式转速表安装在某种机械设备上使用，通过传动机构与被测旋转体的转轴相连；便携式转速表是一种单独使用的仪器，可以用来随时随地测量各种机器设备的转速。

(2) 接触式或非接触式转速表：固定式转速表可采用各种形式的传动装置，如齿轮变速机构、弹性联轴节、软轴等，而某些便携式(手持式)转速表则可利用橡皮连接头或金属连接头把转速表轴与被测转轴连接起来，所以都属于接触式转速表。频闪式转速表是采用闪光与被测轴转速同步的方法来测量的，电子计数式转速表也是用光电传感器或磁电传感器接收被测轴的转速，转换成电信号后输送给转速数字显示仪的，这两种转速表都属于非接触式转速表。

按表盘的刻度特点可分为 3 种：

(1) 表盘上的分度可以是均匀的或不均匀的。

(2) 表盘上有的标有零点标线，有的则以被测转速的最小值为标度起点，以其被测转速的最大值为标度终点，表盘上的起点至终点的示值范围即为量程。

(3) 转速表可采用单量程，也可采用多量程。

2）离心式转速表

离心式转速表构造原理如图 4-3-6 所示。当转速表轴随被测轴转动时，离心器上重锤在惯性离心力的作用下离开轴心，并通过传动机构带动表指针转动，指针的位置根据重锤所产生的离心力与弹簧力的平衡确定。固定离心式转速表外形如图 4-3-7 所示。

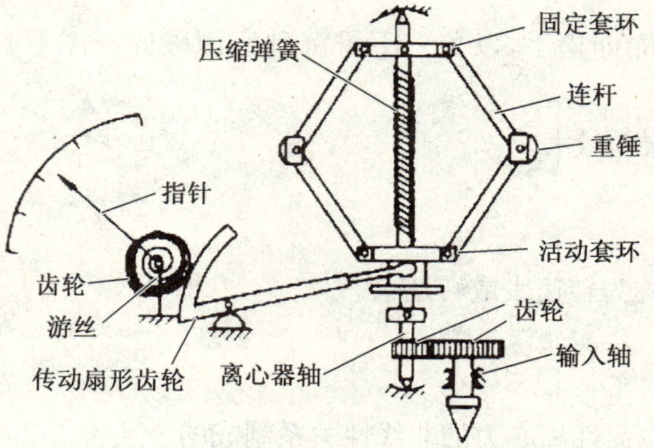

图 4-3-6　离心式转速表的构造

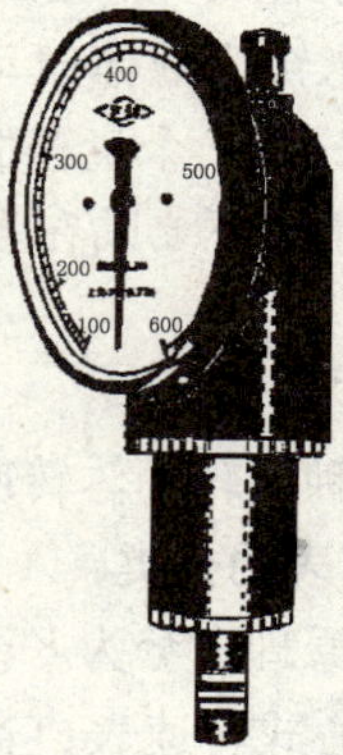

图 4-3-7　固定离心式转速表外形图

离心式转速表的输出量与输入量(角速度)之间是非线性的，因此表盘的刻度不均匀。固定离心式转速表一般通过软轴将被测轴的转速传至表轴；便携离心式转速表用三棱锥或球头橡皮伸至被测轴端中心孔传至表轴。便携离心式转速表装有变速器，具有多量程被测转速的量程。例如上海转速表厂制造的离心式转速表具有以下量程：60～240 r/min，200～800 r/min，600～2 400 r/min，2 000～8 000 r/min，6 000～24 000 r/min。

离心式转速表是一种应用最早的转速表。由于它具有结构简单、使用方便和价格便宜等优点，至今仍广为应用，其不足之处是精度较低。

固定离心式转速表使用时的注意事项：

(1) 注意表盘上的转速表系数

$$\text{转速表系数}=\frac{\text{转速表轴的实际转速}}{\text{被测轴的转速}}$$

若转速表系数为 1∶1，这时转速表的示值即为被测轴的转速；若转速表系数为 1∶2，指针示值为 200 r/min，叫被测轴的实际转速为 100 r/min。

(2) 转速表正常工作范围应选在测量上限值的 80%左右，例如量程为 100～600 r/min 的转速表，最高工作转速应选 480 r/min。这样可以保证仪表指示准确并延长仪表寿命。

(3) 被测轴转向与表指针指向无关。

(4) 表出厂检定误差为测量上限值的 2%，指针指示不稳定性摆幅为 1/2 小格。

(5) 在使用过程中，须每隔 12 h 加注润滑油 1 次。

(6) 仪表在运输和储藏期间，应注意防震、防潮。

手持离心式转速表使用时的注意事项：

(1) 根据被测轴的转速选择调速盘的挡位，不能用低速挡测量高速挡。

(2) 转速表轴与被测旋转轴接触时，应使两轴心对准，动作要缓慢，压力要适中，同时应使两轴保持在一条直线上。

(3) 转速表轴与被测旋转轴不要顶得过紧，以两轴接触时不产生相对滑动为原则。

(4) 被测轴转向与表指针指向无关。

(5) 使用前应从外壳和调速盘上的油孔注入润滑油(钟表油)。

3) 定时式转速表

定时式转速表是一种精密的机械式转速表，具有精度高、携带方便等优点，在国内外应用广泛。

定时式转速表按照在一定时间间隔内测量旋转体转数的方法确定转速的平均值，并通过指针在表盘上直接指示被测转速值。为了测定时间间隔，表中装有定时机构，并由此而得名。常用的定时转速表有双盘式和单盘式两种。

单盘式定时转速表如图 4-3-8。使用过程如下：将套在表轴上的橡皮接头 4 与被测旋转轴相连接；用手握紧表壳 5，将表盘 2 端平，使表轴与被测轴的轴心在一条直线上；揿压按钮 3，然后松开，使表机构开始工作，同时打开计数器开始计数；经过一定的间隔时间(3 s 或 6 s)，表机构停止工作，关闭计数器，指针 1 在表盘上指示被测转速。

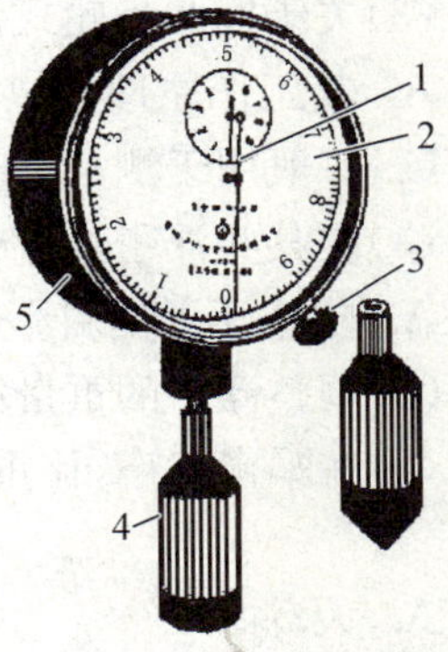

1-指针；2-表盘；3-按钮；
4-橡皮接头；5-表壳

图 4-3-8　单盘式定时转速表外形图

该表长针轴与转轴的传动比为 1∶100，短针轴与长针轴的传动比为 1∶10。由于长针刻度盘均匀地标了 100 个小格，每小格的分度值为 10 r/min。短针刻度盘均匀地标了 10 个小格，每小格分度值为 1 000 r/min，均比输入值扩大了 10 倍。因此，该表在 6 s 内所测量的转速值，是折合成每分钟的转速值，按 r/min 标注刻度的。

4) 磁电式转速表

磁电式转速表是根据非电量电测量的原理制成的。它所使用的转速传感器有直流发电机式、交流发电机式、光电式及其他形式。转速传感器连接到被测转速的轴上，当被测轴旋转时，传感器所产生的电流、电压或频率利用电测量仪器进行测量，仪表的表盘刻度不用电量单位，而是以 r/min 为计量单位。

带直流发电机的电动式转速表的工作原理示意图如图 4-3-9 所示。直流发电机的定子(永久磁铁)1 用于激磁，电枢轴 5 与被测转轴相连接，同时一起转动。当发电机旋转时，电枢绕组切割永久磁铁磁场内的磁场线，从而在电枢中产生感应电动势，电动势的大小与轴转速成正比。因此，磁电式电压表可通过其指针 2 示出转速的测量值。

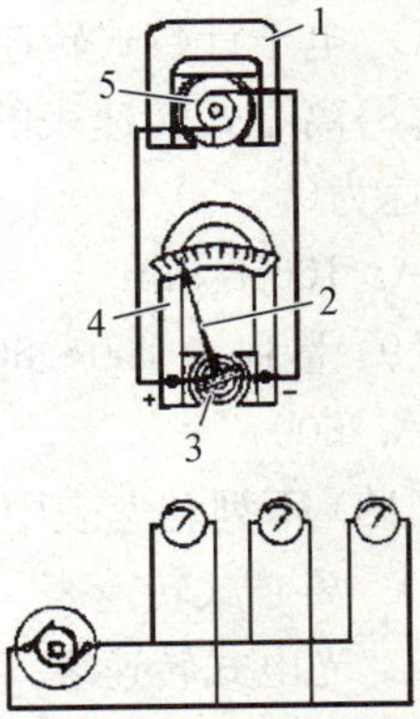

1-定子；2-指针；3-活动绕组；
4-磁铁；5-电枢轴

图 4-3-9　带直流发电机的电动式转速表的示意图

这种转速表用于测量推进器的转速时，通常有带 4 个指示器和带 7 个指示器的两种型号。指示器安装要远离磁场和蒸汽管，指针的偏转必须与推进器的转向相对应。当船舶前进时转速表的误差不超过表盘上限的 0.8%，当船舶后退时转速表的误差不超过表盘上限的 1.2%。

课后练习

1. 请选择一个最合适的答案。

(1) 浮子式流量计的结构，是在一个竖直安装的(　　)管内放有一浮子，当流经管内的液体流量越(　　)时，浮子被抬得越(　　)。

A. 锥/小/高　　B. 直/小/高　　C. 锥/大/高　　D. 直/大/高

(2)下列仪表中，不能直接通过机械传动装置带动表针示数的是(　　)。

A. 涡轮式流量计　　B. 离心式转速表

C. 椭圆齿轮式流量计　　D. 毛发式湿度计

(3)关于椭圆齿轮式流量计，下列说法中不正确的是(　　)。

A. 其工作原理类似液压马达　　B. 其转速正比于通过的液体流量

C. 一般用于测量瞬时液体流量　　D. 它属于容积式测量仪

(4)在某些浮子式流量计的浮子上开有斜槽，其作用是(　　)。

A. 防止浮子偏斜影响测量精度　　B. 使液体产生压力降

C. 调整浮子的重量　　D. 为了读数方便

(5)在平衡状态，比重计浸没于液体的深度取决于液体的密度，密度越(　　)，浸没越(　　)。

A. 大/深　　B. 小/深　　C. 小/浅　　D. 以上均不正确

(6)关于磁电式转速表的特点，下列说法中不正确的是(　　)。

A. 它是根据非电量电测量的原理制成的

B. 它所使用的转速传感器有直流发电机式、交流发电机式和光电式等

C. 测量时传感器产生电流、电压或频率信号

D. 其显示仪表是一般的计数器

(7)下列转速表中，(　　)精度较低。

A. 离心式转速表　　B. 定时式转速表

C. 电子计数式转速表　　D. 磁感应式转速表

(8)离心式转速表的转速表系数为 1∶2 时，若指针示值为 200 r/min，则转速表轴的实际转速为(　　)。

A. 100 r/min　　B. 200 r/min　　C. 300 r/min　　D. 400 r/min

(9) 量程为 100～600 r/min 的离心式转速表，其最高工作转速不应超过(　　)r/min。

A. 600　　B. 540　　C. 480　　D. 420

(10) 下列转速表中，属于接触式测量的是(　　)。

A. 离心式转速表　　B. 磁电式转速表

C. 光电式转速表　　D. 频闪式转速表

2. 涡轮式流量计的工作原理是什么？为什么需要导直被测流体？

3. 椭圆齿轮式流量计的特点是什么？在使用中要注意什么问题？

项目五
船用量具的使用

项目描述

本项目在介绍船舶常用量具——游标卡尺、外径千分尺结构原理的基础上，实践技术操作使用。该项目意在加强对测量技能的培训，加深对公差理论、基本测量技术和器具的理解和掌握，提高知识的实用性，培养理论联系实际的作风、严谨的科学态度和独立分析与解决实际问题的能力。

任务1　游标卡尺的使用

任务描述

在判别船舶上机器零件装配是否合格或工作中磨损、受载变形是否超出规定时，需要相应量具测量几何参数。本任务让学生学习轮机管理工作中常用的量具——游标卡尺，了解它们的结构、测量原理，并能根据零件形状、尺寸精度要求正确选用游标卡尺，掌握该量具的测量方法，能正确测量、读取测量数据和处理误差，熟悉量具的维护和保养。

学习目标

1. 了解游标卡尺的结构组成、测量原理。
2. 能根据零件形状特征、尺寸精度要求正确使用游标卡尺测量，并结合量具精度读取数值，处理误差获取真值。
3. 熟悉游标卡尺的维护、保养。
4. 培养认真严谨的操作习惯和解决实际问题的能力。

相关知识

游标卡尺(简称卡尺)是一种中等精度的量具，可以用来测量内外尺寸(如长度、宽度、内径、外径等)、孔距、深度和高度等。它的测量范围在 0～2 000 mm 之间。它的测量精度较低，因此只能适用于测量公差等级为 IT10～IT15 的零件尺寸。

1. 游标卡尺的结构

1) 三用游标卡尺

游标卡尺的结构如图 5-1-1 所示。主体是一根刻有刻度的直尺，称为主尺。沿主尺滑动的副尺上也刻有刻度，称为游标。游标卡尺下量爪 2 用于测量外径、长度尺寸；上量爪 3 用于测量内径、孔距或槽宽；深度尺 7 用于测量深度。紧固螺钉 4 在测量时处于松开状态，在游标调整到测量尺寸时将其锁紧，防止尺寸变动。小尺寸的游标卡尺大多制成这种结构。

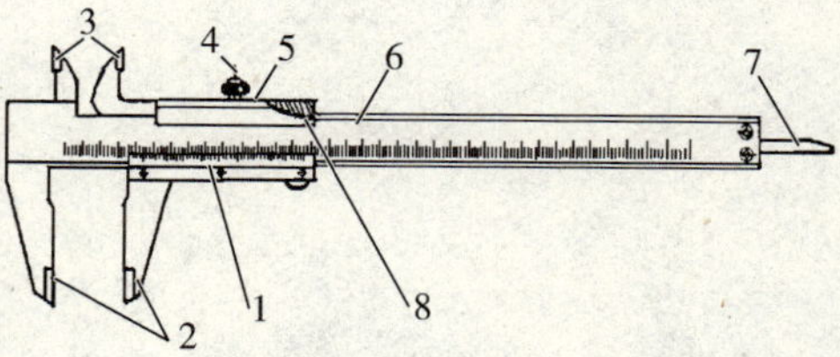

1-游标；2-下量爪；3-上量爪；
4-紧固螺钉；5-尺框；6-尺身；
7-深度尺；8-片弹簧(塞铁)

图 5-1-1　三用游标卡尺

2) 双面量爪游标卡尺

它的结构如图 5-1-2 所示。为了调整方便，在副尺 10 上增加微调装置 5。旋紧螺钉 6，松开螺钉 4，用手指转动螺母 7，则可以通过螺杆 8 微调游标的尺寸。

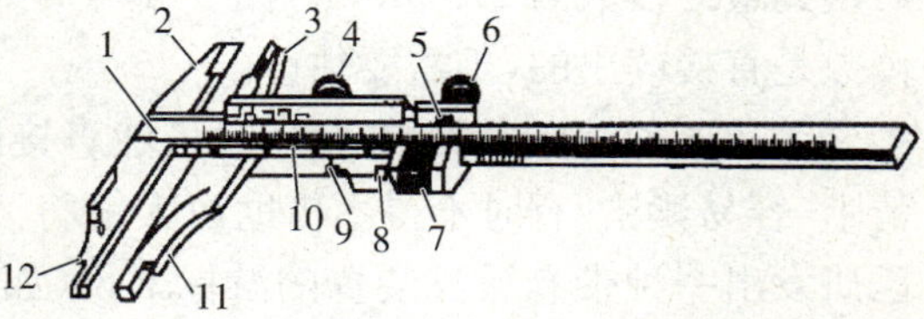

1-主尺；2，3-上量爪；4，6-螺钉；5-微调装置；7-微动螺母；8-螺杆；9-凸块；10-副尺；11，12-下量爪

图 5-1-2　双面游标卡尺

在用下量爪测量内孔时，游标卡尺的读数必须加上下量爪的厚度（一般为 10 mm）。测量范围大于 300 mm 的游标卡尺，大多制成这种结构。必须强调的是，双面量爪游标卡尺的下量爪结构并非都是一样的，有的卡尺用下量爪测量内孔跟用上量爪测量外径一样，游标卡尺的读数并不需要加上下量爪的厚度，而是卡尺显示多少就读多少。使用时应特别注意看清其结构，以正确读数。

3）单面量爪游标卡尺

这种卡尺不带上量爪，其余结构完全与双面量爪游标卡尺相同。多用于测量范围大于 30 mm 的场合。

除上述介绍的游标卡尺外，还有专门用来测量零件高度和划线高度的游标卡尺，用来测量孔的深度、台阶的高度和槽的深度的深度游标卡尺。另外，还有齿轮游标卡尺，它是由两根互相垂直的主尺构成，在水平主尺与垂直主尺上各附有游标、游框，并设有微动装置。它们的读数原理和读法，皆与普通游标卡尺相同，如图 5-1-3 所示。

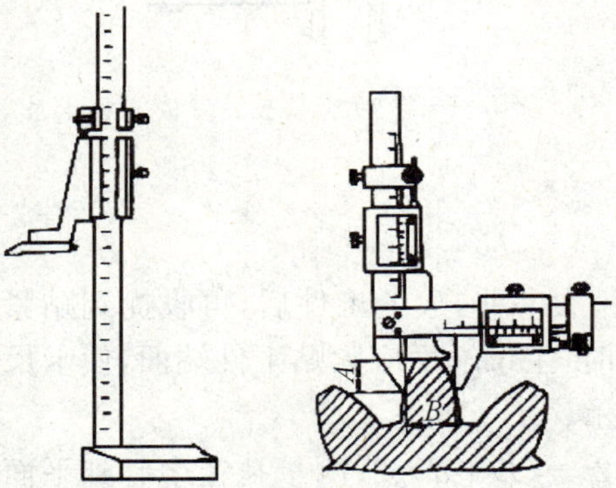

(a) 齿轮游标卡尺　(b) 齿轮游标卡尺测量齿厚

图 5-1-3　特种游标卡尺

2. 读数原理

常用游标卡尺的测量精度有三种：0.10 mm，0.05 mm 和 0.02 mm，也叫做十分度、二十分度和五十分度。这三种游标卡尺的主尺刻度相同（即每格 1 mm），所不同的是副尺与主尺相对的格数。游标卡尺的读数精度是利用主尺与副尺间距离之差确定的。

下面以精度为 0.1 mm 的游标卡尺为例说明游标卡尺的读数原理。主尺刻度上相邻两条刻线之间的距离为 1 mm，而副尺游标是将 9 mm 的长度分为 10 格，则游标上相邻两条刻线之间的距离为 0.9 mm，主尺与副尺每格相差 0.1 mm，如图 5-1-4(a)所示。当主尺与游标上 0 刻度线后的第一条刻线对齐时，说明游标沿主尺向右移动了 0.1 mm；当主尺与游标上 0 刻度线后的第二条刻线对齐时，说明游标沿主尺向右移动了 0.2 mm；依次类推，就相当于把 1 mm 分成了 10 份，精度为 0.1 mm。二十分度是在游标上将 19 mm 分为 20 格，则相邻两条刻线的间距为 0.95 mm，与主尺的一格间距相差 0.05 mm，因此其精度为 0.05 mm；而五十分度则是在游标上将 49 mm 分为 50 格。

读数时首先根据游标零线位置读出主尺刻度的整数部分，再看游标上第几根刻线与主尺上的刻线对齐，把该对齐刻度值乘以该游标卡尺的精度就得到小数部分（但大多数游标卡尺游标上的刻度值已按其精度标记，直接读出小数部分即可），将整数部分与小数部分相加即为最终读数。如图 5-1-4(b)所示，游标上刻度为 10，可确定其精度为 0.1 mm，在主尺上读出整数值为 27 mm，游标上第 5 条刻线与主尺对齐，则小数值为 5 乘上 0.1 mm，所以相加后得到最终读数为 27.5 mm。图 5-1-4(c)所示读数为 45.8 mm。需注意的是，游标卡尺的读数是直接读出的，不需要估读。

上述各种游标卡尺，在使用时虽然直接读出尺寸，但也有不足之处，即读数刻线不是很清晰、容易读错，有时不得不借助放大镜将读数部分的刻线放大。为了解决这个问题，目前已研发出一种带有数显装置的游标卡尺(如图 5-1-5)，这种游标卡尺可直接用数字显示出在零件上量得的尺寸，十分方便。

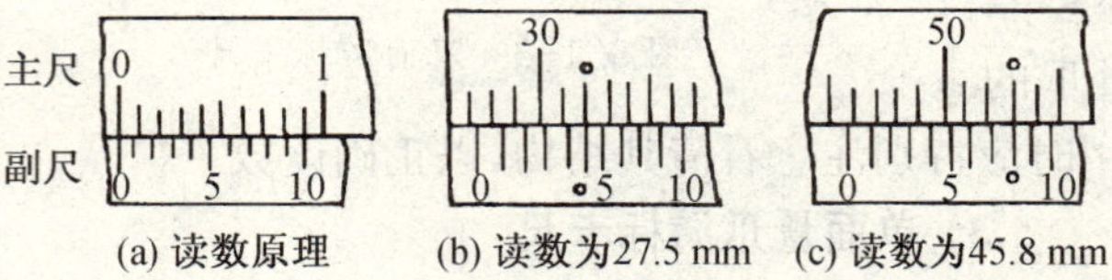

(a) 读数原理 (b) 读数为27.5 mm (c) 读数为45.8 mm

图 5-1-4 精度为 0.1 mm 的游标卡尺

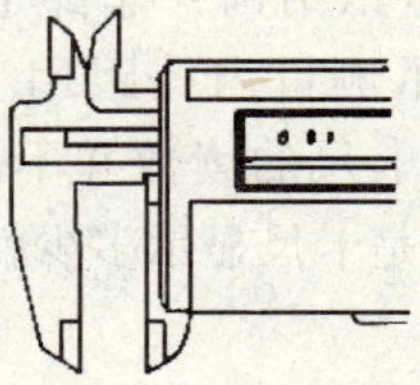

图5-1-5 带有数显装置的游标卡尺

3. 使用方法

测量外径或长度时，将量爪张开到比所需测量值稍大一些，放上工件后，再收拢到贴紧工件，用紧固螺钉锁定，就可读取尺寸。测量内孔深度时，主尺端面应紧贴工件端面，使卡尺尖端贴住内孔底面，即可读出尺寸。如图 5-1-6(a)所示。

测量两孔中心距时，如图 5-1-6(b)所示，$e=H+2t-(D+d)/2$；测量孔径中心到平面的距离时，如图 5-1-6(c)所示，$C=T+D/2$。

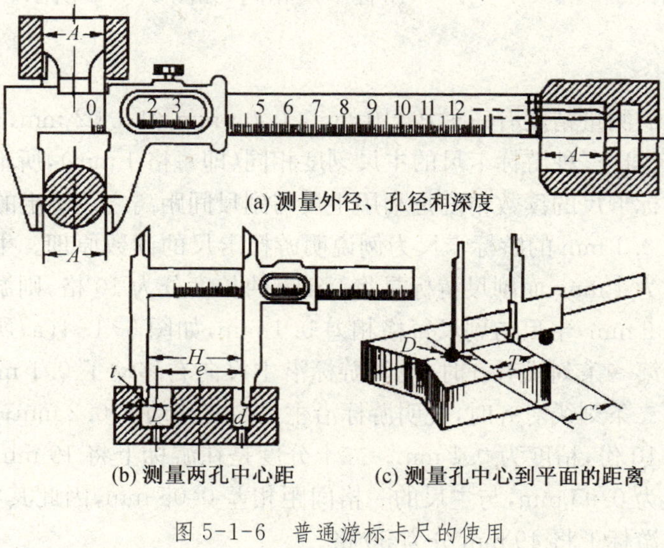

(a) 测量外径、孔径和深度

(b) 测量两孔中心距 (c) 测量孔中心到平面的距离

图 5-1-6 普通游标卡尺的使用

测量深度时，主尺端面应紧贴零件端面，移动深度尺使其尖端到达孔底，用紧固螺钉锁定，就可读出尺寸。

游标卡尺的使用、保养要求有：

(1) 测量前，擦净量爪测量面和主副尺刻度，检查卡尺两个测量面和测量刀口是否平直无损，然后将两量爪并拢，检查两结合面是否贴合，并检查主尺与游标的零刻度线是否对齐。

(2) 测量外形尺寸时，量爪应贴靠被测零件表面，卡尺必须放正，不得歪斜，以免产生误差。测量外径时，量爪需贴靠最大的外径处并垂直于轴线。

(3) 测量内径时，量爪的两测量面需贴靠内孔的最大直径处，用紧固螺钉锁定后轻轻取出卡尺再读数。

(4) 测量小直径内孔或弧形沟、槽，应使用刀口量爪而不用平口量爪。

(5) 读数时，应水平拿着卡尺，使视线与刻度线正对，以免造成读数误差。

(6) 使用中应注意保护量爪的测量面，不能用量爪测量铸件、锻件表面及运动着的零件表面。

(7) 如因条件所限，一定要用游标卡尺去测量精度要求高的零件，那么最好用块规校对一下，记住这把卡尺的误差，并在测量时将这个误差考虑进去。

(8) 游标卡尺如不经常使用，测量后应擦净并涂上凡士林或防锈油。

各种零件的测量见图 5-1-7。

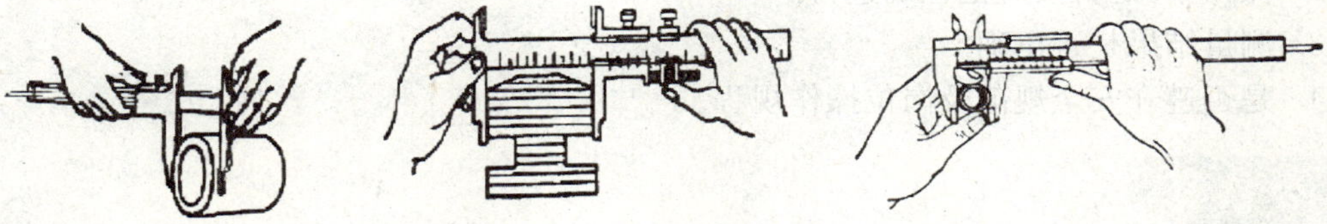

图 5-1-7 各种零件的测量示意图

任务实施

【任务要求】

1. 了解对游标卡尺的作用、结构、原理、测量范围、测量精度；正确使用游标卡尺测量和判定零件尺寸的合格性。

2. 精密测量工具，要轻拿轻放，不得碰撞或将其跌落到地下。

【任务准备】

1. 测量用具：软布、防护油、钢丝刷、游标卡尺、被测零件、零件图。

2. 熟悉尺寸公差及其相关理论。

3. 每个任务操作组 2～4 人，相互协作完成任务。

【任务操作】

1. 先看零件图，根据待测零件尺寸与精度要求选择合适的量具。

2. 用干净软布擦拭量具和零件；检查量具有无损伤、尺身移动是否灵活。

3. 测量前量具校零，检查并记录下量具原始误差值。

4. 按规范要求正确测量(图 5-1-7)、读取测量值。

5. 将相关数据填入表 5-1-1。实际测量时，对同一零件应多测几次，取其平均值以减小测量误差。核对测量的所有数据，注意是否有不正常或误检的数据。

表 5-1-1　游标卡尺测量报告单

测量项目	图纸尺寸	实测尺寸	超量值	是否合格
长度				
直径				
深度				
宽度				
测量零件名称______;游标卡尺参数:量程________,精度________				

6. 核对数据,判断零件尺寸是否合格。
7. 完成测量后,擦净游标卡尺,涂抹防锈保护油,妥善保管。

任务评价

1. 测量操作前,是否完成必要的的准备(如量具误差、清洁检查、量具精度选择等)。
2. 操作中,是否按规范正确进行。
3. 测量结果是否正确。
4. 是否遵守安全规范及岗位操作规程。

课后练习

1. 请选择一个最合适的答案。

(1) 图 5-1-8 所示游标卡尺游标上"×"处刻线对齐主尺的刻线,则此时测量读数为(　　)。

A. 30.35 mm　　B. 33.35 mm　　C. 33.175 mm　　D. 31.75 mm

(2) 图 5-1-9 所示游标卡尺游标上"×"处刻线对齐主尺的刻线,则此时测量读数为(　　)。

A. 35.25 mm　　B. 35.75 mm　　C. 35.175 mm　　D. 31.75 mm

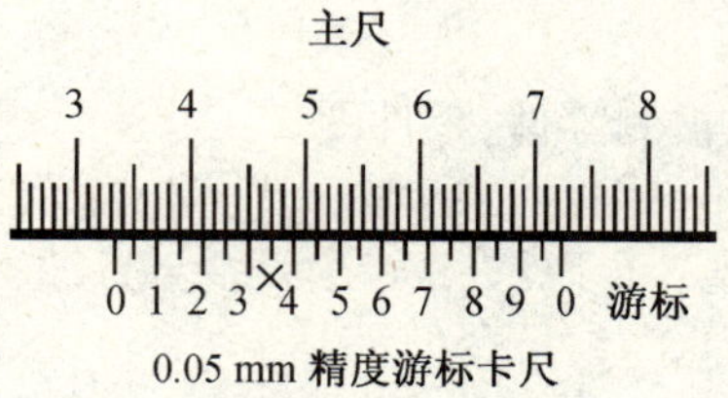

图 5-1-8

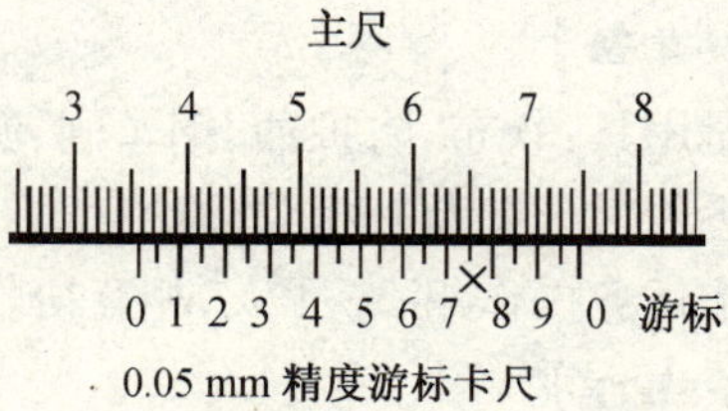

图 5-1-9

(3) 关于游标卡尺下列说法错误的是(　　)。

A. 测量前,应检查主尺与游标的零线是否对齐

B. 读数时,应使视线正对着刻度表面,以免造成读数误差

C. 可以用游标卡尺测量铸件、锻件表面及运动着的工作表面

D. 如因条件所限,一定要用游标卡尺测量精度要求高的零件,最好先用块规校对卡尺

误差，读数时将此误差考虑在内

(4) 0.1 mm 精度的游标卡尺，其主尺每格(　　)，副尺每格(　　)。

A. 0.9 mm/0.1 mm　　B. 1 mm/0.1 mm

C. 1 mm/0.9 mm　　D. 0.9 mm/1 mm

(5) 0.05 mm 精度的游标卡尺，其主尺每格(　　)，副尺每格(　　)。

A. 0.95 mm/0.05 mm　　B. 1 mm/0.90 mm

C. 1 mm/1.95 mm 或 0.95 mm　　D. 0.95 mm/1 mm

(6) 0.02 mm 精度的游标卡尺，其主尺每格(　　)，副尺每格(　　)。

A. 0.98 mm/0.02 mm　　B. 1 mm/0.02 mm

C. 1 mm/0.98 mm　　D. 0.98 mm/1 mm

(7) 三用游标卡尺通常不能用来测量(　　)。

A. 大于 300 mm 的尺寸　　B. 外径或长度

C. 孔径或槽宽　　D. 槽深或凸台高度

(8) 双面量爪游标卡尺通常不能用来测量(　　)。

A. 较大的尺寸　　B. 外径或长度

C. 槽深或凸台高度　　D. 孔径或槽宽

2. 游标卡尺的测量准确度为 0.01 mm，其主尺的最小分度的长度为 0.5 mm，试问游标的分度数(格数)为多少？以毫米为单位，游标的总长度可能取哪些值？

任务2 外径千分尺的使用

任务描述

对于尺寸精度要求更高的零件尺寸的测量，常用的是比游标卡尺测量精度更高的千分尺。本任务是完成用外径千分尺对零件的实际测量操作，分析测量结果，判定零件尺寸的合格性。

学习目标

1. 了解外径千分尺的结构组成、测量原理。

2. 能根据零件形状特征、尺寸精度要求，正确选用、使用外径千分尺测量，读取测量数值，处理误差获取真值。

3. 熟悉游标卡尺的维护、保养。

相关知识

千分尺也叫螺旋测微器，又叫分厘卡，分为外径千分尺、内径千分尺和深度千分尺，它们都是应用螺旋微动原理制成的精密量具，能达到 0.005～0.01 mm 的精度，它的规格依 25 mm间隔行程划分，测量范围有 0～25 mm，25～50 mm，50～75 mm，…，125～150 mm 等。一般测量尺寸公差 IT7～IT11 的零件尺寸，因此一些尺寸精度高的零件（如曲轴轴颈、活塞裙部、气阀杆部、凸轮轴颈等）的尺寸都采用千分尺测量。

各种千分尺的结构大体相似，读数原理基本相同。

1. 外径千分尺的结构

图 5-2-1 所示为外径千分尺的结构。活动量砧右端有一段螺距为 0.5 mm 的测微螺杆，活动套管与测微螺杆连成一体，套管沿圆周有 50 条等分线，固定套管在轴向刻有间距为 0.5 mm 的线条。

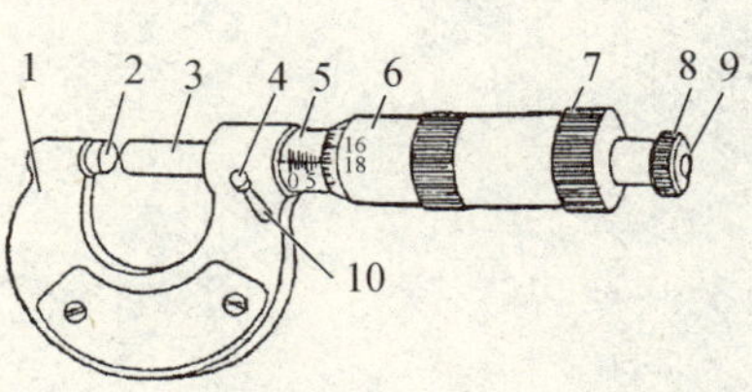

1-弓形架；2-固定量砧；3-活动量砧；4-偏心轴；5-固定套管；6-活动套管；7-罩壳；8-棘轮；9-螺钉；10-手柄

图 5-2-1 外径千分尺

2. 读数原理

螺旋测微器是依据螺旋放大的原理制成的，即螺杆在螺母中旋转一周，螺杆便沿着旋转轴线方向前进或后退一个螺距的距离。因此，沿轴线方向移动的微小距离，就能用圆周上的读数表示出来。

螺旋测微器的精密螺纹的螺距是 0.5 mm，活动套管上的刻度有 50 个等分刻度，活动套管旋转一周，测微螺杆可前进或后退 0.5 mm。因此旋转每个小分度，相当于测微螺杆前进或后退 0.5 mm/50＝0.01 mm。

可见，活动套管上每一小刻度表示 0.01 mm，所以螺旋测微器可准确到 0.01 mm。由于还能再估读一位，可读到毫米的千分位，所以叫千分尺。

测量时，当固定量砧与活动量砧并拢时，活动套管上刻度的零点若恰好与固定刻度的零点重合，则旋出测微螺杆，并使固定量砧和活动量砧的面正好接触待测长度的两端，那么测微螺杆向右移动的距离就是所测的长度。这个距离的整毫米数由固定套管上的刻度读出，小数部分则由活动套管刻度线正对固定套管基准线的数值读出，最后把两个读数相加即得。

如图 5-2-2 所示，子图(a)中固定套管上的整数值为 6 mm，小数部分为 0.01 mm×5.0＝0.050 mm，所以读数为 6.050 mm；子图(b)中固定套管上的整数值为 35.5 mm，活动套管上小数部分为 0.01 mm×11.5＝0.115 mm，所以读数为 35.615 mm。

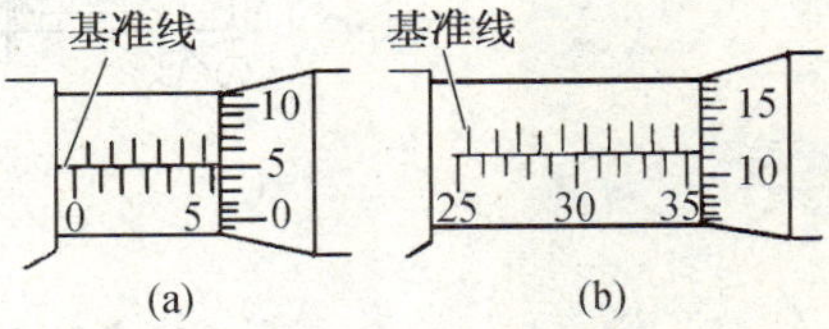

图 5-2-2　千分尺读法举例

当固定量砧与活动量砧并拢时，可动刻度的零点与固定刻度的零点若不相重合，将出现零误差，应加以修正，即在最后测长度的读数上去掉零误差的数值。

另外，在读数时要注意固定刻度尺上表示半毫米的刻线是否已经露出，千分位上的位估读数字也不能随便扔掉，即使固定刻度的零点正好与可动刻度的某一刻度线对齐，千分位上也应读取“0”。

3. 使用方法

(1) 外径千分尺的测量面应保持干净，使用前应校准尺寸。0～25 mm 外径千分尺应将两测量面接触，看一看活动套管上零线是否与固定套管上的基准线对齐。如果没有对齐，则松开罩壳，转动活动套管，使零线对齐，然后再拧紧罩壳。对于 25 mm 以上的外径千分尺，则应用盒内的校准棒进行校准。

(2) 应先将零件被测表面擦净，外径千分尺放正，然后才能进行测量。转动活动量砧，在活动量砧快靠近被测物体时应停止使用旋钮，而改用微调旋钮(棘轮 8)，避免产生过大的压力，听到发出“咔、咔”声时停止微调。

(3) 不得使用外径千分尺测量粗糙表面。不许在运动着的工件以及温度高的工件上测量。不准把千分尺当卡钳或榔头使用。

(4) 读数时，最好不要将外径千分尺从零件上取下。如确需取下千分尺读数，应先用制动器(偏心轴)将测量杆锁紧，然后轻轻地从零件上取出千分尺。

(5) 读数时应注意观察基准线上小数的数值，如大于 0.5 mm，读数时切勿遗漏。

(6) 外径千分尺使用完毕后，应用清洁的棉纱将其擦干净，涂上防锈油，放入盒中。

任务实施

【任务要求】

1. 了解外径千分尺的作用、结构、原理、测量范围、测量精度；正确使用外径千分尺测量和判定零件尺寸的合格性。

2. 精密测量工具，要轻拿轻放，不得碰撞或将其跌落到地下。

【任务准备】

1. 备好：软布、防锈油、外径千分尺、被测零件、零件图(图 5-2-3)。

2. 熟悉公差及其相关理论。

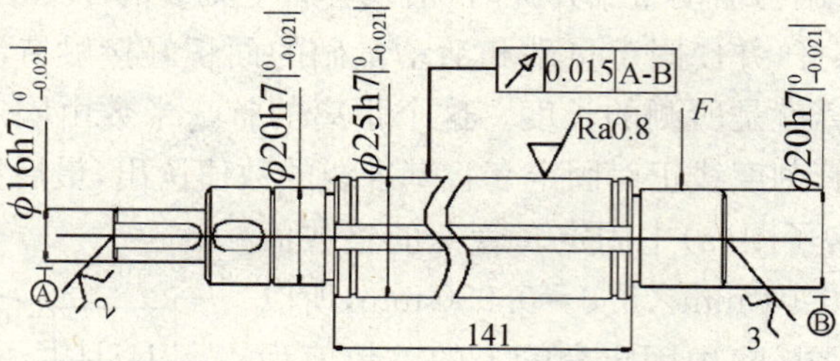

图 5-2-3 轴的零件图

3. 每个任务操作组 2～4 人，相互协作，互换角色，完成任务。

【任务操作】

1. 阅读零件图，根据测量零件的具体要求，选择合适规格的千分尺。

2. 测量前擦干净零件被测表面和千分尺的测量面。

3. 校对外径千分尺的零位。

4. 正确测量。如，测量轴的直径时，应在圆柱体不同截面、不同方向测量 3～5 个点，记录读数(如图 5-2-4(a))；测量轴的长度时，可沿圆周位置测量几个点，记录读数(如图 5-2-4(b))。

5. 分析测量数据，剔除粗大误差的测量值，然后将其余测量数据取平均值并与图纸要求比较，判断其合格性。

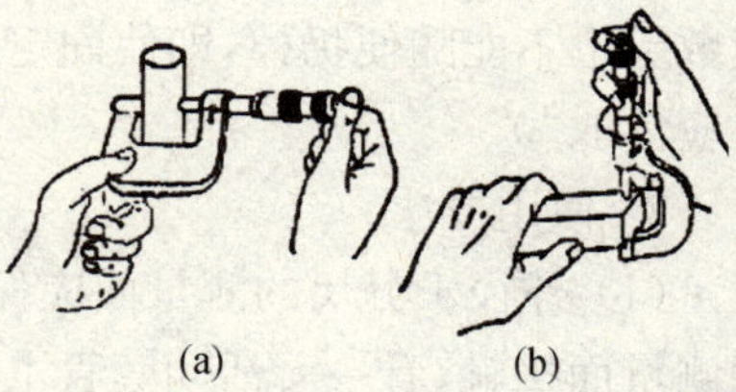

图 5-2-4 轴的直径和长度的测量示意图

外径千分尺测量报告单

测量零件(名称)	测量项目	图纸尺寸	实测尺寸	超量值	是否合格
	外圆 1				
	外圆 2				
	外圆 3				
	外圆 4				
外径千分尺参数：量程________，精度________					

6. 完成测量后，擦净外径千分尺，涂抹防锈油，妥善保管。

任务评价

1. 测量操作前，是否完成必要的准备(如，量具误差、清洁检查，量具精度选择，被测零件清洁等)。

2. 操作中,是否按规范正确进行。

3. 测量结果是否正确。

4. 是否遵守安全规范及岗位操作规程。

课后练习

1. 请选择一个最合适的答案。

(1) 图 5-2-5 所示千分尺的测量读数为(　　)。

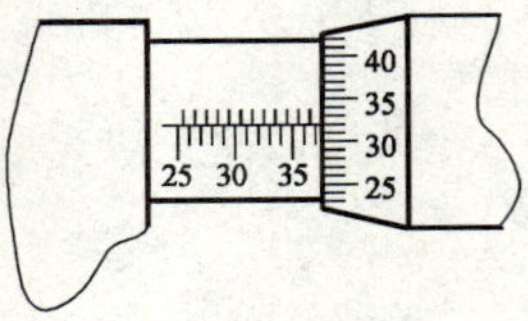

图 5-2-5

A. 35.82 mm　　B. 35.32 mm

C. 37.32 mm　　D. 37.82 mm

(2) 某千分尺有－0.005 mm 的误差,若测量读数为 90.010 mm,则真实尺寸为(　　)mm。

A. 90.010　　B. 90.005

C. 90.015　　D. 90.010～90.015

(3) 图 5-2-6 所示千分尺的测量读数为(　　)。

A. 40.87 mm　　B. 40.37 mm

C. 42.37 mm　　D. 42.87 mm

(4) 图 5-2-7 所示千分尺的测量读数为(　　)。

A. 35.37 mm　　B. 35.35 mm

C. 37.87 mm　　D. 37.37 mm

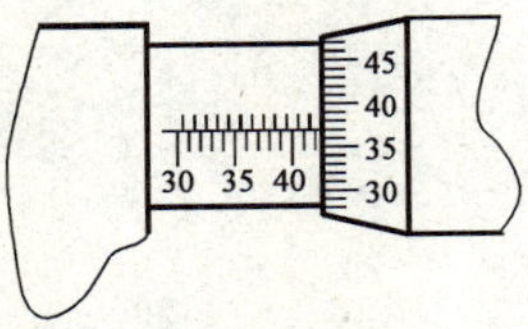

图 5-2-6

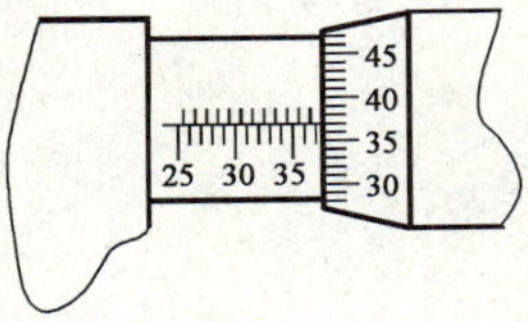

图 5-2-7

(5) 某千分尺有＋0.005 的误差,若测量读数为 90.010 mm,则真实尺寸为(　　)mm。

A. 90.010　　B. 90.005

C. 90.015　　D. 90.010～90.015

(6) 关于千分尺,下列说法错误的是(　　)。

A. 千分尺的测量面应保持干净,使用前应校准尺寸

B. 可以使用千分尺测量粗糙表面或带有研磨剂的表面,可以测量运动表面和高温表面

C. 最好在千分尺与工件保持接触的状态下读数；读数时切勿漏掉 0.5 mm 的数值

D. 测量前，应注意把零件被测表面擦干净；测量时，千分尺必须放正

(7) 一千分尺的活动量砧上螺纹的螺距为 0.5 mm，当活动套管转过本身一小格刻度时，两测量端间距离的改变量是（　　）。

A. 0.5 mm　　　　B. 0.01cm

C. 0.008 mm　　　　D. 0.01 mm

2. 测量长(宽)度和外径时应该根据哪些因素选择游标卡尺和外径千分尺？

项目六 单级活塞式压缩机工作过程分析

项目描述

工程热力学基本概念包括热力系的定义、工质、热力系状态和状态参数、过程和循环、功和热等。本项目以船舶压缩机压缩过程为例，分析过程融入诸多热力学概念，通过图示法比较船舶压缩机绝热压缩过程和等温压缩过程中所耗技术功的大小，在压缩机实际工作过程中，提出采取哪些手段可以提高压缩机效率。

任务1 热力学概念的应用

任务描述

本任务详细介绍热力学基本概念，要求学生熟练掌握这些概念，为后续课程的学习奠定基础。通过建立单级活塞式压缩机的热力学模型，以热力学概念描述压缩机工作状况，使学生进一步了解掌握基本概念的重要性。

学习目标

1. 熟悉热力系划分依据、六个状态参数和两个过程量的性质和应用。
2. 了解正循环和逆循环的概念。
3. 能够正确地将热力学基本概念应用到工程实例中。

相关知识

1. 热力系

在对现象进行热力学分析时，根据研究问题的需要，人为地选取一定范围内的物质作为研究对象，这个研究对象称为热力学系统，简称系统或热力系。热力系周围的物质称外界。热力系与外界的分界面称为边界。此边界可以是真实的，也可以是假想的；可以是固定的，也可以是运动的。

一般情况下，热力系与外界处于相互作用中，彼此可以通过边界进行物质交换和能量交换（功交换、热量交换）。按交换情况的不同，外界可分为3类：

1）热源。仅与系统有热量交换的外界。热源分为高温热源和低温热源（又称冷源），一般认为热源的热容量无限大，即其温度不因吸热或放热而变化，故又称恒温热源。

2）功源。仅与系统有机械能交换的外界。

3）质源。仅与系统有工质交换的外界。

按热力系与外界的交换，热力系可分为4种：

1）封闭系。指热力系与外界无物质交换，如图6-1-1所示。例如柴油机膨胀、压缩过程中，整个制冷系统可视为封闭系。

2）开口系。指热力系与外界有物质交换，如图6-1-2所示。开口系通常总是取相对固定的空间，故又称控制体积系统。例如有气体进出的管道、工作中的柴油机、运行中的锅炉、汽轮机等可视为开口系。

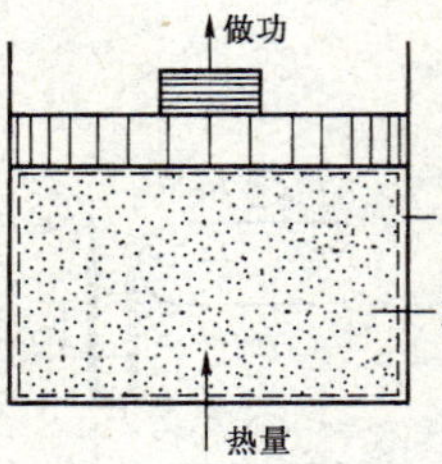

图 6-1-1　封闭系

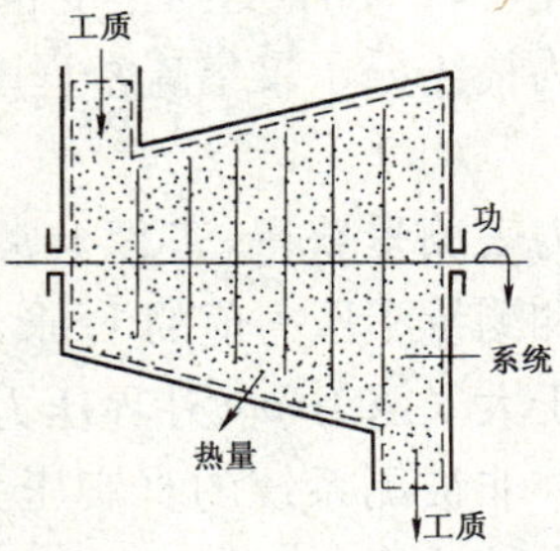

图 6-1-2　开口系

3) 绝热系。指热力系与外界无热量交换。当物质流进、流出系统的流速很高，来不及进行热交换或微小热量交换可忽略时，系统理想化为绝热系。如进出燃气轮机、喷管等的气流可视为绝热系。

4) 孤立系。热力系与外界无任何能量和物质交换。

2. 工质

工质是热力系内所用的能量转换的媒介物质，如内燃机中的燃气、制冷机中的制冷剂等，它们是实现能量转换必不可少的内部条件。

将机械能转换为热能是很容易实现的，但若将热能转换为机械能，则只能在热能动力装置中，必须通过工质的受热膨胀实现。因此，热能动力装置中作为工质的物质必须具备良好的膨胀性、压缩性和流动性，即工质呈气(或汽)态。

制冷装置中单位质量的制冷剂工质潜热交换远大于显热交换，为了更好地实现热量的交换，工质就必须具有低沸点，容易实现液态与气态的转换。

3. 状态参数

处于热力平衡态的系统，只要不受外界影响，它的状态就不会随时间改变，平衡不会自发地破坏，这是热力学平衡态的特点。系统的每一平衡态有且只有一个状态参数。工程热力学中常用的状态参数有六个，即压力、比容、温度、内能、焓和熵。当系统从初态变为终态时，状态参数的变化量只与系统的初、终状态有关，而与达到这一状态的路径无关。

在常用的六个状态参数中，压力、温度和比容可通过仪器直接观察或测量获得且使用最多，它们被称为基本状态参数。其余状态参数可根据基本状态参数间接计算获得。

1) 比容

一定质量(符号为 m，单位为 kg)的工质所占有的空间称为工质的容积(即系统空间)，用符号 V 表示，单位是 m^3。比容是指单位质量工质所占的容积，则其定义式为

$$v=\frac{V}{m}$$

比容 v 的单位为 m^3/kg。不难看出，比容的倒数即为密度 ρ

$$\rho=\frac{m}{V}=\frac{1}{v}$$

即工质在状态变化中，比容不变则密度也不变，反之亦然。从微观意义上讲，对一定气体而言，密度、比容均为描绘分子聚集疏密程度的物理量。

2）压力

压力可由压力表测量获得，工程上常用的压力表有弹簧管式压力表和测量小压力值的U形液柱式压力表。压力表本身常处于大气压力 p_b（外界压力）的作用下，表上所指示的压力并非被测系统的真实压力，而是系统压力与当地大气压力的差值。

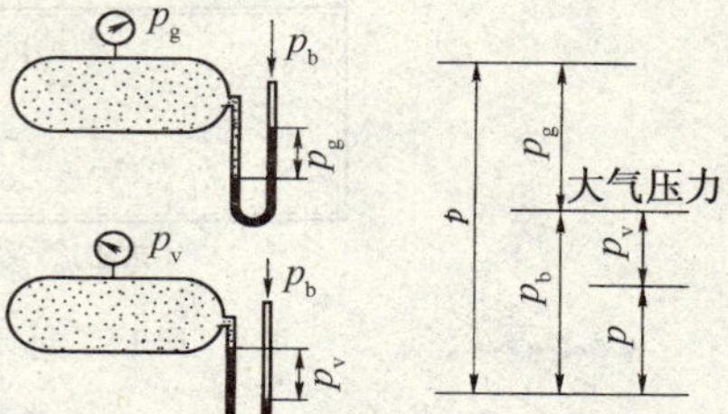

图 6-1-3 压力关系换算示意图

U形液柱式压力表如图 6-1-3 所示，当系统压力与环境压力不等时，可由U形管两边液柱的高度差 H 读出系统与大气压 p_b 间的压差。

系统内工质的真实压力称绝对压力 p。

当绝对压力 p 高出当地大气压 p_b（$p > p_b$）时，压力表指示的读数即为绝对压力高出大气压的压力差，称为表压力 p_g，于是

$$p = p_b + p_g \tag{6-1-1}$$

当绝对压力低于当地大气压（$p < p_b$）时，压力表指示的读数是当地大气压与绝对压力的差值，称为真空度 p_v，于是

$$p = p_b - p_v \tag{6-1-2}$$

真空度亦即负表压，真空度越大则绝对压力越小。

当地大气压力值不能是负值，大气压力也可用压力表测定，其值随测定时间、地点而异。物理学中，把纬度 45° 的海平面上常年平均大气压定为标准大气压，标准大气压力值为 760 mm水银柱高度，它相当于 0.101 3 MPa；将压力为 1 标准大气压（1 atm）、温度为 0 ℃的状况称为标准状况。

如图 6-1-3 所示，表压力和真空度均是以大气压作为基准的，是指绝对压力与大气压力之差。即使绝对压力不变，若大气压力变化，表压力或真空度也会发生变化。绝对压力是以绝对真空作为基准的，只有绝对压力才能表征工质状态的状态参数，在热力学中仅以绝对压力作为计算依据。

3）温度

温度是描述热平衡物体宏观特性的物理量。按分子运动论，气体的温度是气体内部分子平均动能的度量。具体来说，温度与物体分子的平均动能成正比，即气体的温度越高，其分子的热运动就越剧烈。温度的数量表示法称为温标，常用的温标有三种：摄氏温标、华氏温标和热力学温标。温标的建立一般需要选择测量手段、规定基准和分度方法。

4. 热力过程

热能与机械能的相互转化必须通过工质的状态变化才能实现。热力系从一个状态向另一个状态变化时所经历的全部状态的总和称为热力过程，简称过程。实际热力过程非常复杂，热力学中为了方便研究，通常建立热力过程的理想化的物理模型。准静态过程和可逆过程就是在工程热力学中具有特殊意义的两种理想化的模型。

1）准静态过程

热力系从一个平衡状态连续经历一系列平衡的中间状态过渡到另一个平衡状态的过程称为准静态过程。也就是说，在准静态过程进行的每一个瞬间，系统内部均可以看作平衡状态。热力系实现准静态过程的条件是，让实际过程在进行得足够缓慢的极限情况下，使推动过程的不平衡势为无限小而足够接近平衡态。

2）可逆过程

准静态过程只是为了对系统的热力过程进行描述而引出的一个概念，但当研究涉及系统与外界的机械能和热能交换时，即涉及热力过程能量传递的计算时，就必须引出可逆过程的概念。可逆过程定义为：系统经历一过程后，如令过程沿原来路径逆行而能使系统与外界同时恢复到原来状态且系统和外界都不留任何痕迹，则这一过程称为可逆过程。不满足该定义的过程称不可逆过程。

5. 热力循环

热力循环是指工质从某一初态出发经一系列状态变化后又回到原来初态的热力过程，即封闭的热力过程，简称循环。系统实施循环的目的是为了实现预期的连续的能量转换。

完成一个循环后，工质所有的状态参数虽没有变化，但系统既从外界输入能量也输出能量。循环有两大类，按不同的分类角度有不同的类型名称。按平衡性分为可逆循环和不可逆循环。按循环效果来分，将热能转化为机械能的循环称动力循环，它使系统净功量为对外界输出；将热量从低温热源传给高温热源的循环称制冷循环或热泵循环，如图 6-1-4 所示。

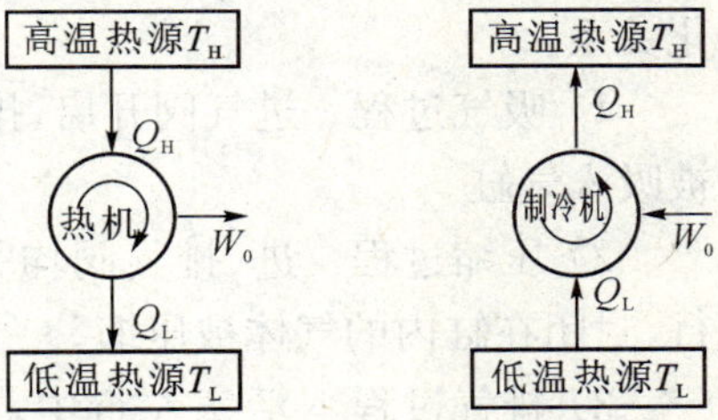

图 6-1-4　两种热力循环的能量交换

6. 功与热

热力过程中，热力系与外界之间的能量交换有两种形式，一种是做功，一种是传热。

1）功

热力系可用不同的方式与外界发生功的交换，能量形式的转换常常是通过气体体积的变化实现的，工程热力学中，将仅由于系统容积变化而通过边界与外界交换的功称为容积功。容积功在工程热力学中具有重要意义，它是封闭系对外交换的全部机械能。

系统从状态 1 变化到状态 2 时

$$W = \int_1^2 p\mathrm{d}V \tag{6-1-3}$$

式中，W 表示质量为 m 的工质的系统可逆过程所做容积功。热力学中规定，系统膨胀时对外界做的功取正值，工质被压缩时外界对系统做的功为负值。

另一种常见的功是技术功，工质流经开口系统而引起的进、出口流动宏观动能的变化量与宏观位能的变化量以及通过传动轴与外界交换的轴功之和，称为技术功 W_t。即系统从状态 1 变化到状态 2 时

$$W_t = -\int_1^2 V\mathrm{d}p \tag{6-1-4}$$

式中：W_t表示质量为 m 的工质的系统可逆过程所做的技术功。从式(6-1-4)可以看出，系统压力减小时，技术功为正，反之为负。

2）热

系统与外界因存在温差而通过边界传递的能量称为热量。热量总是自发地从高温处传递到低温处，即温差是热量传递的驱动力。热力学中规定：热力系吸热取正值，放热时取负值。

任务实施

建立单级活塞式压缩机的热力学模型，以热力学概念描述压缩机的工作状况。

【任务要求】

1. 理解热力学基本概念的含义和用途。
2. 用基本概念分析单级活塞式压缩机的压缩过程。

【任务准备】

图 6-1-5 表示单级活塞式压缩机工作过程，它反映压缩机工作过程中活塞处于不同位置时气缸体积与缸内工质压力变化关系。

1）吸气过程　进气阀开启，排气阀关闭，活塞向右行，气体被吸入气缸。

2）压缩过程　进、排气阀均关闭，活塞在外力推动下向左行，封闭在缸内的气体被压缩。

3）排气过程　活塞左行中，当压力大于储气瓶内的压力时，排气阀开启，压缩气体排至储气瓶中。

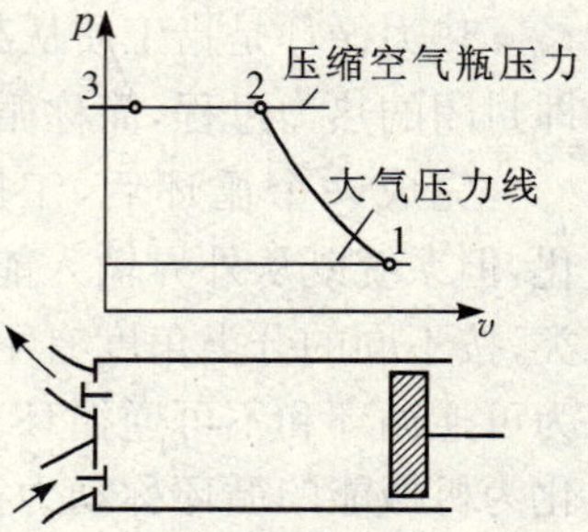

图 6-1-5　压缩机工作过程

【任务操作】

1. 热力系分析：为了分析计算压缩机工作的机械能消耗，从单级活塞式压缩机的工作过程来看，把气缸空间作为研究对象，即为热力系。若考虑进气、排气，则压缩机是个开口系；若关闭进气阀和排气阀，则压缩机是个封闭系。如果忽略压缩机工作过程与外界的热量交换，则压缩机是个绝热系。

2. 工质分析：单级活塞式压缩机气缸内气体是压缩机工作的对象，是压缩机耗功的载体，即为工质。常见工质为空气、制冷剂气体等。

3. 状态参数分析：压缩机进、出口气体宏观状况分别用初始状态“1”、终点状态“2”表示，其具体用状态参数 p_1，t_1，v_1和 p_2，t_2，v_2等表示。

4. 过程分析：压缩机吸入气体工质将其压缩后，一般工质的压力从 p_1提高到 p_2，这是压缩机的目的；温度从 t_1升至 t_2，比容由 v_1降至 v_2。

气缸中活塞运动的平均速度一般为每秒几米，但气体中使压力不平衡趋向平衡的压力波的速度为音速，一般为每秒几百米，因此压缩过程进行的时间远大于气体状态恢复的时间，这样的过程完全可以看作准静态过程；因为气体内部以及气缸运动存在摩擦，在活塞往复运动过程中会有一部分机械能转化成热量散失于空气中，这部分热量是比较少的，若摩擦等耗散忽略不计，这一过程可看作可逆过程。

5. 能量分析：压缩机完成吸气、压缩和排气等全部工作，外界对压缩机所做的理论功是开口系消耗的机械能，即系统的技术功。该部分技术功用于工质压力提高、内能增加、工质流动和工质散热上，若工作过程为不可逆过程，则还有能量消耗在摩擦等耗散损失上。

如只计量压缩机压缩过程消耗的能量，则该能量是封闭系消耗的机械能，即为系统的容积功。

任务评价

能够用热力学概念分析压缩机的工作过程，从不同的角度建立热力学模型，使研究问题更加方便。

任务拓展

可逆过程的意义

实际过程都存在各种不可逆因素，都是不可逆过程。因为不可逆过程的不可逆程度和不可逆因素的复杂性，分析、计算实际不可逆过程往往相当困难，为简便起见，通常把实际过程简化后当作可逆过程进行分析计算，然后用一些经验系数加以修正，这正是引出可逆过程的实际意义所在。另外，由于可逆过程是不引起任何热力学损失的理想过程，是能量转换程度最高的过程，因而将可逆过程作为热力设备实际过程中能量转换效果的比较标准和极限。根据理想过程分析评价热力设备和装置的质量和效率，从而提出改善的途径，这正是工程热力学的主要任务之一。因此，研究可逆过程在理论上具有十分重要的意义。

课后练习

1. 请选择一个最合适的答案。

(1) 运行中的锅炉是(　　)。

A. 开口系　　B. 闭口系　　C. 绝热系　　D. 孤立系

(2) (　　)全部为状态参数。

A. 温度、压力、比体积变化功　　B. 比熵、比热力学能、比焓

C. 比熵、比热力学能、热量　　D. 比焓、温度、比技术功

2 闭口系与外界无物质交换，系统内质量将保持恒定，那么，系统内质量保持恒定的热力系一定是闭口系吗？

3. 有人认为，开口系与外界有物质交换，而物质又与能量不可分割，所以开口系不可能是绝热系。这种观点对不对？为什么？

4. 系统经历一可逆正向循环及逆向可逆循环后，系统和外界有什么变化？若上述正向及逆向循环中有不可逆因素，则系统和外界有什么变化？

5. 工质及气缸、活塞组成的系统经循环后，系统输出的功中是否要减去活塞排斥大气功才是有用功？

任务2 压缩机压缩过程的选择

任务描述

图示法是研究热力学的一个重要方法，它的特点是直观、准确。本任务将单级活塞式压缩机的压缩过程进行理想化，通过图示法比较压缩过程耗功，用于指导压缩机的实际工作。

学习目标

1. 熟悉热力学图示法，能利用图示法进行分析、计算。
2. 掌握 p-v 图和 T-s 图的功和热量表示方法。
3. 会使用 p-v 图和 T-s 图分析压缩过程的功和热。

相关知识

1. 状态参数坐标图

热力系的各状态参数分别从不同角度描述系统的某一宏观特性，那么，要想确定系统的平衡状态，需要多少独立参数呢？状态公理指出：简单可压缩热力系平衡状态的两个独立状态参数可确定其热力系状态。换句话说，简单热力系的任意三个状态参数间必存在着某种函数关系，即

$$f(p,\ v,\ T)=0$$

此式建立了压力、温度、比容这三个基本状态参数之间的函数关系，称为工质的状态方程。状态方程虽然精确，但是计算比较繁琐，除了方程之外，还可以用状态参数坐标图的形式表示状态参数之间的关系，分析能量转换的数量关系。

状态参数坐标图示意义为：

1）点表示平衡状态。

2）准静态过程和可逆过程可以用一条连续的曲线表示，不可逆过程只是用虚线示意。

3）根据循环的定义，热力循环在状态参数坐标图中显现为一封闭的过程线。如图 6-2-1 所示为一可逆循环，封闭过程沿 1—A—2—B—1 方向（即顺时针方向）进行的循环称正循环；反之，逆时针方向进行的循环称逆循环。

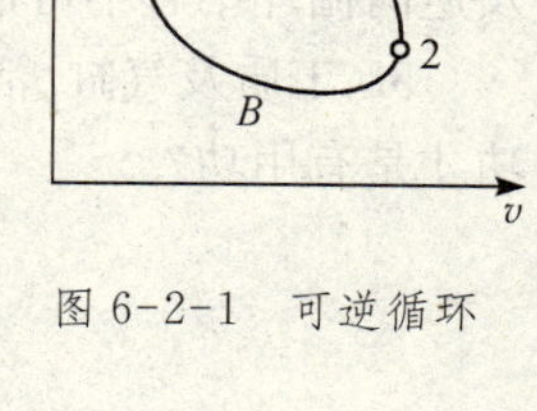

图 6-2-1 可逆循环

2. *p-v* 图和 *T-s* 图上系统与外界交换的能量

1) *p-v* 图上可逆过程容积功和技术功的表示方法

容积功指在封闭系中因为体积改变引起的功量，其可逆过程由公式 $W=\int_1^2 p\mathrm{d}v$ 得出，在 *p-v* 图上画出任一可逆过程的过程线 1—2，由容积功的公式可得出 1—2 可逆过程线下面的阴影面积 12341 表示可逆过程中系统与外界交换的容积功，如图 6-2-2 所示。

技术功指在开口系中技术上可资利用的功，其可逆过程由公式 $W_t=-\int_1^2 v\mathrm{d}p$ 得出，1—2 可逆过程线左边的阴影面积 12561 表示可逆过程中系统与外界交换的技术功的大小，如图 6-2-3所示。

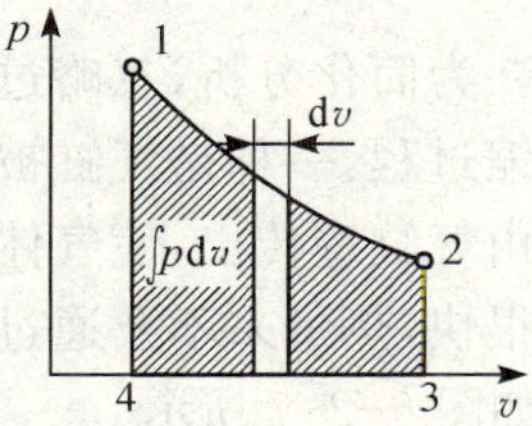

图 6-2-2　任意可逆过程容积功

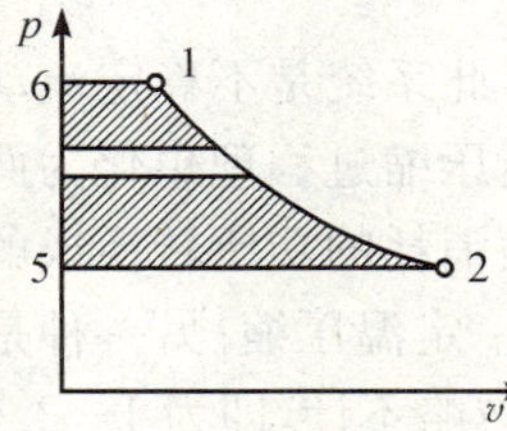

图 6-2-3　任意可逆过程技术功

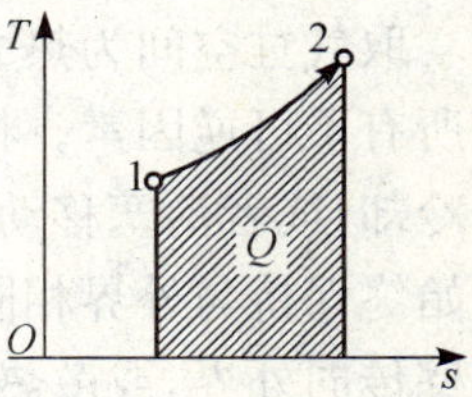

图 6-2-4　温熵图中热量的大小

2) *T-s* 图上可逆过程热量的表示方法

可逆过程中，状态参数熵的定义是 $\mathrm{d}s=\dfrac{\mathrm{d}Q}{T}$，将该式积分可得 $Q=\int_1^2 T\mathrm{d}s$，由于状态参数是温度 T 和熵 s，所以用温熵图表示热量的大小。在 *T-s* 图上任意画出过程线 1—2，显然，1—2过程曲线与横坐标所包围的面积即为该过程所交换的热量。如图 6-2-4 所示，当熵增大时，热量为正，即系统吸热；当熵减小时，热量为负，系统对外放热。

3) 图示法中可逆循环的功和热的表示方法

在 *p-v* 图和 *T-s* 图上任意画出一个循环曲线 *abcda* 和 *ABCDA*，如图 6-2-5 和 6-2-6 所示。以容积功为例，在 *p-v* 图上，可逆过程 *a*—*b*—*c* 体积增大，系统对外做功，功值为正，大小为曲线 *abc* 与横坐标包围的面积；可逆过程 *c*—*d*—*a* 体积减小，外界对系统做功，功值为负，大小为曲线 *cda* 与横坐标包围的面积。将两个面积进行相加，得出循环净功为曲线 *abcda* 所包围的面积。技术功的分析过程同上，曲线 *abcda* 所包围的面积也表示该循环技术功的大小，因此可以得出，对一个无摩擦的内平衡的循环，容积功与技术功相等。

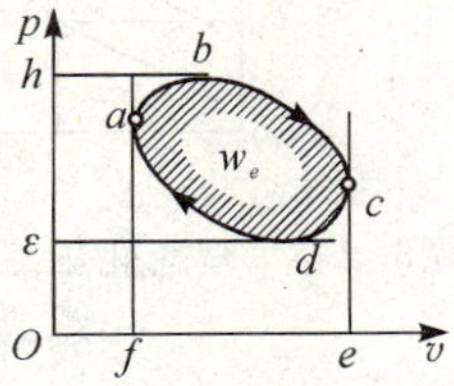

图 6-2-5　可逆循环的功

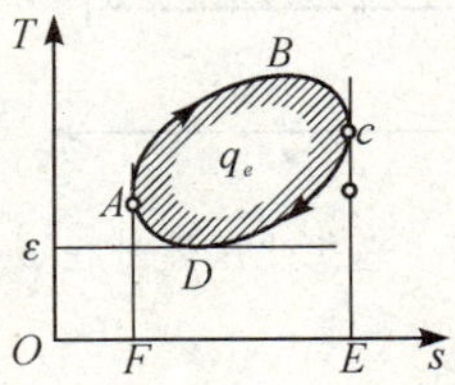

图 6-2-6　可逆循环的热

可逆循环的热量可用温熵图中循环曲线 *ABCDA* 包围的面积表示，如图6-2-6所示，读者可参照上述过程自行分析。

任务实施

将单级活塞式压缩机的压缩过程进行理想化，通过图示法得出哪个过程耗功最少。

【任务要求】

1. 能够进行压缩机压缩过程分析。

2. 通过状态参数图比较压缩机压缩过程。

【任务准备】

1. p-v 图上容积功和技术功的表示方法。

2. T-s 图中热量的表达方法。

【任务操作】

取气缸空间为热力系，实际上，此系统是不稳定流动的开口系。为简化分析，忽略过程中所有不可逆因素。将实际不可逆压缩过程理想化为两种可逆压缩过程：一种是气缸被充分冷却，或者活塞移动很缓慢，压缩消耗的功所转换成的热量随时由气缸壁传出，使气体温度始终保持与外界相同，即为 $1—2_T$ 定温压缩；另一种是活塞移动很快，热量来不及通过气缸壁传向外界，或散热量很小可以忽略不计，即为 $1—2_s$ 绝热压缩，如图 6-2-7 所示。

1. 单级活塞式压缩机的 p-v 图分析

对于单级活塞式压缩机，由于压缩机是开口系，所以耗功量为技术功，理想化后的压缩过程如图 6-2-7 所示。图中曲线左边部分面积为技术功大小。显然，只要初、终压力相同，绝热压缩过程所消耗的功比定温压缩过程多。因此，可对压缩机气缸加强冷却，使实际的压缩过程尽量接近于定温压缩，能够减少压缩机耗的功。此外，从图上还可以看出，绝热压缩后气体比容较大，因而占用较大储气罐容积，这也是不利的。

2. 单级活塞式压缩机的 T-s 图分析

压缩机的气缸中活塞往复运动通过润滑油进行润滑，合适的压缩终点温度可以保证活塞环在气缸壁上得到正常的润滑，若压缩终点温度过高，会引起润滑油自燃，造成压缩机爆炸。单级活塞式压缩机的 T-s 图如 6-2-8 所示，在初、终压力相同时，等温压缩过程终点温度低于绝热压缩过程终点温度，因此等温压缩有利于压缩机的安全运行。

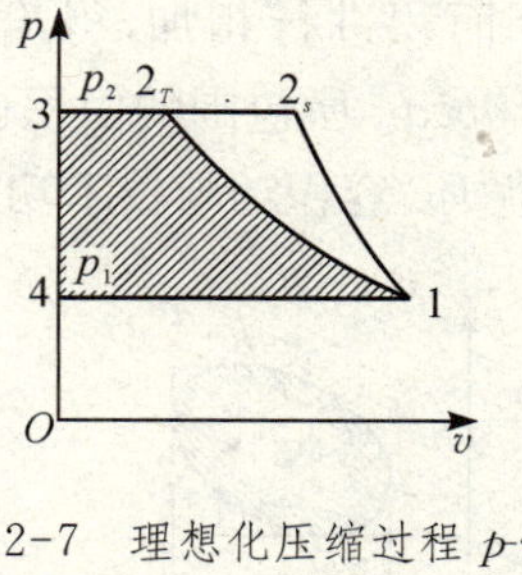

图 6-2-7 理想化压缩过程 p-v 图

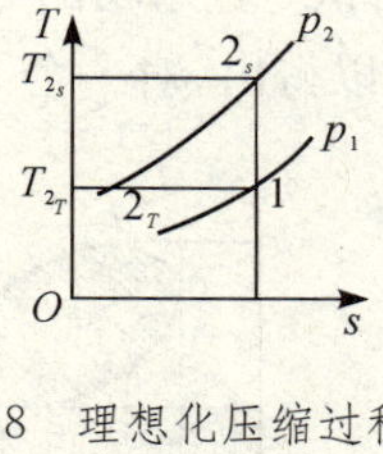

图6-2-8 理想化压缩过程 T-s 图

任务评价

在理解热力学基本概念的基础上，能将图示法应用于压缩机的做功过程分析中。

任务拓展

热力状态分析中，常有保持某一状态参数不变的状态过程，如典型的基本热力过程有定温、定压、定容和绝热过程。

定温过程是工质状态变化时温度保持不变的过程。工程上，若过程进行得慢，工质与外界热交换良好，则这种热力过程可作为定温过程处理。

压力保持不变的过程称为定压过程。工程上实际使用的加热器、冷却器、锅炉、蒸发器等换热设备是在接近于定压情况下工作的。

比容保持不变的过程称为定容过程。如，一定量的气体在刚性密闭容器内吸热或放热时为定容过程。

在状态变化过程的任一瞬间，系统与外界没有热量交换的热力过程称绝热过程。如汽轮机中蒸汽还没有来得及与外界交换热量，就可以完成工作过程。各基本可逆过程状态参数的 p-v 图和 T-s 图如 6-2-9 所示。

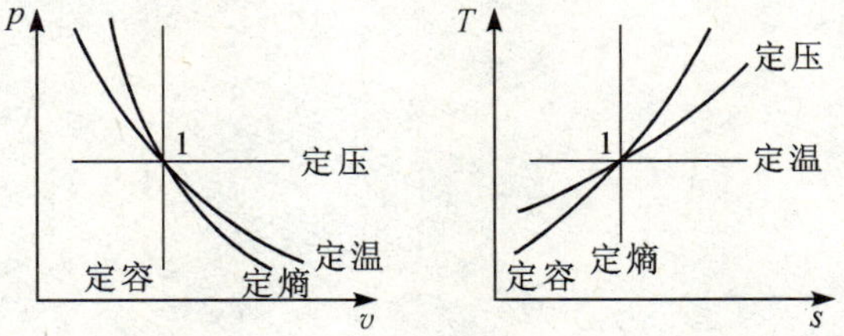

图 6-2-9　典型热力过程的 p-v 图和 T-s 图

图 6-2-9 中，在 p-v 图上等温过程线为双曲线的一支，绝热过程曲线比等温过程曲线更陡一些。在 T-s 图上定压线类似于定容线，均为正斜率的上翘指数曲线，但定压线斜率比定容线小，即定压线比定容线平坦。

课后练习

1. 请选择一个最合适的答案。

(1) 在 p-v 图上，某比容减小的理想气体可逆过程线下的面积表示该过程中系统所(　　)。

A. 做的膨胀功的大小　　B. 消耗的外界功的大小

C. 做的技术功的大小　　D. 消耗的热量

(2) 在 T-s 图上，一个熵增加的理想气体可逆过程线线下阴影面积表示该过程中系统所(　　)。

A. 吸收的热量　　B. 对外做的功

C. 放出的热量　　D. 消耗的外界功

(3) 活塞式压缩机(　　)压缩时消耗功最小，(　　)压缩时消耗功最大。

A. 定温/绝热　　B. 绝热/定温

C. 多变/定温　　D. 多变/绝热

(4) 为降低活塞式压气机的耗功，应尽量采用(　　)压缩过程。

A. 等容　　　　　　　　　　　　　　　　B. 绝热

C. 等温　　　　　　　　　　　　　　　　D. 多变

(5) 在单级活塞式压缩机的实际工作 p-v 示功图中，活塞往复运动一次所消耗的机械功可用示功图上(　　)表示。

A. 压缩过程线左侧的面积　　　　　　　　B. 所有工作过程线包围的面积

C. 压缩过程线下方的面积　　　　　　　　D. 压缩过程线与排气过程线下侧的面积

项目七
理想气体热力性质参数的获取与应用

项目描述

在工程中，某些状态下有的工质可以对其进行理想简化，从而更便于定性分析热现象，或定量导出状态参数之间的简单函数关系，且不至于引起太大误差，这样的工质被称为理想气体，例如内燃机中的燃气、高压氮气瓶中的氮气等。熟悉理想气体的性质特点，对于船舶设备而言非常重要。本项目是在认识理想气体热力性质特点的基础上，求解其主要性质参数并利用理想气体性质解决实际问题。

任务1 制冷系统的充气检漏

任务描述

本任务通过船舶制冷设备维修过程充入高压氮气的检漏计算，熟悉理想气体性质的应用。

学习目标

1. 熟悉理想气体模型，能够由理想气体模型得出理想气体方程；熟悉理想气体状态方程及其实际工程应用。

2. 能根据解决问题的需要，正确地选择、测量、读取相关热力参数。

相关知识

1. 理想气体概念

工程上通常把刚从液态转变过来的气态物质称为蒸汽，而把距离液态较远的气态物质称为气体。由于气体距离液态较远，分子间的距离较大，分子本身的体积与气体所占的容积相比小到可以忽略不计，分子间的内聚力也小到可以忽略不计。根据这种情况，气体分子运动论对气体的分子模型作了抽象的假设：气体的分子如同弹性小球，分子间的内聚力和分子本身的体积可以忽略不计。这种气体就是理想气体。

能否把某一状态的气体看作理想气体，一方面取决于它与理想气体分子模型的接近程度，一般说来，同一种气体，当它的温度越高、压力越低或比容越大，即距离液态越远时，越接近理想气体；另一方面决定于计算所要求的准确度。由于理想气体的定律和状态方程非常简单，便于计算，船舶动力装置中所用的空气和燃气以及空气中所含的水蒸气均可按理想气体进行计算，所以研究理想气体有很大实用价值。

2. 理想气体状态方程

平衡态时，理想气体温度、压力和比体积的一般关系式即理想气体状态方程，亦称为克拉贝龙(Clapeyron)方程。对质量为 m(kg)的气体，理想气体状态方程为

$$pV = mRT \tag{7-1-1}$$

式中：p 为绝对压力，Pa；V 为容积，m^3；R 为气体常数，J/(kg · K)；T 为热力学温度，K。

对物质的量为 n(kmol)的气体，有

$$pV = nR_mT \tag{7-1-2}$$

式中：R_m为通用气体常数，J/(kmol·K)。

阿伏伽德罗定律指出，在同压、同温下，各种气体的摩尔体积都相同。在物理标准状态（$p_0=1.013\ 25\times10^5$ Pa，$T_0=273.15$ K）下，1 mol 各种气体的体积同为 0.022 414 m^3，故有

$$R_m = \frac{p_0V_{m0}}{T_0} = 8\ 314\ \text{J/(kmol·K)}$$

对不同的气体，气体参数 R 有不同的值，可由下式确定

$$R = \frac{R_m}{M} \tag{7-1-3}$$

可见，理想气体的通用气体常数 R_m 是一个既与状态无关，也与理想气体种类无关的普适恒量。理想气体常数 R 则仅取决于气体的种类（性质），与气体状态无关。

3. 理想气体的内能、焓和熵

采用定值比热时，内能和焓的变化量可按下式计算

$$\Delta u = c_v(T_2 - T_1) = c_v \cdot \Delta T \tag{7-1-4}$$

$$\Delta h = c_p(T_2 - T_1) = c_p \cdot \Delta T \tag{7-1-5}$$

式(7-1-4)和(7-1-5)表明，气体状态参数中内能和焓的变化取决于初、终状态的温度值，它适用于理想气体的任何过程。

按定值比热近似计算理想气体的熵变为

$$\Delta s = c_v\ln\frac{T_2}{T_1} + R\ln\frac{v_2}{v_1} = c_p\ln\frac{T_2}{T_1} - R\ln\frac{p_2}{p_1} = c_v\ln\frac{p_2}{p_1} + c_p\ln\frac{v_2}{v_1} \tag{7-1-6}$$

熵是状态参数，与内能和焓一样，在任意过程中的熵变化量只与初、终状态有关，与过程无关，所以上述熵变量的计算式适用于理想气体的任意过程。

任务实施

【任务要求】

1. 了解船舶制冷装置充高压氮气检漏的原理。
2. 会用理想气体状态方程进行计算。

【任务准备】

1. 理想气体状态方程。
2. 检漏过程所需设备：压力表、温度计等测量仪器和高压氮气瓶等。
3. 任务对象：制冷装置系统。

【任务操作】

1. 试压前的准备

(1) 除机组本身与外界间的阀门关闭外，其他所有手动阀门均应开启，以保证试压时管

路的畅通。

(2) 电磁阀、单向阀和膨胀阀等阀门的阀芯应取出并编号保存，试压后重新安装。

(3) 连接真空泵，将系统抽真空。

2. 向已被抽真空的制冷系统充入用于检漏的高压氮气，充入氮气后系统的压力不能太大，否则容易使制冷系统部件损坏。稳定后测量必要的参数：制冷系统压力 $p_1=1.1$ MPa，温度 $t_1=14$ ℃($T_1=287$ K)，充入氮气质量 $m_1=9.7$ kg。放置 24 h 后重新测量：制冷系统压力 $p_2=1.05$ MPa，温度 $t_2=8$ ℃($T_2=281$ K)。

3. 查算出相关量：首次充入系统中的容积空间

$$V=\frac{m_1RT_1}{p_1}=0.750\ 63\ \mathrm{m}^3$$

24 h 后氮气的质量：$m_2=\dfrac{p_2V}{RT_2}=9.445$ kg。

4. 结果分析：依据 m_1 和 m_2 可知 24 h 后的系统漏气量为 0.255 kg，说明系统仍然不密封，有少量泄漏。

制冷系统规定：若系统 24 h 内压降超过 $\Delta p=p_1\left(1-\dfrac{T_2}{T_1}\right)$，则需重新检漏，参照上式压降标准为 0.03 MPa，而本任务中压降为 0.05 MPa。

任务评价

能够对制冷系统管道内的密封性进行计算和分析。

任务拓展

根据理想气体状态方程和状态变化过程特征，理想气体典型过程的基本状态参数之间的关系有：

定温过程，即 $T=$定值，代入理想气体状态方程 $pv=RT$，得

$$pv=\text{定值},\ p_2v_2=p_1v_1 \tag{7-1-7}$$

因此，理想气体定温过程中气体的绝对压力与比容成反比(波义耳-马略特定律)。

定压过程，有

$$p=\text{定值},v_2/v_1=T_2/T_1 \tag{7-1-8}$$

即理想气体定压过程中气体的比容与绝对温度成正比(盖·吕萨克定律)。

定容过程，有

$$v_2=v_1,\ p_2/p_1=T_2/T_1 \tag{7-1-9}$$

可见，同一种理想气体在等容的条件下，其绝对压力与绝对温度成正比(查理定律)。

绝热过程，有

$$\frac{p_2}{p_1}=\left(\frac{v_1}{v_2}\right)^k,\ \frac{T_2}{T_1}=\left(\frac{v_1}{v_2}\right)^{k-1},\ \frac{T_2}{T_1}=\left(\frac{p_2}{p_1}\right)^{\frac{k-1}{k}} \tag{7-1-10}$$

以上四种基本热力过程，在工质状态参数发生变化时都有一个状态参数保持不变。实际过程往往是工质的所有参数都在变化，而且也不能完全绝热，这样一种最接近绝大多数实际过程的气体状态参数变化所遵循的规律，称之为多变过程。

参照定熵过程可得多变过程基本状态参数之间的关系为

$$\frac{p_2}{p_1}=\left(\frac{v_1}{v_2}\right)^n,\ \frac{T_2}{T_1}=\left(\frac{v_1}{v_2}\right)^{n-1},\ \frac{T_2}{T_1}=\left(\frac{p_2}{p_1}\right)^{\frac{n-1}{n}} \tag{7-1-11}$$

课后练习

1. 请选择一个最合适的答案。

(1) 气体分子运动论对理想气体的分子模型所作的抽象假设为(　　)。

①气体分子如同弹性小球　②气体分子间的内聚力可以忽略不计　③气体分子本身的体积可以忽略不计

A. ①　　B. ②　　C. ③　　D. ①②③

(2) 可看作理想气体的气体是(　　)。

A. 制冷装置中的 R12 蒸气　　B. 房间内空气中的水蒸气

C. 锅炉中的水蒸气　　D. 汽轮机中的水蒸气

(3) 理想气体状态方程反映理想气体(　　)之间的关系

A. 基本状态参数　　B. 热量与功

C. 常用的状态参数　　D. 热量、功与内能

2. 空气压缩机每分钟自外界吸入温度为 15 ℃，压力为 0.1 MPa 的空气 3 m^3，充入容积 8.5 m^3 的储气罐内。设开始时罐内的温度和压力与外界相同，问在多长时间内空气压缩机才能将气罐的表压力提高到 0.7 MPa？设充气过程中气罐内温度不变。

3. 在一直径为 400 mm 的活塞上置有质量为 3 000 kg 的物体，气缸中空气的温度为 18 ℃，质量为 2.12 kg。加热后其容积增大为原来的两倍。大气压力 p=101 kPa，问：(1)气缸中空气的终温是多少？(2)终态的比容是多少？(3)初态和终态的密度各是多少？

任务2 空气定压比热测定

任务描述

定压比热是比热中常见的一种，常常用于计算定压过程的热量。通过这个任务，了解定压比热的测定方法，为热量的比热法计算奠定理论基础。

学习目标

1. 能够根据不同场合选择不同的理想气体比热法来计算热量。
2. 能根据解决问题的需要，正确的选择、测量、读取相关热力参数。

相关知识

热力过程中，工质吸热或放热的计算常常要涉及到比热容，尤其是理想气体工质热力学能、焓和熵的计算分析与比热容有着密切的关系。因此气体比热容是气体的重要热物理性质之一。

1. 比热的概念和影响比热的因素

物体在准静态过程中温度改变 1K 或 1 ℃所需要的热量，称为该物体的热容量，简称热容，以 C 表示，单位为 kJ/K。单位物量的物体变化 1K(或 1 ℃)所交换的热量称为比热容，简称比热。物体吸收的热量可表示为

$$Q = mc\Delta t \qquad (7\text{-}2\text{-}1)$$

式中：c 为质量比热，单位为 kJ/(kg · K)。

除了质量比热 c 外，还有摩尔比热 c_M，单位为 kJ/(kmol · K)；容积比热 c'，单位为 kJ/(m^3 · K)。值得注意的是容积比热中物量单位是取标准状况下 1 m^3 的物质量。工程实践中，应用质量比热较为普遍。

三种比热之间关系为

$$c_M = M \cdot c = 22.4c' \qquad (7\text{-}2\text{-}2)$$

理想气体比热的值除与物量单位有关外，还与下列因素有关：

1) 与气体种类有关

不同种类的气体，由于其分子量、分子结构等特性不同，比热特性也不同。

2) 与过程性质有关

工程上最常见的换热过程是保持压力不变或容积不变，因此相应地有定压比热 c_p 和定

容比热 c_v。在气体的内能、焓及熵变化量计算中，用到的也是这两种比热。

迈耶方程表达了 c_p 与 c_v 二者之间的关系

$$c_p - c_v = R,\ c_p/c_v = k \tag{7-2-3}$$

式中：k 称绝热指数，$1<k<2$（见表 7-2-1）。

表 7-2-1　理想气体的定值比热 [R_m=8.314 kJ/(kg·K)]

	单原子气体	双原子气体	多原子气体
$c_{v,m}(c_v)$	$3\times R_m/2(3\times R/2)$	$5\times R_m/2(5\times R/2)$	$7\times R_m/2(5\times R/2)$
$c_{v,p}(c_p)$	$5\times R_m/2(5\times R/2)$	$7\times R_m/2(7\times R/2)$	$9\times R_m/2(9\times R/2)$
$k=c_p/c_v$	1.67	1.40	1.29

3）与温度有关

实验和理论表明，理想气体比热与温度有关而与压力无关。

2. 理想气体比热的计算方法

理想气体比热与温度成单值函数关系。由实验得知，气体比热随温度升高而变大，其与温度的关系用 c-t 曲线表示，如图 7-2-1 中曲线 $c=f(t)$ 所示。拟合该曲线的数学表达式为

$$c = a_1 + a_2 t + a_3 t^2 + \cdots$$

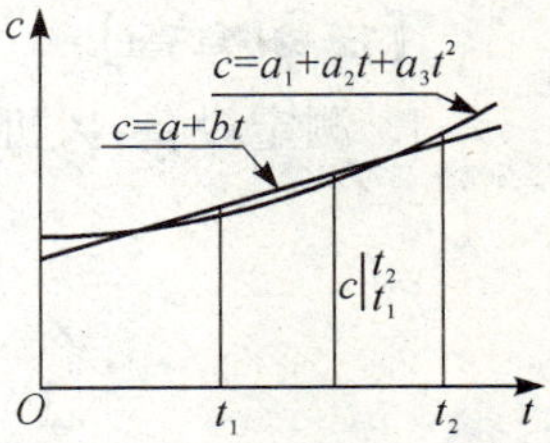

图 7-2-1　平均比热

比热值以 $c=f(t)$ 形式表达，可较真实地反映理想气体比热与温度的关系，故称为真实比热。即把气体温度由 t 升高到 $t+\mathrm{d}t$ 所需的单位质量热量 $\mathrm{d}q$ 与 $\mathrm{d}t$ 的比值称为气体在温度 t 时的真实质量比热。

工程上为了简化涉及到的比热计算，且满足一定的计算精度，常利用平均比热进行计算。所谓平均比热是指在一定温度变化范围 t_1 至 t_2 间真实比热的平均值，即

$$c\Big|_1^2 = \frac{\int_1^2 c\mathrm{d}t}{t_2 - t_1} \tag{7-2-4}$$

1）平均比热的曲线关系求解法

即按 $c=a_1+a_2t+a_3t^2+\cdots$ 代入式(7-2-4)，则

$$c\Big|_1^2 = \frac{c\big|_0^2 \cdot t_2 - c\big|_0^1 \cdot t_1}{t_2 - t_1} \tag{7-2-5}$$

式(7-2-5)中 $c\big|_0^1$ 和 $c\big|_0^2$ 分别表示温度自 0 ℃到 t_1 和自 0 ℃到 t_2 的平均比热，其值由热工手册查阅。按比热随温度变化的曲线关系计算的平均比热最为准确，也最繁琐。

2）直线关系法

在工程计算中，在温度变化范围不大而真实比热变化很小或比热的计算精度满足一般

要求时，则按比热随温度变化的直线关系计算平均比热。即按比热与温度的近似直线 $c=a+bt$ 代入式(7-2-4)，则

$$c\big|_1^2=a+b'(t_2+t_1) \tag{7-2-6}$$

式中系数 a 和 b' 的值由相关热工手册查取。此法较准、较简便。

3) 定值法

当温度变化范围很窄或粗略计算时，为计算简便，将比热近似看作不随温度而变化，此求解比热的方法称为定值法。此法最为简便，在计算精度要求低以及在热工相关理论定性分析中常使用。其数值如表 7-2-1 所示。

空气在定值比热计算中按双原子气体计，也可由迈耶方程式(7-2-3)，得

$$c_v=\frac{1}{k-1}\cdot R,\ c_p=k\cdot c_v=\frac{k}{k-1}\cdot R$$

任务实施

【任务要求】

1. 熟悉气体比热概念，了解空气定压比热测定原理。
2. 能够独立测定空气定压比热，获得测量数据，计算测定结果，并绘制坐标图。

【任务准备】

1. 测定设备：风机、流量计、比热仪本体、电功率调节测量系统装置系统(图 7-2-2)。

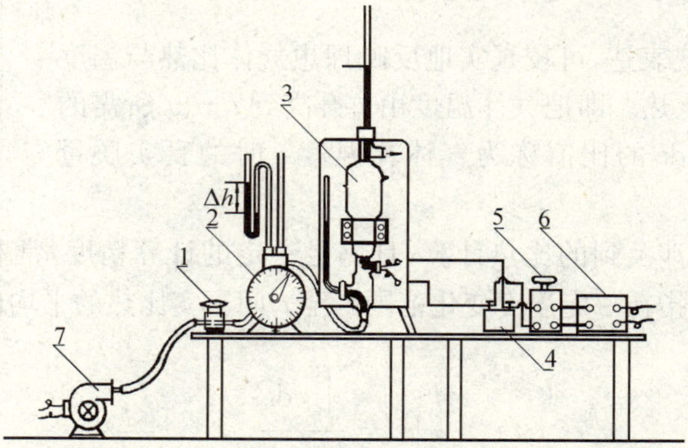

1-节流阀；2-流量计；3-比热仪本体；4-瓦特表；5-调压变压器；6-稳压器；7-风机

图 7-2-2　测定空气定压比热容的装置

2. 测定原理：在比热仪本体中，保持加热过程为定压。由流量计 2 测定空气质量流量 m，由电加热器的功率测定空气的吸热量 Q_p，由温度计得出空气进、出口温度 t_1 和 t_2。由下式计算出比热结果。

电加热器单位时间放出的热量：$Q'_p=3.6\times Q_p$

$$c_p\Big|_{t_1}^{t_2}=\frac{Q'_p}{m(t_2-t_1)} \tag{7-2-7}$$

式中：Q_p 为空气的吸热量，kJ/s；m 为空气的质量流量，kg/h。

【任务操作】

1. 接通电源及测量仪表，选择所需的出口温度计插入混流网的凹槽中。

2. 取下流量计上的温度计，开动风机，调节节流阀，使流量保持在额定值附近。测出空气的质量流量 m。

3. 将温度计插回流量计，重新调节流量，使它保持在额定值附近，逐渐提高电压，使出口温度计读数升高到预计温度。

4. 待出口温度稳定后（出口温度在 10 min 之内无变化或有微小起伏即可视为稳定），读出下列数据：电加热器的加热量 Q_p，比热仪进口温度 t_1（℃），出口温度 t_2（℃）。

5. 改变电压，使出口温度改变并达到新的预定值，重复步骤 2～4，并填入表 7-2-2 中。

表 7-2-2　数据记录

项目	入口温度 t_1/℃	出口温度 t_2/℃	电功率 Q_p/W	质量流量 m/(kg·h)
1				
2				
3				
4				
5				
6				

6. 依据上表中数据计算出空气的定压比热，将所有数据标在图 7-2-3 上，确定截距和斜率，从而得出比热容随温度变化的线性关系式。

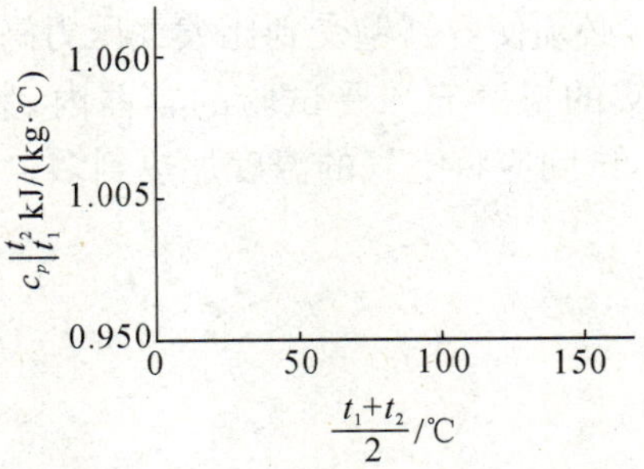

图 7-2-3　c_p 与平均温度坐标图

任务评价

1. 能独立完成空气定压比热测定，得出测量数据。
2. 能够绘制定压比热与平均温度的关系图。

任务拓展

理想气体的内能、焓和熵

由比热定义得，系统内理想气体与外界交换热量可以由比热计算，比热还可以应用于理想气体的内能变化量、焓变化量和熵变化量。

当采用定值比热时，理想气体内能和焓的变化量可按下式计算

$$\Delta u = c_v(T_2 - T_1) = c_v \cdot \Delta T \tag{7-2-8}$$

$$\Delta h = c_p(T_2 - T_1) = c_p \cdot \Delta T \tag{7-2-9}$$

式(7-2-8)和(7-2-9)表明，气体状态参数中内能和焓的变化取决于初、终状态的温度值，它适用于理想气体的任何过程。

按定值比热近似计算理想气体的熵变为

$$\Delta s = c_v \ln\frac{T_2}{T_1} + R\ln\frac{v_2}{v_1} = c_p \ln\frac{T_2}{T_1} - R\ln\frac{p_2}{p_1} = c_v \ln\frac{p_2}{p_1} + c_p \ln\frac{v_2}{v_1} \tag{7-2-10}$$

熵是状态参数，与内能和焓一样，在任意过程中的熵变化量只与初、终状态有关，与过程无关，所以上述熵变化量的计算式适用于理想气体的任意过程。

课后练习

1. 请选择一个最合适的答案。

(1) 理想气体的比热容与(　　)无关。

A. 气体种类　　B. 压力　　C. 温度　　D. 热力过程

(2) 理想气体的定压比热与定容比热之比称为(　　)。

A. 比热比　　B. 绝热指数　　C. 热容比　　D. 迈耶指数

(3) 当空气被视为理想气体时，其内能由(　　)确定。

A. 熵　　B. 温度　　C. 压力　　D. 比容

2. 为了试验容器的强度，必须使容器壁受到比大气压力高 0.1 MPa 的压力。为此把压力等于大气压力、温度为 13 ℃的空气充入受试验的容器内，然后关闭进气阀并加热空气。已知大气压力 p=101.3 kPa，试问应将空气的温度加热到多少度？空气的内能、焓和熵的变化为多少？

项目八 实际气体热力性质参数的获取

项目描述

实际气体与理想气体不同，不能简单地通过理想气体方程来计算其热力状态参数，工程上，常常使用蒸气热力性质图表获得蒸气不同状态的状态参数值和相关性质参数。最常见的实际气体为水蒸气，本项目的内容也可以引申应用到其他实际气体中，比如制冷系统中的氟利昂蒸气。

任务1　水蒸气的热力性质表的应用

任务描述

发电厂中的重要设备汽轮机中所使用的工质即水蒸气，本任务通过对汽轮机工质的认识，了解水蒸气的热力性质的应用。

学习目标

1. 熟悉水蒸气的基本概念和水蒸气的定压产生过程。
2. 正确使用水蒸气的热力性质图表。
3. 能根据解决问题的需要，通过图、表、公式等手段得出水蒸气的数据。

相关知识

1. 定压下水蒸气的发生过程及其状态

物质由液态转变为气态的过程称为汽化，汽化一般有蒸发和沸腾两种方式。蒸发只发生在液体表面，且在任何温度下都能进行；沸腾是指汽化同时发生在液体的表面和内部，只有在液体温度达到其压力下对应的沸点时才能出现沸腾。物体由气态转变为液态的过程称为液化或凝结。

1）饱和温度与饱和压力

当液体表面汽化速度等于液面上蒸汽液化速度，汽液两相处于动态平衡的状态称为饱和状态(Saturation)，如图 8-1-1 所示。饱和状态的压力称为饱和压力 p_s，饱和状态下汽、液的温度相同，称为饱和温度 t_s(沸点)。

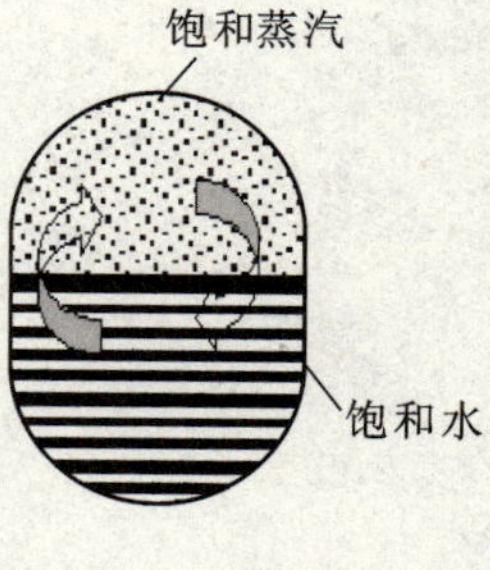

图 8-1-1　饱和状态图

饱和压力与饱和温度是一一对应的，两者互为函数关系，即 $p_s=f(t_s)$。当饱和温度一定时，饱和压力也一定；反之，当饱和压力一定时，饱和温度也一定。饱和温度越高，饱和压力也越高；反之，饱和压力越高，饱和温度也越高。

2）水的定压汽化过程及其特点

汽轮机中的水蒸气是在锅炉中定压加热汽化产生的。如图 8-1-2 所示，水在汽缸内进行定压加热。假定水开始处于压力为 0.1 MPa，温度为 0 ℃的状态下，如图 8-1-2(a)所示，此刻水在低于 0.1 MPa 压力下对应的饱和温度 99.634 ℃。液体的温度低于其压力下所对应的饱和温度时，该液体称为未饱和液体(或过冷液)。因为饱和温度与饱和压力为一一对应关系，故就一定温度而言，未饱和水是其压力高于其温度所对应的饱和压力的水。未饱和液体压力下所对应的饱和温度与未饱和液的温度之差称为过冷度。未饱和水的压力 p 和温度 T 是两个相互独立的状态参数，因此，有压力和温度便可确定其状态。

当加热使水温达到其压力下的饱和温度 t_s 时，水成为饱和水，如图 8-1-2(b)所示。水在定压下从未饱和状态加热到饱和状态称为预热阶段，所加热量称为液体热，用 q_l 表示。

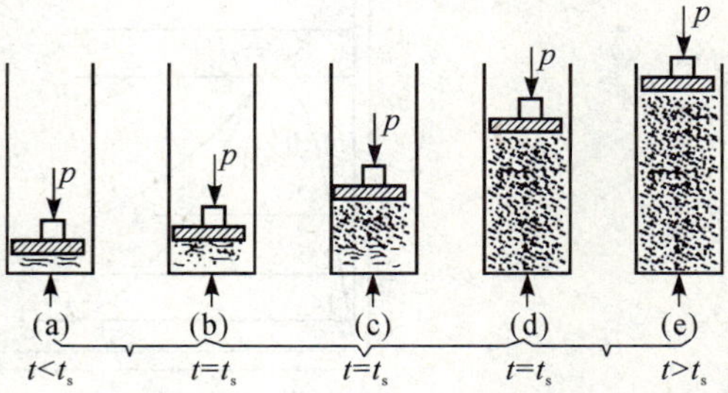

图 8-1-2　定压蒸汽发生过程

对饱和水继续加热，水开始沸腾并逐渐转变为蒸汽。这时，压力为饱和压力 p_s，温度为对应饱和温度 t_s，转变过程中工质为饱和蒸汽与饱和水的混合物，即湿饱和蒸汽，如图 8-1-2(c)所示。其比容随着定压加热显著增大，最后一滴水汽化时全部为变为干饱和蒸汽。

饱和水吸热转变成同温、同压力下的饱和蒸汽的过程称为汽化阶段，如图 8-1-2(b)～(d)所示，这一定压阶段的吸热量即为汽化潜热，单位质量工质的汽化潜热用 r 表示。

可见，饱和压力和饱和温度下工质可能是饱和水、湿饱和蒸汽和干饱和蒸汽，因此饱和压力和饱和温度下，饱和水的状态参数均加上标“′”，饱和蒸汽的状态参数均加上标“″”表示。

饱和压力或饱和温度一定，则饱和水与干饱和蒸汽的状态就可以确定了。但由于湿饱和蒸汽处于平衡态，为液相饱和水与气相干饱和蒸汽混合非均匀系统，仅知道饱和压力或饱和温度不能确定其状态，还必须给定湿饱和蒸汽中干饱和蒸汽所占比例。工程上通常给出湿饱和蒸汽的干度 x，即

$$x = \frac{m''}{m' + m''} = \frac{m''}{m} \tag{8-1-1}$$

式中：m' 和 m'' 分别表示湿蒸汽中所含饱和水和干饱和蒸汽的质量。即干度 x 表示 1 kg 湿饱和蒸汽中含 x kg 的干饱和蒸汽、$(1-x)$kg 的饱和水。显然，$x=0$ 指饱和水，$x=1$ 指干饱和蒸汽，湿饱和蒸汽的干度范围 $0<x<1$。x 值越大，饱和蒸汽越多，越接近于干饱和蒸汽状态；反之，越接近于饱和水。

对于干度是 x 的湿饱和蒸汽状态参数，可由同样饱和温度 t_s（或饱和压力 p_s）下的饱和水和饱和蒸汽的状态参数利用下式求取

$$h = xh'' + (1-x)h' \tag{8-1-2}$$

$$s = xs'' + (1-x)s' \tag{8-1-3}$$

湿饱和蒸汽的其他状态参数求解方法与上式类似。

对干饱和蒸汽再继续加热，蒸汽温度将升高，比容增加，蒸汽的温度高于其压力下所对应的饱和温度时，则这种蒸汽称为过热蒸汽。如图 8-1-2(e)所示，就一定温度而言，过热蒸汽是其压力低于其温度所对应的饱和压力的蒸汽。该加热阶段称为过热阶段。

2. 水蒸气的 *p-v* 和 *T-s* 图

为了进一步阐明水的定压汽化过程和蒸汽的热力性质，在 0.006 112 MPa $<p<$

22.115 MPa 范围内，分别用不同的压力对水进行定压加热，并绘制在 p-v 图和 T-s 图上，从而得到水蒸气的 p-v 图和 T-s 图，如图 8-1-3 所示。

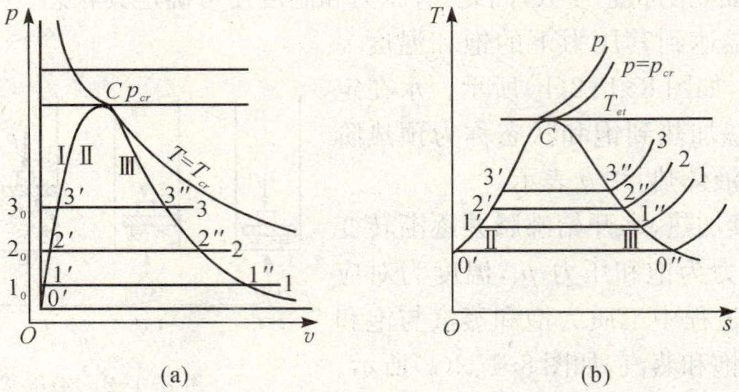

图 8-1-3　水蒸气的 p-v 图和 T-s 图

连接各压力的饱和水点，形成饱和水线（或称下界线）；同样，连接各压力的干饱和蒸汽点，形成干饱和蒸汽线（或称上界线），两线交于 c 点，称为临界点。水的临界点参数：$p_C=$ 22.115 MPa，$t_C=373.99$ ℃，$v_C=0.003\,106$ m^3/kg。当 $t>t_C$时，物质仅以气态存在，不论压力 p 多大，再也不能使蒸汽液化。在临界点上，饱和水和饱和蒸汽已不再有区别。

饱和水线和饱和蒸汽线将 p-v 和 T-s 图分成三个区域：饱和水线左侧为过冷水（未饱和水）状态区；饱和蒸汽线右侧为过热蒸汽状态区；饱和水线与饱和蒸汽线之间为湿饱和蒸汽状态区。

综上所述，水在定压下蒸汽发生的过程在 p-v 和 T-s 图上所显示的可归纳为：一点（临界点）、两线（上、下界线）、三区（液相区，气、液两相共存区，气相区）、五态（未饱和水、饱和水、湿饱和蒸汽、干饱和蒸汽、过热蒸汽）。

以类似方法可观察其他实际气体工质如制冷剂等的相变过程，可得出与水蒸气基本构成相似的状态参数坐标图，但其临界参数值、饱和压力与饱和温度的关系、图上各曲线斜率等都各不相同。

3. 水蒸气的热力性质图表

为便于一般工程计算中使用，蒸汽状态参数或性质参数不由繁琐公式计算，而是由水蒸气性质图、表查取。本书中水蒸气性质图、表是根据 1963 年召开的第六届国际水和水蒸气性质会议上的规定，以水的三相点的液相水为基准点的。水的基准态参数：$p_0=0.000\,611\,2$ MPa，$v_0=0.001\,1$ m^3/kg，$T_0=273.16$ K，$u_0=0$，$s_0=0$，$h_0=u_0+p_0v_0=0.000\,611\,8$ kJ/kg。对水和水蒸气的图、表的讨论方法和原则对于其他蒸汽同样是适用的。

1) 饱和水和饱和蒸汽表

该表可分为两种，一种以温度为序，另一种则以压力为序，如表 8-1-1 所示。表 8-1-1 记录了饱和水和饱和蒸汽的参数：v'，h'，s'，v''，h''，s'' 和汽化潜热 r 值。若以温度为序则列有对应饱和压力 p_s；若以压力为序，则列有对应饱和温度 t_s。热力学能可由 $u=h-pv$ 计算。对于湿饱和蒸汽，可按给定温度或压力分别查出湿蒸汽中所含饱和水和饱和蒸汽参数，利用湿蒸汽干度，按式(8-1-2)和(8-1-3)求出湿饱和蒸汽的其他参数。

表 8-1-1　饱和水和饱和蒸汽表(节录)

(一)按温度排列

温度	压力	比容		焓		比汽化潜热	熵	
		液体	蒸汽	液体	蒸汽		液体	蒸汽
t	p	v'	v''	h'	h''	r	s'	s''
℃	MPa	m^3/kg		kJ/kg		kJ/kg	kJ/kg·K	
0	0.000 611 2	0.001 000 22	206.154	−0.05	2 500.51	2 500.6	−0.000 2	9.154 4
110	0.143 243	0.001 051 5	1.210 6	461.33	2 691.26	2 229.9	1.418 6	7.238 6

(二)按压力排列

压力	温度	比容		焓		比汽化潜热	熵	
		液体	蒸汽	液体	蒸汽		液体	蒸汽
p	t	v'	v''	h'	h''	r	s'	s''
MPa	℃	m^3/kg		kJ/kg		kJ/kg	kJ/kg·K	
0.01	45.798 8	0.001 010 3	14.673	191.76	2 583.72	2 392.0	0.649 0	8.148 1
0.1	99.634	0.001 043 2	1.694 3	417.52	2 675.14	2 257.6	1.302 8	7.358 9
1.0	179.916	0.001 127 2	0.194 38	762.84	2 777.67	2 014.8	2.138 8	6.585 9

2)未饱和水及过热蒸汽性质表

表 8-1-2 列出各种压力及温度下的未饱和水及过热蒸汽的 u, h, s 值,表中黑阶梯线表示未饱和水与过热蒸汽的分界线,黑阶梯线以上为未饱和水参数,其下为过热蒸汽参数。

表 8-1-2　未饱和水与过热蒸汽表(节录)

p	0.1 MPa			1.0 MPa			10 MPa		
饱和参数	t_s=99.63 v'=0.001 043, v''=1.694 3 h'=417.52, h''=2 675.1 s'=1.302 8, s''=7.359 8			t_s=179.88 v'=0.001 112 74, v''=0.194 30 h'=762.6, h''=2 777.0 s'=2.138 2, s''=6.587 4			t_s=310.96 v'=0.001 452 6, v''=0.018 00 h'=1 408.6, h''=2 724.4 s'=3.361 6, s''=5.614 3		
t	v	h	s	v	h	s	v	h	s
0	0.001 000 2	0.1	−0.000 2	0.000 999 7	1.0	−0.000 1	0.000 995 3	10.1	0.000 5
50	0.001 012 1	209.4	0.703 5	0.001 011 7	210.1	0.703 0	0.001 007 7	217.8	0.698 9
100	1.969	2 676.5	7.362 8	0.001 043 2	419.7	1.306 2	0.001 038 6	426.8	1.299 2
200	2.172	2 875.2	7.834 8	0.205 9	2 827.5	6.694 0	0.001 148 0	855.9	2.317 6
300	2.639	3 074.1	8.216 2	0.258 0	3 051.3	7.123 9	0.001 397 8	1 234.7	3.249 4
400	3.103	3 278.0	8.543 9	0.306 6	3 264.0	7.460 5	0.026 41	3 098.5	6.215 8
表中单位:t_s,℃; v, m^3/kg;h,kJ/kg;s, kJ/(kg·K)									

任务实施

【任务要求】

1. 了解热力发电厂的工作过程。

2. 熟悉水蒸气数据的获取方法，并完成本次任务的数据查询。

【任务准备】

1. 饱和水和饱和蒸汽热力参数表；未饱和水蒸气和过热蒸汽热力参数表。

2. 热力发电厂的工作循环可以理想化为如图 8-1-4 所示的土质状态变化过程，4—1 过程为未饱和水在锅炉中加热成过热蒸汽，1—2 为过热蒸汽在汽轮机中膨胀成湿饱和蒸汽，2—3 为湿饱和蒸汽在冷凝器中冷却为饱和水，3—4 为饱和水在水泵中变成未饱和水。

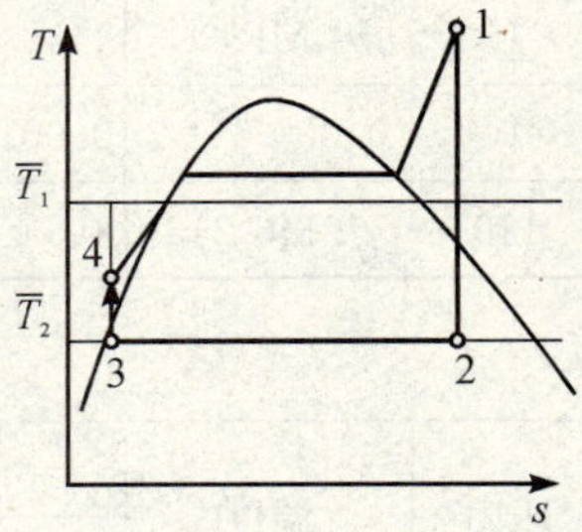

图 8-1-4　火力发电厂工作循环 T-s 图

【任务操作】

状态 1 的实际气体为锅炉中产生的过热蒸汽，压力表显示锅炉压力 $p_1=5$ MPa，温度计显示此时过热蒸汽温度 $t_1=500$ ℃，经过汽轮机膨胀后，出口处压力表显示压力为 $p_2=5$ kPa，

为了计算该发电厂的热效率，需得出每个状态点的焓和熵。

点 1 代表过热蒸汽，查过热蒸汽表，由 $p_1=5$ MPa，$t_1=500$ ℃查得

$$h_1'=3\ 432.2\ \text{kJ/kg},\ s_1=6.973\ 5\ \text{kJ/(kg·K)}$$

点 2 代表湿饱和蒸汽，当 $p_2=5$ kPa$=0.005$ MPa 时，查表得

$$h'=137.72\ \text{kJ/kg},\ s'=0.476\ 1\ \text{kJ/(kg·K)}$$
$$h''=2\ 560.55\ \text{kJ/kg},\ s''=8.393\ 0\ \text{kJ/(kg·K)}$$

由 $s_2=s_1$ 计算出点 2 蒸汽的干度

$$x_2=\frac{s_2-s'}{s''-s'}=0.820\ 7$$

由干度求出点 2 的焓

$$h_2=h'+x(h''-h')=2\ 126.14\ \text{kJ/kg}$$

点 3 代表饱和水，与点 2 在等温、等压线上，点 3 的焓和熵分别为

$$h_3=h'=137.72\ \text{kJ/kg},\ s_3=s'=0.476\ 1\ \text{kJ/(kg·K)}$$

点 4 代表过冷水，与点 1 在等压线上，$p_4=p_1=5$ MPa，且 $s_4=s_3=0.476\ 1$ kJ/(kg·K)，查表得 $h_4=142.87$ kJ/kg。

任务评价

1. 通过查表得出水蒸气的正确数据。

2. 能够通过干度公式计算湿饱和蒸汽的参数。

任务拓展

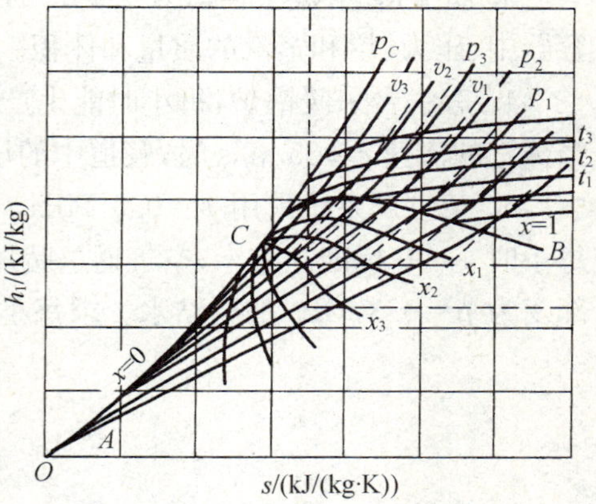

图 8-1-5　水蒸气 h-s 图

工程上以水蒸气为工质的热力设备在热力过程中有关功和热通常是用焓差计算，因而水蒸气的 h-s 图有重要的实用价值。水蒸气的热力性质 h-s 图如图 8-1-5 所示。图中 C 为临界点，AC 为 $x=0$ 的饱和水线，BC 为 $x=1$ 的干饱和蒸汽线。两条饱和曲线将 h-s 图分为三个区，即未饱和水区，湿饱和蒸汽区及过热蒸汽区。为了工程实用的需要，h-s 图上除了与坐标轴相平行的定焓线及定熵线之外，还给出定压线、定温线、定容线和定干度线。

1. 定压线

h-s 图上的定压线是一簇向右上方呈发散状线束，线斜率值等于其绝对温度，即始终为正值。在湿蒸汽区，饱和温度保持不变，因此，每条定压线就是斜率为定值的直线。随着压力的升高，饱和温度也升高，因而，湿蒸汽区内的定压线是由斜率不等的直线群所组成的。在过热蒸汽区，压力与温度是相互独立的，每条定压线的斜率都随温度的升高而增大，即过热蒸汽区内的定压线是随温度升高而变陡的曲线。定压线在经过上界线时，由斜直线平滑地过渡到向上翘的(类似于指数曲线)曲线。

2. 定温线

在湿蒸汽区定温线与定压线重合，同样定温线是斜率为 T 的直线。在过热蒸汽区，定温线较定压线平坦，且愈往右愈平坦，逐渐接近水平的定焓线。这说明：当温度一定时，压力越低，水蒸气的性质越接近于理想气体。

3. 定干度线

定干度线是湿蒸汽区不同定压线上干度相同的状态点的连线。定干度线束是从临界点 C 出发、主体向右下方呈发散状的曲线簇。实际上，在热机内工作的水蒸气，其干度 x 很少小于 0.5，所以实用的水蒸气的 h-s 图上，多为干度较高的湿蒸汽和过热蒸汽。因此在 h-s 图中仅绘出如图 8-1-5 中虚线方框内的过热蒸汽和高干度湿蒸汽部分。当计算分析涉及未饱和水和干度较低的湿蒸汽时，则应辅以水蒸气热力性质表。本图只绘出部分范围内的干度线。

4. 定容线

较定压线陡些，在图中以虚线印出。

课后练习

1. 当水的温度 $t=80$ ℃，压力分别为 0.01，0.05，0.1，0.5 和 1 MPa 时，各处于什么状态？求出各状态下的焓值。

2. 已知湿蒸汽的压力 $p=1$ MPa，干度 $x=0.9$。试分别用水蒸气表和 h-s 图求出 h_x，v_x，u_x，s_x。

3. 将 2 kg 水盛于容积为 0.2 m^3 的抽空了的密闭刚性容器中，然后加热至 200 ℃。试求容器中、压力、焓和蒸汽的质量和体积。

4. 有一台采暖锅炉，每小时能生产压力 $p=1$ MPa(绝对)，$x=0.95$ 的蒸汽 1 500 kg。当蒸汽的流速 $c \geqslant 25$ m/s 时，管道中的压力损失可以不计，求输汽管的内径最小应多大？

5. 某空调系统采用 $p=0.3$ MPa，$x=0.94$ 的湿蒸汽加热空气。暖风机空气的流量为每小时 4 000 标准立方米，空气通过暖风机从 0 ℃被加热到 120 ℃。设蒸汽流过暖风机后全部变为 $p=0.3$ MPa 的凝结水。求每小时需要多少千克蒸汽(视空气的比热为定值)？

任务 2　二氧化碳蒸气 p-v-t 关系的测定

任务描述

在等温过程中改变二氧化碳(CO_2)蒸气的压力,CO_2 蒸气的状态也随之改变。通过观测 CO_2 的临界状态,进一步熟悉实际气体的性质。

学习目标

1. 了解 CO_2 临界状态的观测方法,增强对临界状态概念的感性认识。

2. 掌握 CO_2 的 p-v-t 关系的测定方法。观察 CO_2 气体在液化过程中状态的变化,及临界状态下气液突变现象,测定等温线和临界状态的参数。

3. 学会活塞式压力计、恒温器等热工仪器的正确使用方法。

相关知识

1. 范德瓦尔斯方程

因为气体分子本身有体积且分子之间存在相互的作用力,状态参数(压力、温度、比容)之间的关系不再遵循理想气体方程式,1873 年范德瓦尔斯将理想气体状态方程修正为

$$(p+\frac{a}{v^2})(v-b)=RT \tag{8-2-1}$$

式中:$\frac{a}{v^2}$ 是分子力的修正项;b 是分子体积的修正项。修正方程也可写成

$$pv^3-(bp+RT)v^2+av-ab=0 \tag{8-2-2}$$

它是 v 的三次方程。随着 P 和 T 的不同,v 可以有三种解:三个不等的实根;三个相等的实根;一个实根、两个虚根。

1869 年安德鲁用 CO_2 通过试验说明了这个现象。他在各种温度下定温压缩 CO_2 并测定 p 与 v,得到了 p-v 图上一些等温线。当 $t>31.1$ ℃时,每一个 p,对应有一个 v 值,相应于式(8-2-2)具有一个实根、两个虚根;当 $t=31.1$ ℃时,而 $p=p_C$ 时,曲线出现一个转折点 C 即临界点,相应于方程解的三个相等的实根;当 $t<31.1$ ℃时,实验测得的等温线中间有一段是水平线(气体凝结过程),这段曲线与按方程式描出的曲线不能完全吻合。这表明范德瓦尔斯方程有不够完善之处,但是它能够反映物质气液两相的性质和两相转变的连续性。

2. 实际气体的气液两相转变及临界状态

在低于临界温度时，实际气体的等温线有气液相变的直线段，而理想气体的等温线是正双曲线，任何时候也不会出现直线段。只有在临界温度以上，实际气体的等温线才逐渐接近理想气体的等温线。因此，理想气体的理论不能解释实际气体的气液两相转变及临界状态。

1）临界乳光现象

以 CO_2 为例，将水温加热到临界温度(31.1 ℃)并保持温度不变，摇进压力台上的活塞螺杆使压力升至 7.8 MPa 附近时，然后摇退活塞螺杆降压，在此瞬间玻璃管内将出现圆锥状的乳白色的闪光现象，这就是临界乳光现象。这是由于 CO_2 分子受重力场作用沿高度分布不均及光的散射等原因所造成的。

2）整体相变现象

因为在临界点时汽化潜热等于零，饱和气相线和饱和液相线合于一点，所以这时气液的相互转化不像临界温度以下时那样逐渐积累，需要一定的时间，表现为一个渐变的过程，而当压力稍有变化时，气、液是以突变的形式互相转化的。

3）气、液两相模糊不清的现象

处于临界点的 CO_2 具有共同的参数，因而仅凭参数是不能区分此时 CO_2 是气体还是液体的。如果说它是气体，那么这个气体是接近了液态的气体；如果说它是液体，那么这个液体是接近了气态的液体。本任务中，如果 CO_2 处于临界温度下，按等温线过程进行使 CO_2 压缩或膨胀，那么管内是什么也看不到的。如果按绝热过程进行，首先在压力等于 7.8 MPa 附近突然降压，CO_2 状态点由等温线沿绝热线降到液态区，管内 CO_2 出现了明显的液面，这就说明，如果这时管内 CO_2 是气体的话，那么这种气体离液区很接近可以说是接近液态的气体；当 CO_2 膨胀之后，突然被压缩时，这个液面又立即消失，这就说明，此时的 CO_2 液体离气区也是非常近的，可以说是接近气态的液体。既然此时的 CO_2 既接近气态又接近液态，那么，它只能处于临界点附近。可以说，临界状态究竟如何，是饱和气态还是液态难以区分清楚，这就是临界点附近饱和气液模糊不清的现象。

【任务要求】

1. 熟悉本任务目的和操作原理。
2. 独立进行任务操作，并记录操作数据。
3. 根据数据结果，计算整理并画出 CO_2 的 p-v-t 关系图。

【任务准备】

装置由压力台、恒温器和实验台本体三大部分组成，如图 8-2-1 所示。实验中由压力台送来的压力油进入试验台本体的高压容器和玻璃杯上半部，迫使水银进入预先装了 CO_2 气体的承压玻璃管。CO_2 被压缩，其压力和容积通过压力台上的活塞杆进、退进行调节；温度由恒温器供给的水套里的水温进行调节；比容由 CO_2 的高度度量。采用定温的方法测定 CO_2 的 p-v 关系，然后改变温度，从而找出 CO_2 的 p-v-t 关系。

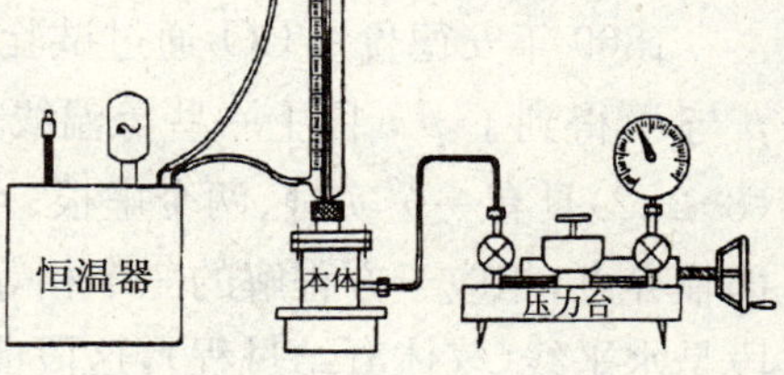

图 8-2-1　试验台系统图

【任务操作】

1. 将蒸馏水注入恒温器内，使用恒温器调定温度为 25.0 ℃。

（1）将蒸馏水注入恒温器内，注至离盖 30～50 mm 为止。检查并接通电路，开动电动泵，使水循环对流。

（2）旋转电接点温度计顶端的帽形磁铁，调动凸轮示标使凸轮上端面与所要调定的温度一致，要将帽形磁铁用横向螺钉锁紧，以防转动。

（3）视水温情况，开、关加热器。当水温未达到要调定的温度时，恒温器指示灯是亮的；当指示灯时亮时灭闪动时，说明温度已达到所需恒温。

（4）观察玻璃水套上两支温度计，若其读数相同且与恒温器上的温度计及电接点温度计标定的温度一致（或基本一致），则可近似认为承压玻璃管内 CO_2 的温度处于所标定的温度。

2. 用压力表对玻璃管内的 CO_2 进行加压，加压过程中 CO_2 的体积随着减小，每隔 0.5 MPa记录一下 CO_2 的压力、比容数据，并观察纯物质的相变过程。

（1）关压力表及进入本体油路的两个阀门，开启压力台上油杯的进油阀。

（2）摇退压力台上的活塞螺杆，直至螺杆全部退出，这时压力台油缸中充满了油。

（3）先关闭油杯阀门，然后开启压力表和进入本体油路的两个阀门。

（4）摇进活塞杆，给本体充油，如此反复，直至压力表上有压力读数为止。

3. 将恒温器分别调定到临界温度 31.1 ℃和 40.0 ℃，重复步骤 2，记录数据，观察临界状态现象，填入表 8-2-1 中。

表 8-2-1　数据记录

25.0 ℃	压力	
	比容	
	现象	
31.1 ℃	压力	
	比容	
	现象	
40 ℃	压力	
	比容	
	现象	

4. 根据压力、比容和温度绘制出 p-v-t 关系图。

任务评价

1. 准确记录 CO_2 加压过程的压力、比容和观测到的现象。

2. 根据数据结果，计算整理并画出 CO_2 的 p-v-t 关系图。

课后练习

1. 请选择一个最合适的答案。

(1) 水蒸气的压力 p、比容 v、温度 T 之间的关系(　　)方程 $pv = RT$ (R 气体常数)。

A. 完全符合　　B. 不符合　　C. 基本符合　　D. 无法确定

(2) 当水温超过临界温度时,水仅以(　　)存在。

A. 固态　　B. 液态　　C. 气态　　D. 无法确定

2. 本任务中,为什么加压时要足够缓慢地摇动活塞杆而使加压足够缓慢地进行? 若不缓慢加压,会出现什么问题?

项目九
湿空气的参数测量与调节

项目描述

湿空气是船舶空气调节中应用最多的工质，从人体的舒适度而言，“冷耐受”的下限温度和“热耐受”的上限温度分别为 11 ℃和 32 ℃，相对湿度上限值不应超过 80%，下限值不应低于 30%。虽然温度、湿度有各自的指标，但是人体的舒适性是两者综合作用的结果，最适宜的条件是：冬天温度为 18～25 ℃，相对湿度为 30%～80%；夏天温度为 23～28 ℃，相对湿度为 30%～60%。

任务1　湿空气相对湿度测量

任务描述

湿空气的相对湿度是反映空气潮湿程度的重要参数指标，本任务通过普通干湿球温度计测量湿空气的相对湿度。

学习目标

1. 熟悉湿空气的压力、温度、湿度等状态参数。
2. 掌握各状态参数的测量方法和计算方法。

相关知识

一般情况下，空气里或多或少都含有一些水蒸气，故称为湿空气，简称“空气”。完全不含有水蒸气的空气称为干空气。湿空气按其中水蒸气的状态类型可分为饱和空气和未饱和空气。饱和空气是干空气与饱和水蒸气的混合气体；未饱和空气是干空气与过热水蒸气的混合气体。

1. 湿空气的压力与分压力

混合气体中，当某个组成气体单独占有与混合气相同的容积，并处于与混合气相同温度时，所呈现的压力称为该组成气体的分压力。按道尔顿定律，湿空气的压力 p 等于干空气的分压力 p_a 与水蒸气的分压力 p_v 之和，即 $p=p_a+p_v$。湿空气中分压力表征其组成气体的含量，湿空气中水蒸气量 m_v 变多，则水蒸气分压力 p_v 增大。

干空气可视为理想气体，由于湿空气中水蒸气的含量很低，即水蒸气的分压力很低（0.003～0.004 MPa），水蒸气多处于过热状态，其比体积很大，分子之间距离较远，故空气中水蒸气可看作理想气体。因此，湿空气可作为理想气体混合物处理，有关理想气体状态方程和一些定律及其计算公式都适用于湿空气。

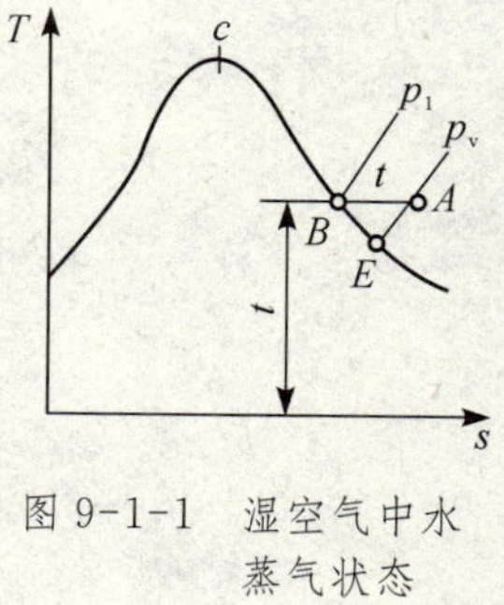

图 9-1-1　湿空气中水蒸气状态

湿空气中水蒸气的状态，如图 9-1-1 所示。可见，未饱和空气中的过热水蒸气（A 点），其蒸汽分压力 p_v 低于其温度对应的水蒸气饱和压力 p_s；其水蒸气的温度高于水蒸气分压力对应的饱和温度（E 点温度）。

2. 湿空气的湿度

可以从不同的角度表明湿空气中水蒸气的状态和含量，为此引入湿度概念。

1) 相对湿度 φ

相对湿度就是湿空气的绝对湿度 ρ_v 与同温度下饱和空气的绝对湿度 ρ_s 的比值，通常表示空气的潮湿程度，以符号 φ 表示，相对湿度等于空气水蒸气分压力 p_v 与同温度下水蒸气饱和压力 p_s 之比，即

$$\varphi = \frac{p_v}{p_s} \tag{9-1-1}$$

由式(9-1-1)可知，当 $\varphi=0$ 时为不含水蒸气的干空气，当 $\varphi=100\%$ 时为饱和空气，未饱和空气为 $0<\varphi<1$。φ 越小，表示湿空气离饱和态越远，空气越干燥，吸收水蒸气的能力越强；反之，φ 越大，空气越潮湿，吸收水蒸气能力越弱。可见，饱和空气中的"饱和"可理解为湿空气中水蒸气的含量已达到最大限度，就其吸收水蒸气能力而言"饱和"了。

2) 湿空气的含湿量 d

从相对湿度值的大小，可以看出湿空气的干湿程度，但相对湿度值不能独立地表示湿空气中水蒸气含量的多少，因湿空气的一些状态参数，都是以单位质量干空气为基准的。所以含湿量的定义：湿空气中包含的水蒸气质量 m_v 与干空气质量 m_a 之比值称为含湿量 d，即 $d=\frac{m_v}{m_a}$，由于湿空气中的水蒸气很少，通常以 g 为单位，此时含湿量的单位则为 g/kg。含湿量是指与 1 kg 干空气相混合的水蒸气的质量，即指在 $(1+0.001d)$ kg 湿空气中含有 d g 水蒸气。

因湿空气中干空气和水蒸气都可视为理想气体，根据理想气体状态方程分析可得

$$d = 622\frac{p_v}{p_a} = 622\frac{p_v}{p-p_v} = 622\frac{\varphi p_s}{p-\varphi p_s} \tag{9-1-2}$$

可见，在湿空气压力 p 不变的情况下，含湿量只取决于水蒸气分压力，且随水蒸气分压力增大而增大。含湿量是与水蒸气分压力同一性质的参数，均表征空气中水蒸气含量，只是用含湿量计算湿空气中水蒸气的质量方便。也就是说，湿空气压力 p 不变，湿空气的含湿量 d 若不变，则其水蒸气分压力 p_v，水蒸气含量 m_v 及湿空气的露点均不变。

3. 露点温度 t_d 和湿球温度 t_w

1) 露点温度 t_d

未饱和空气在与水隔绝的情况下定压冷却，即水蒸气分压力 p_v 保持不变(水蒸气含量不变)而降低其温度 t，该水蒸气的状态变化沿图 9-1-1 中的定水蒸气分压力的 AE 线下行。随着温度下降至水蒸气分压力所对应的饱和温度(E 点)，状态由原未饱和空气中的过热水蒸气态 A 至饱和空气中的饱和水蒸气态 E。E 点温度称为露点(t_d)，因此露点就是湿空气中水蒸气分压力所对应的饱和温度。

如温度下降至低于露点，空气中水蒸气将凝聚析出水滴，如夏天清晨的结露现象。

露点是湿空气的一个重要状态参数。在空气调节中，为了减少湿空气中水蒸气的含量，可以设法使湿空气冷却到温度低于露点，水蒸气便以水滴形式析出。露点对锅炉的运行管理有较大的影响，锅炉尾部受热面(如空气预热低温段)的腐蚀，就是由于受热面的金属温度低于烟气中水蒸气和二氧化硫气体的露点之故。一旦出现结露，水蒸气和二氧化

硫气体将凝结在受热面上形成硫酸，造成严重腐蚀，防止此腐蚀的主要原则是设法避免烟气结露。

2）湿球温度 t_w

干球温度 t 即指湿空气温度，是空气中干空气温度，也是其中水蒸气的温度。

绝热条件下向湿空气加入水分，并让其蒸发使空气达到饱和，该饱和空气温度称绝热饱和温度。实验表明，湿空气的湿球温度与绝热饱和温度近似相同。

如图 9-1-2 所示为干、湿球温度计。其用两根水银温度计，一根置于所测湿空气中，所测的温度即为湿空气温度 t，称为干球温度计。另一根温度计用浸于水中的湿纱布包住，所测温度称为湿球温度计 t_w。若将干、湿球温度计置于有吸收水蒸气能力的未饱和空气中，湿球温度计上纱布的水分就会不断蒸发为将要融入到空气中的水蒸气，水蒸发过程则需要吸收汽化潜热，该热量由湿球温度计周围的空气提供，紧贴纱布周围的空气温度降低。当温度下降到一定程度时，周围空气传给纱布的热量正好等于水蒸发所需热量而达到一种动态平衡，温度维持不变，这就是湿球温度 t_w。湿球温度 t_w 的值取决于水分蒸发和传热过程的速率，并主要受空气未饱和程度影响。显然，湿空气离饱和越远（相对湿度 φ 越小），纱布水蒸发越快，湿球温度比干球温度就低得越多，干湿球温度之差（$t-t_w$）越大；反之，相对湿度越大，则干湿球温度差越小。如果空气是饱和的，那么蒸发过程不会发生，从而传热过程也不会发生，这时湿球温度与干球温度相同。由此可知，φ 与（$t-t_w$）之间有一定的函数关系，该关系由表 9-1-1 所示。通过此图即可由干、湿球温度计读数查得湿空气的相对湿度 φ。

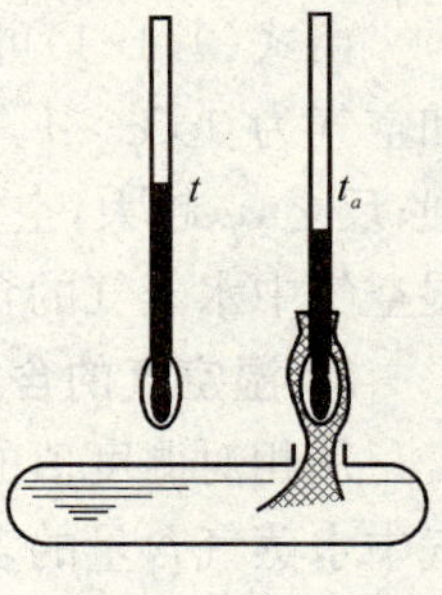

图 9-1-2 干湿球温度计

表 9-1-1 空气相对湿度 φ 与干、湿球温度的对应关系

干球温度/℃	湿球湿度/℃																
	20	25	30	35	40	45	50	55	60	65	70	75	80	85	90	95	100
10.0	2.55	3.06	3.58	4.09	4.58	5.07	5.54	6.02	6.49	6.95	7.41	7.86	8.29	8.73	9.16	9.59	10.00
11.0	3.24	3.78	4.32	4.85	5.37	5.88	6.38	6.87	7.36	7.84	8.31	8.77	9.24	9.69	10.13	10.57	11.00
12.0	3.94	4.50	5.06	5.62	6.15	6.68	7.21	7.72	8.23	8.72	9.21	9.70	10.17	10.64	11.10	11.56	12.00
13.0	4.62	5.21	5.79	6.38	6.93	7.49	8.04	8.57	9.09	9.61	10.12	10.62	11.12	11.59	12.07	12.54	13.00
14.0	5.30	5.92	6.53	7.13	7.72	8.29	8.85	9.42	9.96	10.50	11.02	11.54	12.05	12.55	13.05	13.52	14.00
15.0	5.98	6.62	7.26	7.89	8.50	9.10	9.68	10.26	10.83	11.38	11.93	12.47	12.99	13.50	14.02	14.51	15.00
16.0	6.64	7.32	7.99	8.64	9.28	9.90	10.51	11.11	11.69	12.27	12.83	13.38	13.93	14.47	14.98	15.50	16.00
17.0	7.31	8.02	8.72	9.39	10.05	10.70	11.34	11.95	12.56	13.16	13.73	14.31	14.87	15.42	15.95	16.48	17.00
18.0	7.98	8.72	9.43	10.13	10.82	11.50	12.15	12.80	13.42	14.03	14.64	15.23	15.80	16.37	16.93	17.43	18.00
19.0	8.64	9.40	10.15	10.89	11.59	12.29	12.97	13.64	14.28	14.92	15.54	16.15	16.75	17.33	17.90	18.42	19.00
20.0	9.30	10.09	10.87	11.63	12.37	13.09	13.79	14.49	15.16	15.81	16.45	17.07	17.69	18.28	18.87	19.44	20.00

（续　表）

干球温度/℃	湿球湿度/℃																
	20	25	30	35	40	45	50	55	60	65	70	75	80	85	90	95	100
21.0	9.95	10.78	11.59	12.38	13.14	13.89	14.61	15.33	16.02	16.69	17.35	17.99	18.62	19.24	19.84	20.43	21.00
22.0	10.60	11.47	12.31	13.12	13.92	14.69	15.44	16.17	16.88	17.58	18.26	18.92	19.56	20.19	20.81	21.41	22.00
23.0	11.25	12.14	13.02	13.86	14.68	15.48	16.26	17.02	17.75	18.46	19.16	19.84	20.50	21.15	21.77	20.40	23.00
24.0	11.89	12.83	13.73	14.61	15.46	16.28	17.08	17.86	18.61	19.35	20.06	20.76	21.44	22.11	22.75	23.39	24.00
25.0	12.53	13.51	14.44	15.35	16.22	17.08	17.90	18.70	19.48	20.24	20.97	21.68	22.38	23.06	23.73	24.37	25.00
26.0	13.18	14.18	15.15	16.09	16.99	17.87	18.73	19.54	20.34	21.13	21.88	22.62	23.33	24.02	24.70	25.36	26.00
27.0	13.82	14.86	15.83	16.84	17.76	18.67	19.55	20.39	21.21	22.01	22.79	23.53	24.26	24.98	25.67	26.35	27.00
28.0	14.46	15.53	16.57	17.57	18.54	19.46	20.37	21.24	22.08	22.90	23.70	24.46	25.20	25.94	26.64	27.33	28.00
29.0	15.10	16.21	17.28	18.31	19.31	20.23	21.20	22.09	22.95	23.79	24.61	25.39	26.15	26.90	27.61	28.35	29.00
30.0	15.73	16.88	17.99	19.05	20.08	21.07	22.02	22.94	23.82	24.68	25.51	26.31	27.10	27.85	28.58	29.30	30.00
31.0	16.37	17.56	18.70	19.80	20.85	21.87	22.84	23.78	24.69	25.57	26.42	27.24	28.04	28.82	29.56	30.29	31.00
32.0	17.00	18.22	19.41	20.54	21.62	22.67	23.67	24.63	25.56	26.47	27.33	28.17	28.99	29.76	30.54	31.27	32.00
33.0	17.63	18.90	21.12	21.28	22.40	23.47	24.50	25.48	26.43	27.35	28.24	29.10	29.93	30.73	31.51	32.27	33.00
34.0	18.26	19.58	20.83	22.02	23.18	24.28	25.32	26.33	27.31	28.25	29.15	30.03	30.87	31.69	32.49	33.25	34.00
35.0	18.90	20.25	21.54	22.78	23.95	25.07	26.15	27.18	28.18	29.15	30.06	30.96	31.82	35.65	33.46	34.24	35.00
36.0	19.53	20.92	22.25	23.52	24.73	25.88	26.98	28.04	29.06	30.04	30.98	31.89	32.77	33.61	34.43	35.23	36.00
37.0	20.13	21.60	22.96	24.27	25.51	26.69	27.82	28.90	29.93	30.95	31.89	32.81	33.72	34.57	35.40	36.22	37.00
38.0	20.79	22.28	23.68	25.01	26.28	27.49	28.64	29.76	30.81	31.83	32.81	33.75	34.65	35.54	36.38	37.21	38.00
39.0	21.42	22.95	24.39	25.76	27.07	28.29	29.49	30.61	31.79	32.73	33.72	34.68	35.61	36.50	37.36	38.19	39.00

任务实施

【任务要求】

1. 设计制作普通干湿度温度计。

2. 利用干湿球温度计测量相对湿度。

【任务准备】

1. 两支干球温度计、水杯、纱布、扇子等。

2. 相对湿度查询表。

【任务操作】

1. 将两个干球温度计放置在同一架子上，其中一支温度计末端感温包处用纱布包裹，将纱布另一端放置在水杯中，再向水杯中加入洁净蒸馏水，利用纱布的毛细作用，使感温包处保持湿润。按照图 9-1-3 所示。

2. 用扇子轻轻扇动空气，使流过温度计的空气保持良好的通风。

3. 待到读数稳定后，分别读出干湿球温度计数值，由相对湿度查询表 9-1-1，读出相对湿度。

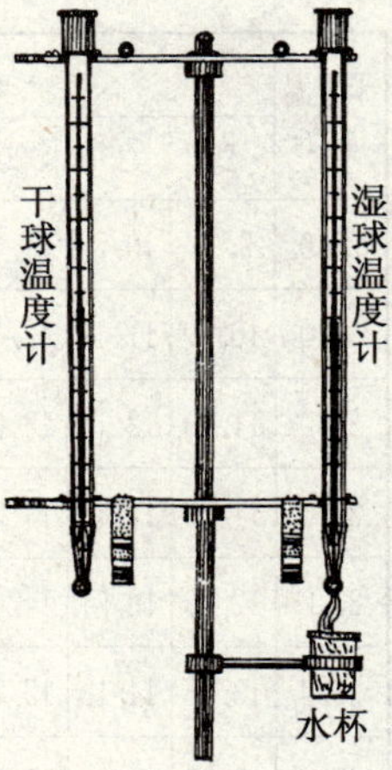

图 9-1-3　干湿球温度计装置图

操作误差分析：

1. 流经温度计的风速，经验表明，风速超过 2.5 m/s 后，误差最小。

2. 温度计读数有误差，将导致相对湿度的很大误差，这种误差是非线性的，特别在低温时误差是相当大的。因此，在我国规定，在 −10 ℃停止使用普通干湿球温度计。

3. 湿球纱布及蒸馏水受到污染时，会减少水分蒸发，从而使误差增加，因此应使用洁净的蒸馏水，并保持纱布的洁净度。

任务拓展

露点可由露点测定仪测得，露点测定仪的结构如图 9-1-4 所示。在一个镀有镜面的特制玻璃瓶 A 内装有部分乙醚液体，在乙醚中插入一根水银温度计 F，B 为测温包，手握橡皮球气泵 D 经管子 C 通入乙醚中。当动作气泵 D 时把空气压入乙醚中，乙醚加速蒸发便会冷却玻璃瓶 A 的外壁面，使之降温。在靠近外壁面的湿空气中的过热蒸汽降到饱和温度时，在镜面 A 上即出现水珠。这时温度计 F 上所示温度就是该湿空气的露点温度。

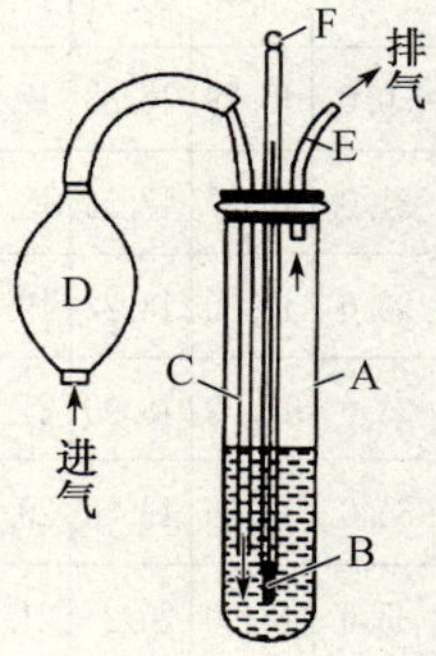

图 9-1-4　露点测定仪

课后练习

1. 请选择一个最合适的答案。

(1) 干湿球温度计能用来测量空气的(　　)。

A. 过热度　　B. 相对湿度　　C. 绝对湿度　　D. 干度

(2) 空气越干燥，则干湿球温度计的温度差(　　)。

A. 不变　　B. 越小　　C. 越大　　D. 趋于零

(3) 分别测出湿空气的(　　)和(　　)即可确定湿空气的相对湿度。

A. 干球温度/露点　　B. 干球温度/大气压力

C. 大气压力/露点　　D. 湿球温度/大气压力

2. 温度 $t = 20$ ℃，压力 $p = 0.1$ MPa，相对湿度 $\varphi = 70\%$ 的湿空气 2.5 m^3。求该湿空气的含湿量、水蒸气分压力、露点、水蒸气密度、干空气质量、湿空气气体常数。如该湿空气在压力不变的情况下，被冷却为 10 ℃的饱和空气，求析出的水量。

3. 温度 $t = 25$ ℃，压力 $p = 0.1$ MPa，相对湿度 $\varphi = 50\%$ 的湿空气 10 000 kg。求该湿空气的露点、绝对湿度、含湿量、湿空气密度、干空气密度、湿空气体积。

任务 2　湿空气冬夏季状态的调节分析

任务描述

船舶空调主要功能之一是调节船舶各房间的空气温度和湿度，保证船员的舒适性。一般调节方式主要是夏季降温除湿，冬季增温加湿，春夏过渡季节本任务不做详述。

学习目标

1. 熟悉 h-d 图的各条等参数线的意义。
2. 能根据 h-d 图分析冬夏季空气的变化过程。

相关知识

1. 湿空气的比焓

含有 1 kg 干空气的湿空气的焓称湿空气的比焓，以 h 表示，其单位为 kJ/kg，即

$$h=\frac{H}{m_a}=\frac{m_a h_a+m_v h_v}{m_a}=h_a+0.001dh_v \tag{9-2-1}$$

可见，湿空气的比焓是指 1 kg 干空气的比焓与 d g 水蒸气的比焓之和。

指定状态下的焓值都是相对于基准态而言的，通常取 0 ℃时干空气焓为零，则温度变化不大(100 ℃以下)时，将 h_a 和 h_v 计算代入湿空气比焓经验式计算得

$$h=h_a+0.001dh_v=1.005\,t+0.001d(2\,501+1.86\,t) \tag{9-2-2}$$

为了简便，湿空气比焓也可通过湿空气的焓湿图(h-d 图)查得。

2. 湿空气的 h-d 图

为了简化计算，便于确定湿空气的状态及其参数、分析湿空气的状态变化过程，目前工程计算大量采用湿空气的 h-d 图。由于湿空气是理想混合气体，包含一定质量干空气的湿空气，可能有水蒸气含量的变化，因此湿空气的状态取决于三个独立参数。平面图上的状态点只能有两个独立参数，所以平面 h-d 图是在一定的总压力下，再选择两个独立参数作为坐标制作的。也就是每一张焓湿图都是在一定的湿空气压力(大气压)下绘制的，不同湿空气压力下有不同的 h-d 图，使用时应注意选用与给定的当地大气压力相适应的 h-d 图。

湿空气的 h-d 图以含有 1 kg 干空气的湿空气为基准，以比焓 h 为纵坐标，含湿量 d 为横坐标，为了图形清晰便于读数，两坐标轴夹角为 135°，如图 9-2-1 所示。

下面将 h-d 图(图 9-2-1)上各条等值线的形状及相互关系简要说明如下。

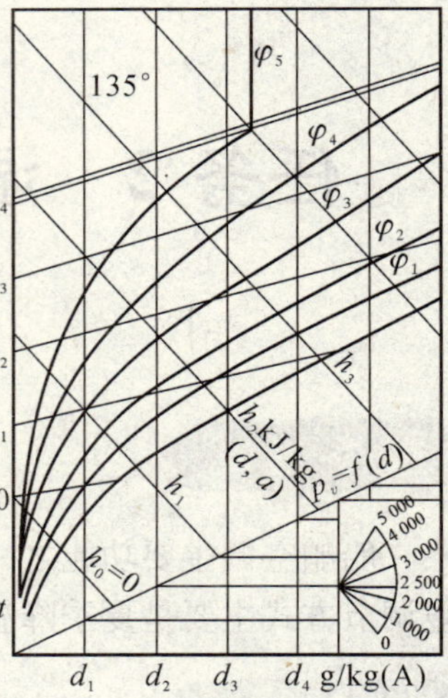

图 9-2-1 湿空气的 h-d 图

1) 等焓线

等焓线是与横坐标成 135°夹角的一束向右下方倾斜的平行直线,它与 $\varphi=100\%$曲线交点的温度即是湿空气的湿球温度 t_d。

2) 等含湿量线

等含湿量线就是一组与纵坐标平行的竖直线。等含湿量线与 $\varphi=100\%$曲线交点温度即为湿空气露点 t_w。

3) 水蒸气分压力 p_v 与含湿量 d 的关系线

由式(9-1-2)得,d 与 p_v 的一一对应关系。等含湿量线就对应等分压力线,其对应的 $p_v=f(d)$ 曲线一般绘在 $\varphi=100\%$下方的空白处,并在右侧纵坐标上标出 p_v 的值(也可绘在图的上方)。

4) 等温线

由式(9-1-2)可知,当湿空气温度 t 不变时,比焓 h 与含湿量为直线性关系。因此,在 h-d 图上,等温线是随着温度上升斜率稍有增大的一组相互间不平行的直线。

5) 等相对湿度线

在一定的含湿量 d 下,相对湿度 φ 随着温度的下降而增加,即等含湿量线的值从上向下逐渐增加直到饱和空气的 $\varphi=100\%$,因此饱和空气的等含湿量线下部处各点表示水蒸气已开始凝结为水,故 $\varphi>100\%$没有实际意义。

6) 热湿比线

湿空气的 h-d 图不仅能用点来代表湿空气某一状态,而且还能用线段来代表湿空气的状态变化。湿空气从初态点 1(h_1,d_1)无论经过何种过程到达终态点 2(h_2, d_2),均可用该过程焓值的变化量 $\Delta h=h_2-h_1$ 与含湿量的变化量 $\Delta d=d_2-d_1$ 的比值,来表示湿空气变化过程的特征和进行的方向,这个比值称为热湿比,用符号 ε 表示,即

$$\varepsilon=\frac{\Delta h}{0.001\,\Delta d} \tag{9-2-3}$$

由于 Δh 和 Δd 或正值或负值或零值,所以 ε 也有正零值或正负无穷大或负值。热湿比线在图 9-2-1 所示的湿空气的 h-d 图的右下角。

3. 湿空气单纯加热(冷却)过程

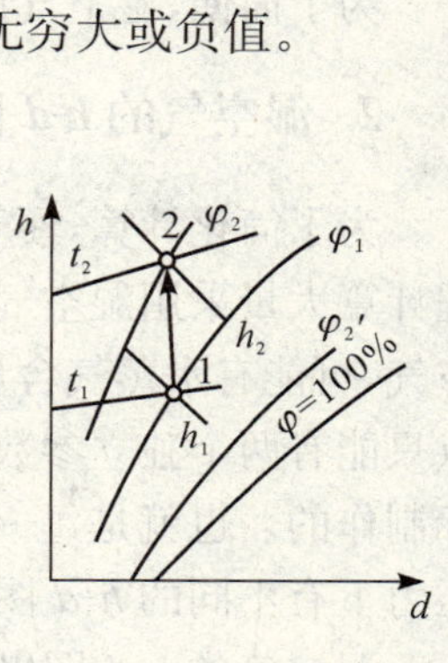

图 9-2-2 湿空气加热过程

湿空气在换热器中加热,其特征是过程中含湿量保持不变,即过程在 h-d 图上表示为沿等含湿量线进行。加热过程中湿空气的温度升高,焓增加而相对湿度减少,故加热过程也用于干燥过程,该过程的热湿比 $\varepsilon\to+\infty$, 如图 9-2-2 所示。忽略湿空气宏观动能和重力位能的变化,由稳定流动能量方程,则过程中单位质量干空气的湿空气在热交换器中加入或放出的热量为 $q=$

h_2-h_1，式中，h_1和h_2分别为过程初、终状态湿空气的焓。

单纯的冷却过程即该过程不包括湿空气含湿量的变化。该过程在 *h-d* 图上与加热过程相反，从 2 点到 1 点，注意不要冷却到露点温度以下，否则将会有水析出。

4. 湿空气加湿过程

空气调节装置中通过加湿（增加空气中水蒸气含量）来增大相对湿度。加湿过程可分为喷水加湿和喷蒸汽加湿两种。

1）喷水加湿

喷水加湿是向空气中喷入水，水蒸发后溶入空气而增加了空气的含湿量，水分蒸发需要吸收热量，而这份热量完全由空气本身供给，因此喷水加湿又称为绝热加湿，如潮湿的物体在空气中干燥过程就相当于空气的喷水加湿过程。如图 9-2-3 所示，1—2 过程为喷水加湿，湿空气的喷水加湿过程可视为湿空气的等焓过程，该过程的热湿比为零。

2）喷蒸汽加湿

如图 9-2-3 所示，1—3 过程为喷蒸汽加湿。对湿空气喷水蒸气加湿也是绝热过程，因为喷入的水蒸气量很小，所以喷入的水蒸气温度对原湿空气的温度影响很小，工程上把喷蒸汽加湿按等温过程处理。

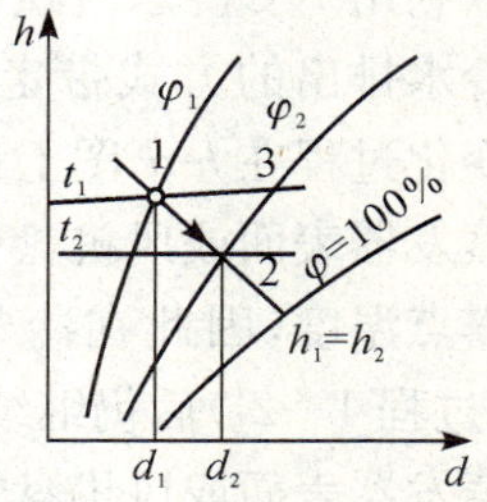

图 9-2-3　湿空气加湿过程

任务实施

【任务要求】

1. 利用湿空气的 *h-d* 图分析空调设备的冬季空气处理过程。
2. 利用湿空气的 *h-d* 图分析空调设备的夏季空气处理过程。

【任务准备】

1. 在冬季，户外空气温度较低，需要对空气进行加热处理，在加热的过程中，由于温度 t 升高，相对湿度 φ 下降，人体感觉不舒适，故还需要对空气进行加湿处理；在夏季，室内空气温度较高，需要对空气进行冷却处理，若空气含湿量过高，还会造成人体散热不良，故还需进行减湿处理。

2. *h-d* 图中各等参数线的特点。

【任务操作】

1. 冬季空气处理过程的 *h-d* 图分析

冬季室外空气的状态点为图 9-2-4 中的 W 点，经过加热加湿后，到达符合房间设计要求的 0 点。

实现过程有两种，第一种为 W—1—0，在空气处理机组内，可先安装加热器（如裸线式加热器）对 W 点空气进行加热到 1 点，然后安装蒸汽加湿器（如电极式加湿器）对 1 点空气进行等温加湿到 0 点；第二种为 W—2—0，在空气处理机组内，须先安装加湿器（如喷水室）对 W 点空气加热加湿到 2 点，然后安装

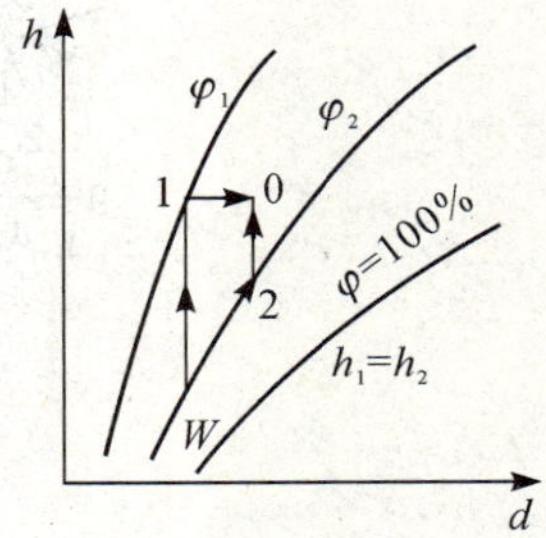

图 9-2-4　湿空气冬季处理过程

再热器(如管式加热器)对 2 点空气进行再热处理到 0 点。

2. 冬季两种处理过程的分析

从加湿的角度而言,第一种处理方式加湿效果更好,因为在温度较高的情况下,空气的吸湿能力更强,因此工程上采用第一种方式的设备较多;第二种处理过程虽然加湿效果不如前者,但是通过再热器可以精确控制最终状态点温度。

3. 夏季空气处理过程 h-d 图分析

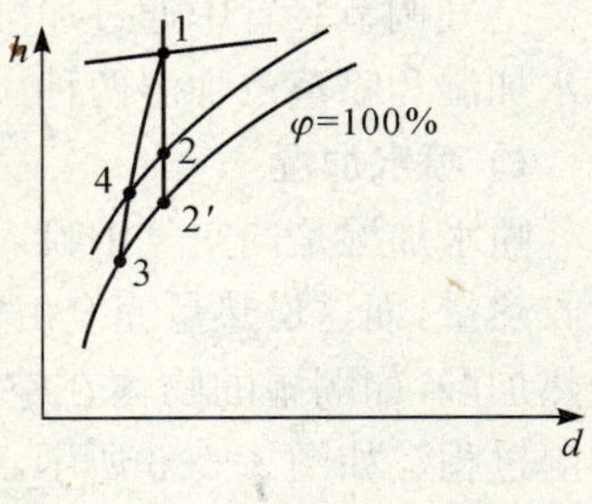

图 9-2-5　湿空气夏季处理过程

夏季室外空气的状态点为图 9-2-5 中的 1 点,实现降温减湿后,到达符合房间设计要求的 3 点。实现方式可以通过制冷剂在室内蒸发器内蒸发带走房间热量,也可以利用 7 ℃冷水流经房间内的风机盘管吸热后变成 12 ℃冷水排出的方式带走房间热量。无论哪种方式,空气的变化过程在 h-d 图上都与单纯的冷却过程不一样。由于蒸发器表面或风机盘管表面温度一般都低于房间空气的露点温度,因此在冷却的过程中,湿空气被冷却到露点(过程 1—2′)后仍继续受冷,过程按图 9-2-5 中的 h-d 图 1—2′—3 或 1—4—3 进行,则流过蒸发器表面或风机盘管表面湿空气中的水蒸气不断凝结析出水滴,从而达到冷却,同时使含湿量 d 减小,因此对空气的处理无需专门考虑减湿问题。

任务拓展

湿空气的混合过程

为了节能,在中央空调中常先将一部分室内空气通过回风管吸至空气调节器进口与通过新风管从室外吸入的新鲜空气混合,然后将混合气一起送入空气器内处理。这样做是充分利用房间回风的冷量或热量达到节能目的,同时又使新鲜空气进入,通常这样的混合过程视为绝热混合过程。

如图 9-2-6 所示,设已知新风空气状态为 1 点,其干空气质量 m_{a1};回风空气的状态为 2 点,其干空气质量为 m_{a2};两股空气混合后的状态为 3 点,h-d 图上混合后的湿空气状态点 3 落在 1, 2 两点所连直线上,点 3 在 1 和 2 直线上的位置取决于回风量与新风量的比值。当回风风量大于新风风量时,混合空气的状态靠近回风,从卫生角度和节能角度出发,新风比例控制在 10%时,效果最好。

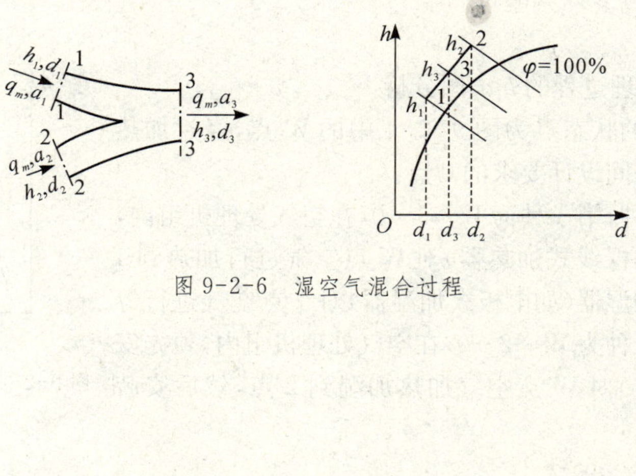

图 9-2-6　湿空气混合过程

课后练习

1. 请选择一个最合适的答案。

(1) 湿空气的喷水加湿近似为(　　)过程，喷蒸汽加湿近似为(　　)过程。

A. 定焓/定熵　　B. 定温/定熵　　C. 定焓/定温　　D. 定温/定焓

(2) 在空调系统中加湿或除湿，其主要的目的是调节空气中的(　　)。

A. 过热度　　B. 干度　　C. 过冷度　　D. 相对湿度

(3) 通常在通风和空气调节等工程中，空气在过程中吸收或放出的热量，均可用(　　)来计算。

A. 过程前后的焓差　　B. 过程前后的熵差

C. 绝热公式　　D. 相应的分压力

2. 将温度 $t_1=15$ ℃，$\varphi_1=60\%$的空气 200 m^3加热到 $t_2=35$ ℃，然后送入干燥器。空气在干燥器与外界绝热的情况下吸收物料中的水分，离开干燥器的相对湿度增至 $\varphi_3=90\%$。设当地大气压力 $p=0.101\ 3$ MPa。试求：(1)空气在加热器中的吸热量；(2)空气在干燥器中吸收的水分。

3. 为满足某车间对空气温度及相对湿度的要求，需将 $t_1=10$ ℃，$\varphi_1=30\%$的空气加热加湿后再送入车间，设加热后空气的温度 $t_2=21$ ℃，处理空气的热湿比 $\varepsilon=3\ 500$。试求空气终了时的状态参数 d_2，h_2，φ_2。

4. 某空调系统每小时需要 $t_2=21$ ℃，$\varphi_2=60\%$的湿空气若干(其中干空气质量 $m_a=4\ 500$ kg/h)。现将室外温度 $t_1=35$ ℃，$\varphi_1=70\%$的空气处理后达到上述要求。设大气压力 $p=101\ 325$ Pa。试求：(1)在处理过程中所除去的水分及放热量；(2)如将 35 ℃的纯干空气 4 500 kg 冷却到 21 ℃，应放出多少热量。

项目十
热力设备的能效分析

项目描述

所有的热力设备在进行能量交换时，必须遵循两大定律，即热力学第一定律和热力学第二定律。热力学第一定律从能量守恒的角度出发，分析能量转换的数量关系；热力学第二定律从能量转换的可行性出发，分析能量转换的方向问题。本项目依据这两个定律，提出提高热力设备能量转换效率的途径。

任务1 汽轮机中工质能量转换的数量分析

任务概述

本任务将热力学第一定律应用在汽轮机中能量转换计算中，通过简化模型，快速得出汽轮机功率。

学习目标

1. 掌握热力学第一定律的表述，热力学第一定律的本质。
2. 熟练应用热力学第一定律封闭系能量方程。
3. 熟练应用热力学第一定律稳定流动开口系能量方程。

相关知识

1. 热力系的能量——储存能

工程热力学中，能量可分为两大类：传递中的交换能和系统具有的储存能。传递中的交换能即为通过系统边界与外界交换的能量，其有功和热两种形式。系统具有的储存能也分为两类：一类是以系统相对于其外部参照系的参数描述的宏观能量，如热力系整体运动所具有的动能和重力势能；另一类是以系统内部工质的状态参数描述的微观能量，它是系统内工质的分子运动和其他微观运动模式所确定的能量，也就是热力学所定义的内能（亦称热力学能）。

1）热力学能

热力学能是指热力系的工质微观粒子本身所具有的能量，用符号 U 表示，单位为 kJ。单位质量工质所具有的热力学能，称为比热力学能，用符号 u 表示，单位为 kJ/kg。

根据热力学能的含义，热力学能是下列各能量的总和：

（1）分子热运动形成的内动能。它包括分子的移动动能、转动动能和原子振动动能。温度越高，内动能越大，故热力学能是温度的函数。

（2）分子间相互作用力形成的内位能。内位能取决于分子间距离，因此热力学能又是比容的函数。

（3）构成分子的化学能和构成分子的原子能等。由于工程热力学一般不涉及化学反应和核反应，从而其化学能和原子能不发生变化，因此能量分析中不考虑该部分。

2）热力系的总能量

热力系由于其宏观运动速度具有宏观动能 E_k，由于其在重力场中所处的位置具有宏观

位能 E_p，它们称为外部宏观储存能，因此热力系的总能量为

$$E = U + E_k + E_p = mu + \frac{1}{2}mc_f^2 + mgz \tag{10-1-1}$$

显然，热力系的总储存能取决于系统内部的热力状态和系统的力学状态。

2. 功

功量和热量都是传递过程中的能量的度量，是引起状态变化的外在原因。功有多种类型，这里着重介绍 3 种。

1) 容积功 W

容积功包括系统膨胀时对外界做的膨胀功和系统被压缩时外界对系统做的压缩功。热、功转换从本质上说是无序能与有序能间的转换，要使无序的热能转变为有序的机械能，归根结底是通过容积膨胀实现的，容积功是封闭系与外界交换的机械能。

2) 流动功 W_f

在开口系中，流动功(W_f)是指由于物质进、出热力系时，工质在流动过程中克服沿途的压力而与外界交换的机械能。1 kg 气体进、出开口系时与外界交换的流动功为

$$w_f = p_2v_2 - p_1v_1 = \Delta(pv) \tag{10-1-2}$$

由式(10-1-2)可知，流动功只取决于工质进、出的状态，具有状态参数属性。流动功是气体在系统与外界之间维持流动所需的能量，若这样的流动停止(如封闭系)，则流动功不存在。也就是说，流动功仅使气体发生位置变化，无状态变化。

3) 轴功 W_s 和技术功 W_t

工质流经开口系通过传动轴与外界交换的功称为轴功 W_s。系统中单位质量流动工质与外界交换的轴功为 $w_s = W_s/m$，m 为系统工质的质量。

工质流经开口系统而引起的进、出口流动宏观动能的变化量与宏观位能的变化量以及通过传动轴与外界交换的轴功之和，称为技术功 W_t，即

$$W_t = \frac{1}{2}m\Delta c_f^2 + mg\Delta z + W_s \tag{10-1-3}$$

单位质量流动工质与外界交换的技术功为

$$w_t = \frac{1}{2}\Delta c_f^2 + g\Delta z + w_s \tag{10-1-4}$$

3. 热力学第一定律数学表达式——能量方程

1) 封闭系的能量方程

在实际热力过程中，许多系统都是封闭系。例如，活塞式压缩机的压缩过程，内燃机的压缩和膨胀过程等。

如图 10-1-1 所示，气缸活塞系统是典型的封闭系。通常该封闭系的宏观动能和重力势能均无变化。因此系统的储存能变化只有内能的变化 ΔU。系统与外界交换能仅为热量和容积功 W 的形式。

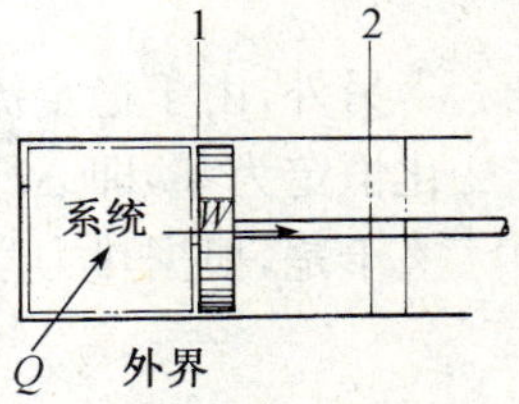

图 10-1-1　封闭系

根据热力学第一定律在热力系上的表述，可得

$$Q - W = \Delta U \tag{10-1-5}$$

对 1 kg 工质而言，有

$$q = \Delta u + w \quad 或 \quad dq = du + dw \tag{10-1-6}$$

式(10-1-5)和(10-1-6)是直接从能量守恒与转换的普遍原理得出的，没有对系统的热力过程作任何假设，因此它适用于任意过程、任意工质。应用封闭系能量方程时，应注意各参数的正负号意义。

前已述及，对可逆过程，有 $w = \int_1^2 p\mathrm{d}v$，故封闭系可逆过程的能量方程有

$$\mathrm{d}Q = \mathrm{d}U + p\mathrm{d}V \quad 或 \quad Q = \Delta U + \int_1^2 p\mathrm{d}V \tag{10-1-7}$$

对 1 kg 工质的封闭系可逆过程，有

$$\mathrm{d}q = \mathrm{d}u + p\mathrm{d}v \quad 或 \quad q = \Delta u + \int_1^2 p\mathrm{d}v \tag{10-1-8}$$

利用能量方程容易得到：循环的净功等于循环的净热。

2) 稳定流动开口系能量方程

一般情况下，开口系的能量转换关系是极其复杂的，本书仅讨论稳定流动开口系。系统内空间各点上工质的热力参数及运动参数都不随时间变化的流动开口系称为稳定流动系统。

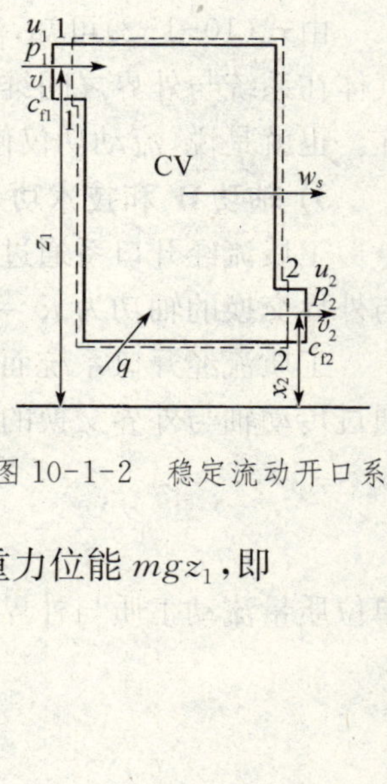

图 10-1-2　稳定流动开口系

如图 10-1-2 所示，在 t 时间内，有质量 m_1(kg)的工质流入系统，质量 m_2(kg)的工质流出系统，工质进、出系统时收支的流动功为 $W_f = p_2V_2 - p_1V_1 = \Delta(pV)$。同时系统与外界交换热量 Q，通过输出轴系统与外界交换轴功 W_s。因为是稳定流动，故 $m_1 = m_2 = m$。

进入系统的工质能量 E_1 包含其内能 U_1，宏观动能 $mc_{f1}^2/2$ 及重力位能 mgz_1，即

$$E_1 = U_1 + \frac{1}{2}mc_{f1}^2 + mgz_1$$

相应地，流出系统的工质带走的能量为 E_2

$$E_2 = U_2 + \frac{1}{2}mc_{f2}^2 + mgz_2$$

另外，由于稳定流动系统各点参数不随时间发生变化，故作为状态参数的系统总储存能变化恒定为零，即 $\Delta E_{CV} = 0$。

于是，根据热力学第一定律得

$$(E_1 + p_1V_1 + Q) - (E_2 + p_2V_2 + W_s) = \Delta E_{CV} \tag{10-1-9}$$

将 $\Delta E_{CV} = 0$ 代入式(10-1-9)，整理得

$$Q=(U_2+p_2V_2)-(U_1+p_1V_1)+\frac{1}{2}m(c_{f2}^2-c_{f1}^2)+mg(z_2-z_1)+W_s \tag{10-1-10}$$

令 $H=U+pV$，H 称为焓，将焓代入式(10-1-10)，得

$$Q=H_2-H_1+\frac{1}{2}m(c_{f2}^2-c_{f1}^2)+mg(z_2-z_1)+W_s \tag{10-1-11}$$

式(10-1-11)即为稳定流动能量方程式。

若流入、流出系统的工质为单位质量，则有

$$q=\Delta h+\frac{1}{2}\Delta c_f^2+g\Delta z+w_s \tag{10-1-12}$$

式中 $h=H/m$ 或 $h=u+pv$，h 称之为比焓。

将式(10-1-3)，(10-1-4)代入式(10-1-11)，(10-1-12)得稳定流动开口系能量方程简单形式，为

$$Q=\Delta H+W_t \tag{10-1-13}$$

对于单位质量工质，相应有

$$q=\Delta h+w_t \tag{10-1-14}$$

其微分形式，为

$$dQ=dH+dW_t \quad 或 \quad dq=dh+dw_t \tag{10-1-15}$$

式(10-1-13)，(10-1-14)，(10-1-15)适用于任意过程、任意工质。上述稳定流动开口系能量方程表明，加于稳定流动系统的热量等于工质焓的增加和产生的技术功之和。

4. 焓

在稳定流动的开口系能量方程推导中，为了简化公式，定义新的物理量——焓 H，单位为 J 或 kJ，单位质量工质的焓 h——比焓，单位为 J/kg 或 kJ/kg，即

$$H=U+pV \quad 和 \quad h=\frac{H}{m}=u+pv \tag{10-1-16}$$

根据状态参数的性质可以证明，由状态参数 U，p，V 组合的复合参数焓 H 也是状态参数。

在开口系中，对于流入、流出系统的 m(kg)工质而言，U 是工质的内能，pV 是伴随工质迁移引起的系统与外界交换的流动功。通过流进(或流出)工质给系统带入(或带出)的能量为微观能 $U+pV$ 和宏观动能($mc_f^2/2$)，宏观位能(mgz)，所以焓是开口系进、出工质所携带能量中代表着与热力状态有关的那部分基本能量。

任务实施

通过简化，建立汽轮机的热力学模型，并根据热力学第一定律计算出汽轮机的功率。

【任务要求】

1. 熟悉热力学第一定律能量方程的应用。

2. 了解汽轮机的工作过程，并应用在热力学第一定律中，计算出项目中汽轮机的功率。

【任务准备】

理论依据

根据汽轮机的工作原理，画出工作示意图，如图 10-1-3 所示，汽轮机为稳定流动开口系。取 1 kg 工质讨论，因为工质在汽轮机内流速很高，与外界换热很少，可认为 $q=0$（绝热），且汽轮机中进、出工质的重力位能差甚微，可认为 $g\Delta z=0$。

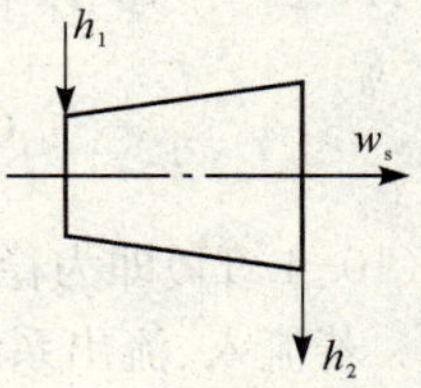

图 10-1-3 汽轮机示意图

$$w_s = h_1 - h_2 - \frac{1}{2}(c_{f2}^2 - c_{f1}^2) \quad (10\text{-}1\text{-}17)$$

上式说明，汽轮机对外界所做的轴功来源于其进、出口的焓降和动能差。

若蒸汽轮机的工质为实际气体——水蒸气，则在正常稳定工况下，从汽轮机进，出口工况下查出 h_1 和 h_2，测出进、出口流速 c_{f1} 和 c_{f2}。

若是以理想气体——燃气为工质的燃气轮机，则在正常稳定工况且忽略进、出口流速变化的情况下，由理想气体的绝热过程，有

$$w_s = h_1 - h_2 - \frac{1}{2}(c_{f2}^2 - c_{f1}^2) = c_p(T_1 - T_2) - \frac{1}{2}(c_{f2}^2 - c_{f1}^2) \quad (10\text{-}1\text{-}18)$$

【任务操作】

1. 该汽轮机进口为过热水蒸气，来自于锅炉，出口为湿饱和蒸汽，由水蒸气性质表查出 $h_1=3\ 432.2$ kJ/kg，$h_2=2\ 126.14$ kJ/kg。

2. 在该汽轮机进、出口处分别安装一个流速计，测出进、出口流速，分别为

$$c_{f1} = 50 \text{ m/s},\ c_{f2} = 120 \text{ m/s}$$

3. 计算出每千克蒸汽在汽轮机中所做的功

$$w = h_1 - h_2 - \frac{1}{2}(c_{f2}^2 - c_{f1}^2) = (3\ 432.2 - 2\ 126.14 - 5.95)\text{kJ/kg} = 1\ 300.11 \text{ kJ/kg}$$

4. 在锅炉出口管道上安装标准孔板，用差压计显示流量，测出蒸汽流量为 8 t/h。该汽轮机每小时做功

$$W = w \times 8 \times 10^3 \text{ kg/h} = 1.04 \times 10^7 \text{ kJ/h}$$

故该汽轮机的功率为

$$p = \frac{W}{3\ 600} = 2\ 890 \text{ kW}$$

本任务中动能差 5.95 kJ/kg 是蒸汽流经汽轮机时动能的增量，可见工质流速在每秒百米数量级时对动能的影响很小，可忽略不计，这样汽轮机的能量方程还可以简化为 $w=h_1-h_2$。

任务评价

能够根据条件对汽轮机进行能量方程的简化，并正确计算出汽轮机的功率。

任务拓展

1. 用热力学第一定律中对锅炉能量的分析

锅炉属于换热器范畴，以下分析对所有换热器都适用。热交换器与外界没有功量交换，而且忽略进、出工质宏观动能与重力位能差，即视为定压流动过程。如图 10-1-4 所示，以热交换器内一股流体流经的空间为热力系(虚线所示)，工质在热交换器中由 1—2 过程后被冷却或被加热，其热量交换 $q = \Delta h$。

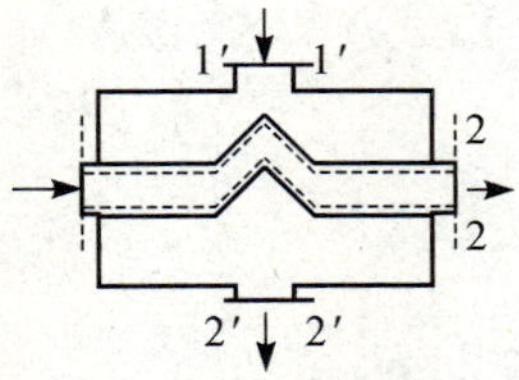

图 10-1-4　换热器工作示意图

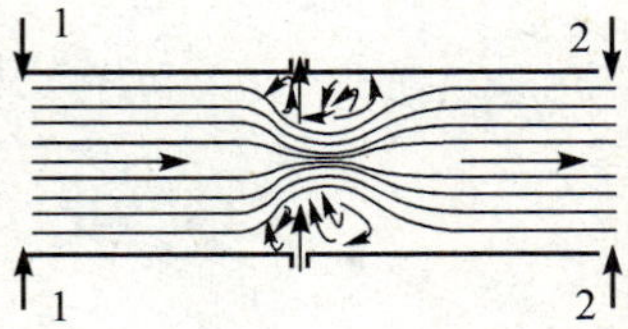

图 10-1-5　节流过程示意图

2. 用热力学第一定律对膨胀阀能量的分析

膨胀阀、毛细管等都属于节流设备，工质流经阀门时流动截面突然收缩，压力下降，这种流动称为节流，如图 10-1-5 所示。由于存在摩擦和涡流，流动是不可逆的。在离阀门不远的两个截面处，工质的状态趋于平衡，前后两截面间的动能差和位能差忽略不计。设流动是绝热的，且不对外界做功，膨胀阀的能量方程简化为 $h_1 = h_2$，节流前后焓值相等，但节流后会出现压力下降现象，若是理想气体则节流前后温度不变。

课后练习

1. 请选择一个最合适的答案。

(1) 下列说法正确的是(　　)。

A. 物体吸收热量，其温度一定升高

B. 热量只能从高温物体向低温物体传递

C. 遵守热力学第一定律的过程一定能实现

D. 做功和热传递是改变物体内能的两种方式

(2) 封闭系与外界仅由于温度差而产生的系统内能变化量的大小取决于(　　)。

A. 密度差　　B. 传递的热量　　C. 熵变　　D. 功

(3) 开口系的工质在可逆流动过程中，如压力降低，则(　　)。

A. 系统对外做技术功　　B. 外界对系统做技术功

C. 系统与外界无技术功交换　　D. 无法确定

2. 安静状态下的人向环境的散热量大约为 400 kJ/h，假设能容纳 2 000 人的大礼堂的通风系统坏了：(1)在通风系统出现故障后的最初 20 min 内礼堂中的空气内能增加多少？(2)把礼堂空气和所有的人考虑为一个系统，假设对外界没有传热，系统内能变化多少？如何解释空气温度的升高？

3. 容积由隔板分成两部分，左边盛有压力为 600 kPa，温度为 27 ℃的空气，右边为真空，容积为左边的 5 倍。将隔板抽出后，空气迅速膨胀充满整个容器。设膨胀是在绝热下进行的，试求容器内最终压力和温度。

4. 已知 100 kPa 下冰的熔点为 0 ℃，此时冰的熔化热为 333.3 $J\cdot g^{-1}$水和冰的平均比定压热容 c_p分别为 4.184 $J\cdot g^{-1}\cdot K^{-1}$及 2.000 $J\cdot g^{-1}\cdot K^{-1}$。今在绝热容器内向 1 kg，50 ℃ 的水中投入 0.8 kg 温度为−20 ℃的冰。求：(1)系统末态的温度；(2) 末态水或冰的质量。

任务2　典型热力系能量转换的经济性分析

任务描述

热力学第二定律指出改进循环、提高经济性指标的途径和原则。本任务从工程应用的角度，给出判定热机、热泵是否可行的理论方法。

学习目标

1. 熟悉热力学第二定律的经典表述。
2. 熟悉卡诺循环、卡诺定理的内容。
3. 会分析提高动力装置的热效率和制冷装置的制冷系数的方法。

相关知识

1. 热力循环的经济性指标

1）正循环

持续不断地将热转换为功，工程上是通过热机实现的，工质在热机内的状态变化称为热机循环，即"正循环"。如图 10-2-1(a)所示为热机内工质经历一个正循环后与外界交换的能量；如图 10-2-1(b)所示为工质状态变化的循环情况。

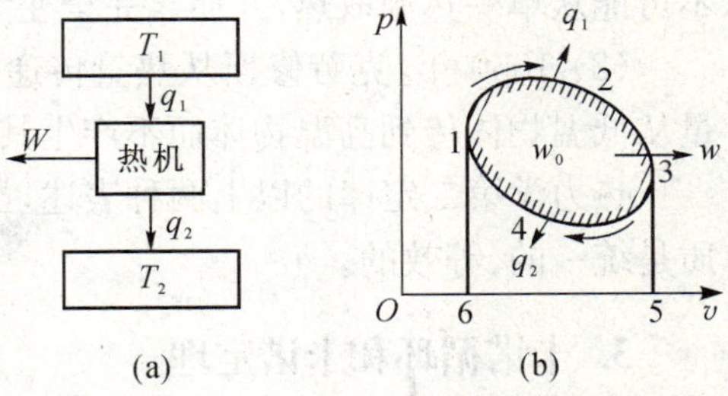

图 10-2-1　热机正循环

对正循环的热机，它的经济性指标即热效率 η_t

$$\eta_t = \frac{W}{Q_1} = \frac{Q_1 - Q_2}{Q_1} = 1 - \frac{Q_2}{Q_1} \quad \text{或} \quad \eta_t = 1 - \frac{q_2}{q_1} \tag{10-2-1}$$

2）逆循环

自然界热量自发地从高温物体流向低温物体，若是使热量从低温物体流向高温物体，工程上使用热泵这样的装置，如图 10-2-2(a)所示。热泵的循环称为逆循环，如图 10-2-2(b)所示。

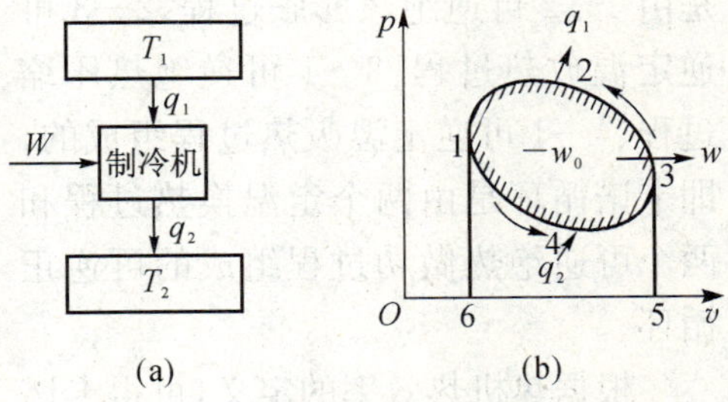

图 10-2-2　热机逆循环

若逆循环是从低温物体吸收热量从而达到物体温度低于环境温度的制冷循环，则其经济性指标，即制冷系数为

$$\varepsilon=\frac{Q_2}{W}=\frac{Q_2}{Q_1-Q_2}\quad 或\quad \varepsilon=\frac{q_2}{w}=\frac{q_2}{q_1-q_2} \tag{10-2-2}$$

若逆循环是向高温物体供热从而达到物体温度高于环境温度的供热循环，则热泵的供热系数为

$$\varepsilon'=\frac{Q_1}{W}=\frac{Q_1}{Q_1-Q_2}\quad 或\quad \varepsilon'=\frac{q_1}{w}=\frac{q_1}{q_1-q_2} \tag{10-2-3}$$

可见，对同一个逆循环则有：$\varepsilon'=\varepsilon+1$。

2. 热力学第二定律的实质与表述

1）热力学第二定律的实质

功变热和热变功，从本质上说它们是两种根本不同的转换。经验表明，通过摩擦功可以自发地全部转换为热，而热却不能通过摩擦自发地全部转换为功。这虽然遵守热力学第一定律，但是事实上却不会发生。热力学第二定律从质的角度揭示了能量传递和转换的方向、条件及限度。其中，能量转换过程进行的方向是最根本的内容。

2）热力学第二定律的表述

由于能量相互转换所涉及的现象多种多样，热力学第二定律的叙述形式也是很多的。这里只针对热、功转换和热量传递介绍两种典型的说法。

(1) 1851 年，开尔文和普朗克从热机的热功转换角度阐述了热力学第二定律，表述为：不可能从单一热源取热，并使之完全变为有用功而不产生任何其他变化。

(2) 1850 年，克劳修斯从热量传递的角度阐述了热力学第二定律，表述为：不可能把热量从低温物体传到高温物体而不产生其他变化。

热力学第二定律的以上两种表述，虽然各自从不同角度反映了热过程的方向性，但其实质是统一的、等效的。

3. 卡诺循环和卡诺定理

单一热源的热机是造不成的，即热机的热效率总是小于100%。那么在两个热源之间的热机热效率最高极限是多少呢？1824 年，法国工程师卡诺解决了这一问题，并指出改进循环提高经济性指标的途径和原则。

1）卡诺循环

如图 10-2-3 所示的卡诺循环，它是由 1—2 可逆绝热膨胀过程、2—3 可逆定温放热过程、3—4 可逆绝热压缩过程、4—1 可逆定温吸热过程组成的，即卡诺循环是由两个定温换热过程和两个可逆绝热做功过程组成的可逆正循环。

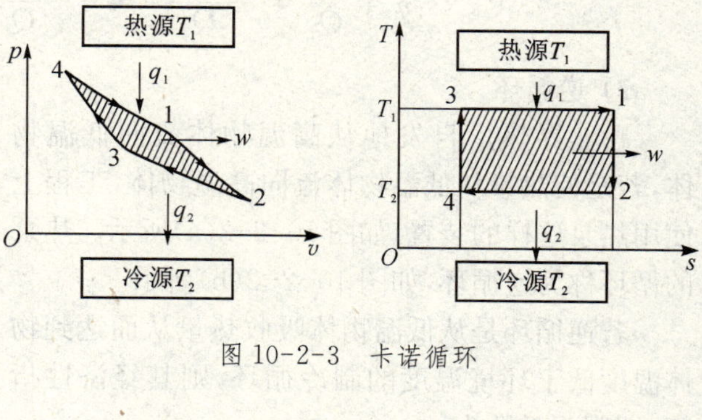

图 10-2-3　卡诺循环

根据热机热效率的定义，可得卡诺循环的热效率

$$\eta_{tc}=1-\frac{q_2}{q_1}=1-\frac{T_2}{T_1} \quad (10\text{-}2\text{-}4)$$

由式(10-2-4)知，卡诺循环的热效率仅与高、低温热源温度有关，而与工质的性质无关。

如果使循环在状态参数坐标图上沿卡诺路径逆时针方向进行，该循环称逆卡诺循环，如图 10-2-4 所示。可见，与卡诺循环不同之处在于其相反的状态变化方向，逆卡诺循环运行结果是消耗了外功，从低温热源等温地吸取热量并连同消耗的循环净功一起等温地放给高温热源。

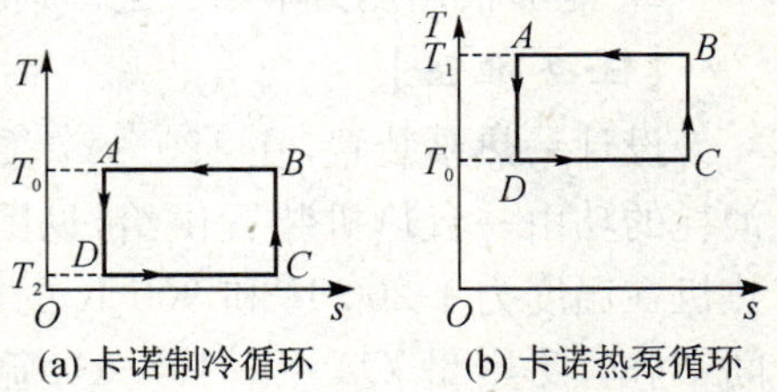

图 10-2-4　逆卡诺循环

如图 10-2-4(a)所示，逆卡诺循环制冷系数为

$$\varepsilon_c=\frac{q_{DC}}{w}=\frac{q_{DC}}{q_{AB}-q_{DC}}=\frac{T_2}{T_0-T_2} \quad (10\text{-}2\text{-}5)$$

如图 10-2-4(b)所示，逆卡诺循环供热系数为

$$\varepsilon_c'=\frac{q_{AB}}{w}=\frac{q_{AB}}{q_{AB}-q_{DC}}=\frac{T_1}{T_1-T_0} \quad (10\text{-}2\text{-}6)$$

2）卡诺定理

卡诺在力求提高热机效率的研究中，发现任何不可逆因素都会引起功损失，并构想出两热源间最理想循环——卡诺循环和逆卡诺循环，总结出卡诺定理。卡诺定理表述为：“在温度 T_1 的高温热源和温度 T_2 的低温热源之间工作的一切可逆热机，其热效率均相等，与工质的性质无关；在温度 T_1 的高温热源和温度 T_2 的低温热源之间工作的一切热机循环，以卡诺循环热效率为最高。”

如图 10-2-5 所示为一由 *abcda* 组成的非卡诺可逆正循环，它的热效率可由其等效的卡诺循环来计算，即循环 *abcda* 吸热时变化的温度与定值平均吸热温度 T_{m1} 等效，原放热温度与定值平均吸热温度 T_{m2} 等效。

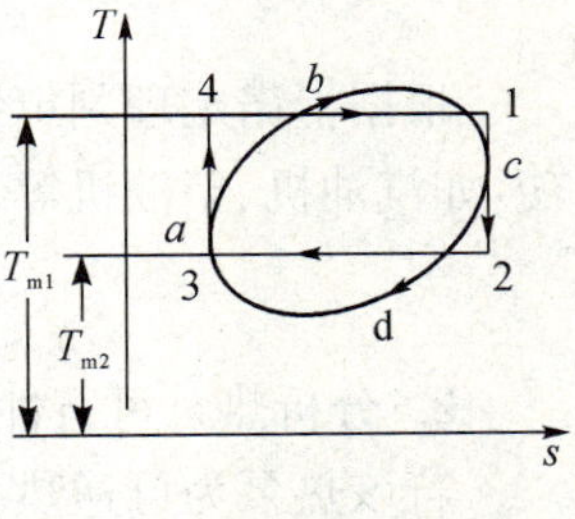

图 10-2-5　等效卡诺循环

可见，在相同热源条件下，卡诺循环的热效率是一切实际循环热效率所能趋近的极限。尽管实际状态变化都有或多或少的不可逆因素，实际循环均为不可逆循环，但由卡诺定理，可以得到提高实际循环经济性指标的基本途径：

(1) 尽量避免或减少实际循环中的不可逆性，使实际循环尽量接近于可逆循环。

(2) 提高工质从高温热源的吸热温度，使其向高温方向发展；降低工质向低温热源的放热温度，尽量使其低至接近环境温度。

任务实施

通常在设备的设计阶段，为了论证设备的可行性，得出设备的最高效率，都要使用热力学第二定律。

【任务要求】

1. 熟悉热力学第二定律的实质和卡诺循环及定理。

2. 能够根据热力学第二定律判断热机是否为可逆热机。

【任务准备】

设计一热泵装置，在 120～27 ℃之间工作，热泵消耗的功由一台热机装置供给，见图 10-2-6。已知热机在温度为 1 200 K 和 300 K 的两个恒温热源之间工作，吸热量 $Q_H = 1\ 100$ kJ，循环净功 $W_{net} = 742.5$ kJ，该热机是否可行？若热泵设计供热量 $Q_1 = 2\ 400$ kJ，则该热泵是否可行？

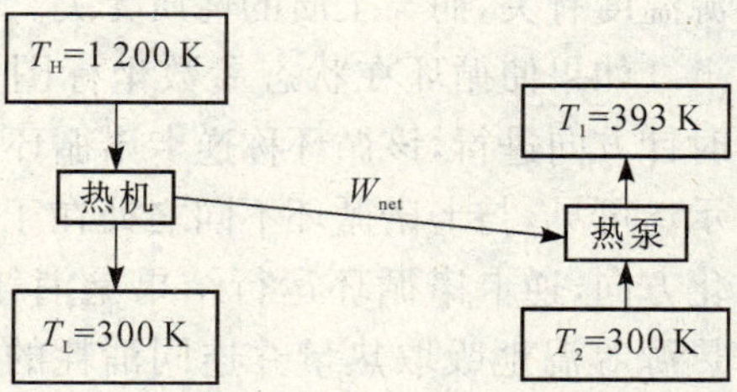

图 10-2-6　热泵装置工作图

【任务操作】

1. 分析热机可行性

如热机为可逆热机，则效率为最大值，为

$$\eta_t = 1 - \frac{T_L}{T_H} = 0.75$$

热机实际吸热量 $Q_H = 1\ 100$ kJ，放热量

$$Q_L = Q_H - W_{net} = 357.5\ \text{kJ}$$

因此该热机的实际效率为

$$\eta_{tC} = 1 - \frac{Q_L}{Q_H} = 0.675$$

根据卡诺定理判定该设计可行，且该热机为不可逆热机，从高温热源吸收热量对外做功，如汽油机、柴油机等，对外输出功的大小为

$$W = Q_H - Q_L = 742.5\ \text{kJ}$$

2. 分析热泵可行性

若该热泵为可逆热泵，则最大供热系数为

$$\varepsilon = \frac{T_1}{T_1 - T_2} = 4.2$$

若热泵设计供热量 $Q_1 = 2\ 400$ kJ，该热泵的实际效率

$$\varepsilon' = \frac{Q_1}{W} = 3.2$$

根据卡诺定理判定该热泵设计可行，如空气源热泵、地源热泵等，上述热机输出的功用于该热泵从低温热源吸热，向高温热源放热，从低温热源的吸热量为

$$Q_2 = Q_1 - W = 1\ 657.5\ \text{kJ}$$

且本任务还可以得出该热泵理论上最大供热量

$$Q_{1max} = \varepsilon \cdot W = 3\ 118.5\ \text{kJ}$$

3. 分析提高热泵效率的途径

根据卡诺定理，为了增大该热泵放热量，使热泵效率尽量接近卡诺循环热效率，须尽量减少循环中不可逆的因素。例如可以设计采用高效压缩机提高压缩机效率，增大换热器的面积和安装换热器翅片提高热交换效率。

任务评价

能够计算可逆热机和不可逆热机的效率；能够依据本次任务更加熟悉卡诺循环和卡诺定义的实际应用价值——找到提高热力系能量转换经济性的途径。

任务拓展

可逆过程中，熵的定义是

$$dS = \frac{dQ}{T} \quad 或 \quad ds = \frac{dq}{T} \tag{10-2-7}$$

状态参数熵单位为 kJ/K，比熵单位为 kJ/(kg · K)。熵的定义式(10-2-7)表明，逆过程工质熵增加($ds>0$)时，系统吸热 $q>0$；工质熵减少($ds<0$)时，系统放热 $q<0$。

为了准确地表达熵与过程进行方向性的关系，再引入熵流与熵产概念。对任意过程而言，系统的熵变化为

$$\Delta S = \Delta S_f + \Delta S_g = \int_1^2 \frac{dQ}{T} + \Delta S_g \tag{10-2-8}$$

式(10-2-8)中，熵流 ΔS_f 是指系统由于与外界交换热量引起的熵变化，其计算公式为 $\Delta S_f = \int_1^2 \frac{dQ}{T}$。

式(10-2-8)中熵产 ΔS_g 是系统因不可逆因素的存在而引起熵的增加。熵产永远是正数($\Delta S_g>0$)，不可逆性越大，熵产值越大。熵产等于零($\Delta S_g=0$)是指过程为可逆过程。

如将式(10-2-8)应用在孤立系统中，$Q=0$，所以 $\Delta S=\Delta S_f+\Delta S_g=0+\Delta S_g$。可见，孤立系统的熵总是朝着增大的方向发展，这就是孤立系统熵增原理，也可以说是热力学第二定律的数学表达式。

课后练习

1. 请选择一个最合适的答案。

(1) 下列与热现象有关的论述中错误的是(　　)。

A. 运动物体的动能可以完全转化成内能

B. 电炉可以把电能完全转化为内能

C. 电冰箱可以使热量从低温物体传递到高温物体

D. 内燃机可以把燃料燃烧得到的内能完全转化成机械能

(2) 下列说法正确的是(　　)。

A. 热量不能由低温物体传递到高温物体

B. 外界对物体做功,物体的内能必定增加

C. 第二类永动机不可能制成,是因为违反了能量守恒定律

D. 不可能从单一热源吸收热量并把它全部用来做功,而不引起其他变化

(3) 柴油机使柴油燃料在它的气缸中燃烧,产生高温高压的气体,燃料的化学能转化为气体的内能,高温高压的气体推动活塞做功,气体的内能又转化为柴油机的机械能。燃烧相同的燃料,输出的机械能越多,表明柴油机越节能。是否节能,是衡量机器性能好坏的重要指标。有经验的柴油机维修师傅,不用任何仪器,只是将手伸到柴油机排气管附近,去感知一下尾气的温度,就能够判断这台柴油机是否节能,真是"行家伸伸手,就知有没有",关于尾气的温度与柴油机是否节能之间的关系,正确的是(　　)。

A. 尾气的温度越高,柴油机越节能

B. 尾气的温度越低,柴油机越节能

C. 尾气的温度高低与柴油机是否节能无关

D. 以上说法均不正确

2. 冬季利用热泵从室外 0 ℃的环境吸热,向室内 18 ℃的房间供热。若每分钟用 100 kJ 的功开动热泵。试估算热泵每分钟最多能向室内提供多少热量?

3. 某地热水的温度为 65 ℃,大气温度为 20 ℃。若分别利用一可逆热机和一不可逆热机从地热水中取出 1 000 J 的热量。

(1) 分别计算两热机对外所做的功。已知不可逆热机效率是可逆热机效率的 80%。

(2) 分别计算两热机向大气放出的热。

项目十一
热机理论的应用(一)

项目描述

本项目是工程热力学理论应用于轮机设备的典型实例,是运用工程热力学理论对内燃机(尤其是船舶柴油机)工作规律和效果经济性的数据分析,从能量转换角度评估内燃机工作完善性。从本项目任务完成中认识和学会理论上对典型实际动力设备的实际工作过程分析的一般方法,重点找到影响实际动力设备工作循环热效率的因素和提高实际动力设备做功能力的途径,以合理安排工作循环,提高热效率。

任务 1　内燃机工作的热效率分析

任务描述

本任务是将工程热力学基本理论中有关“循环”概念和规律应用于内燃机的工作过程中。从理论上定量地计算内燃机能量转换经济性——热效率，从内燃机工作循环方式上定性地分析热效率，再结合内燃机实际状况讨论限制热效率提高的因素。通过本任务，学会由理论到理论与实际相结合的方法和技能，由此找到提高内燃机热效率的基本途径和措施。

学习目标

1. 了解内燃机实际工作过程，理解理论对实际内燃机实际工作过程的概括简化方法，体会热工理论对分析实际设备的意义。

2. 识记高速柴油机、低速柴油机和汽油机理想工作循环组成和描述。

3. 会分析内燃机工作的经济性指标。

相关知识

内燃机、燃气轮机都属能输出机械能的动力设备，它们都是通过工质进行正循环实现连续不断地将热能转换为机械能的热机。先认识内燃机实际工作循环及其理想循环。

往复式内燃机类型有多种，按所用燃料不同分，有汽油机、柴油机；按内燃机完成一次循环所需要的冲程分，有四冲程和二冲程内燃机。

1. 内燃机实际工作循环

下面以机械喷射式四冲程柴油机为例，说明内燃机实际循环工作原理。

如图 11-1-1 所示，为柴油机工作中气缸内工质的压力随容积的变化曲线(示功图)。下面根据图 11-1-1，对内燃机循环过程进行说明。

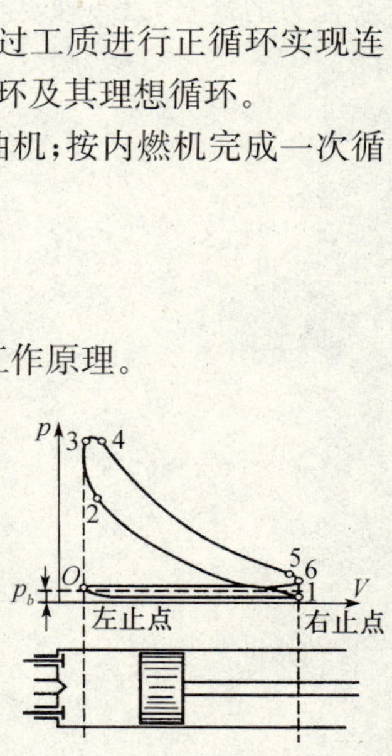

图 11-1-1　内燃机示功图

(1) 0—1 吸气过程。排气阀关、进气阀开，活塞右行吸气至右止点 1。由于气流通道和气阀节流存在阻力损失，所以吸入气缸内的气体压力略低于进气口外的大气压。

(2) 1—2 压缩过程。进、排气阀关闭，活塞左行至左止点前 2 完成压缩。此过程消耗外界功使气体压缩后升压(达 3.5～5.0 MPa)升温(达 600～800 ℃)，压缩终点温度超过柴油燃点温度(约 335 ℃)。实际压缩过程是一个既有吸热又有放热的复杂多变的过程。

(3) 2—3—4 燃烧过程。通常在压缩至左止点前，一部分燃油喷入气缸，当压缩到左止点时，这部分燃油已被气缸内空气加热而迅速燃烧，因而在活塞处于左止点附近其运动速度变得很小的情况下，压力迅速上升至 5～8 MPa，这一过程接近于定容燃烧过程。后来喷入气缸中的燃油继续燃烧，同时活塞也向右止点移动，这时燃烧过程接近于定压燃烧，燃烧终了时的温度高达 1 400～1 800 ℃。

(4) 4—5 膨胀过程。高温高压的燃气(工质)膨胀推动活塞对外作功，此过程类似于复杂的多变压缩过程。膨胀初始阶段，由于后燃的影响，工质吸热量大于工质向气缸壁的放热，为吸热过程；膨胀的后阶段，工质对缸壁继续放热而后燃停止，为放热过程。整个膨胀过程吸热还是放热，取决于膨胀过程中后燃的影响程度。对于机械喷射式高速柴油机来说，后燃加给工质的热量大于工质向缸壁的放热，总体上是吸热。

(5) 5—6—0 排气过程。在膨胀结束的右止点 5 附近，排气阀开启，废气在压差的作用下排出排气口的大气中，缸内压力骤减到略高于大气压力，此时(5—6 段)活塞几乎没有移动。接着活塞上行，废气在压力稍高于大气压下排出气缸(6—0 段)。

至此内燃机完成一个工作循环。

2. 内燃机理想循环

根据以上简述可知，内燃机实际循环是不可逆的开式循环，很多因素的存在使分析起来很困难。为便于作热力分析，对内燃机实际工作循环进行理想化概括：①假定以外界加给内燃机热量替代实际燃烧过程产生的热量，用定容放热过程概括实际通过废气排出等方式放入大气的热量。②实际上进、排气过程只是工质量的变化，工质状态几乎没有变化，且进、排气过程所做的功相互抵消。因略去燃烧和排气放热，所以取消进、排气过程，即整个循环理论上是工质性质不变的封闭循环。③忽略实际压缩和膨胀过程中工质与气缸壁之间的热量交换，即理想化为绝热过程。④忽略循环中所有不可逆因素。

通过如上理想化，可以得到一个以理想气体为工质的封闭可逆正循环——内燃机理想循环。

1) 混合加热理想循环

如图 11-1-2 所示，机械喷射式高速柴油机的理想循环 p-v 和 T-s 图。图中：1—2 为可逆绝热压缩(定熵)过程；2—3 为可逆定容加热过程；3—4 为可逆定压加热过程；4—5 为可逆绝热膨胀(定熵)过程；5—1 为可逆定容放热过程。因为兼有定容和定压加热过程，故称为混合加热理想循环。

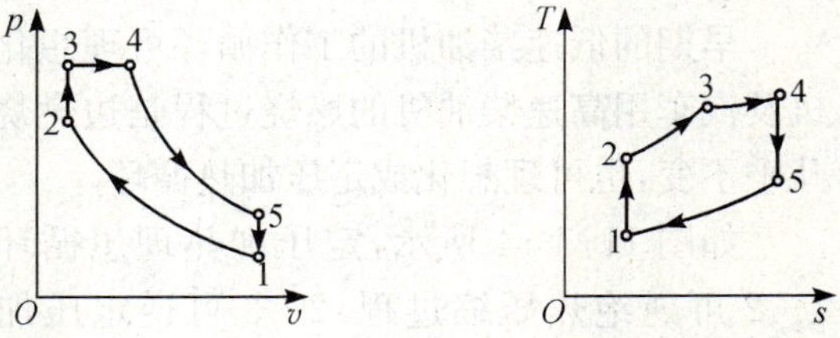

图 11-1-2　混合加热循环

混合加热理想循环的热效率为

$$\eta_t = 1 - \frac{q_2}{q_1} = 1 - \frac{q_{p,\,51}}{q_{v,\,23} + q_{p,\,34}} = \frac{c_v(T_5 - T_1)}{c_v(T_3 - T_2) + c_p(T_4 - T_3)}$$

$$= 1 - \frac{T_5 - T_1}{(T_3 - T_2) + k(T_4 - T_3)}$$

引入三个反映循环特性的参数：压缩比 ε，为绝热压缩过程工质起始状态 1 与终了状态 2 的比容之比，即 $\varepsilon=v_1/v_2$；定容升压比 λ，为定容加热过程工质的终了状态 3 与起始状态 2 的压力之比，即 $\lambda=p_3/p_2$，定容加热量越大，λ 就越大；定压预胀比 ρ，为定压加热过程工质的终了状态 4 与起始状态 3 的比容之比，即 $\rho=v_4/v_3$，定压加热量越大，ρ 就越大。

根据组成循环的各过程特点下的状态参数之间关系，得

$$\eta_t=1-\frac{\lambda\rho^k-1}{\varepsilon^{k-1}((\lambda-1)+k\lambda(\rho-1))} \quad (11\text{-}1\text{-}1)$$

式(11-1-1)表明：混合加热循环的热效率 η_t 随压缩比 ε 提高、定容升压比 λ 提高和定压预胀比 ρ 的降低而提高。

2）定容加热理想循环

汽油机由火花塞点火引燃，使气缸内由易挥发的汽油形成的可燃混合气迅速燃烧，燃烧时活塞位移极小，因此汽油机理想循环为定容加热循环(Otto Cycle)，如图 11-1-3 所示。

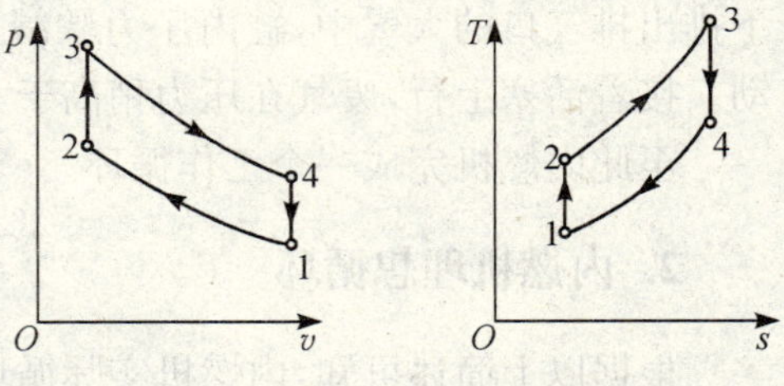

图 11-1-3　定容加热循环

从图 11-1-3 所示的定容加热理想循环 p-v 和 T-s 图可见，定容加热循环是由 1—2 可逆绝热压缩过程、2—3 可逆定容加热过程、3—4 可逆绝热膨胀过程、4—1 可逆定容放热过程组成的可逆正循环。

将定容加热理想循环与混合加热理想循环进行比较可知，定容加热理想循环是将加热量全部分配到定容加热过程的混合加热理想循环的一个特例，即混合加热理想循环的定压预胀比 $\rho=1$ 时就是定容加热理想循环。所以定容加热理想循环的热效率为

$$\eta_t=1-\frac{1}{\varepsilon^{k-1}} \quad (11\text{-}1\text{-}2)$$

因此，定容加热理想循环的热效率随压缩比 ε 的增加而提高。

3）定压加热理想循环

早期的低速柴油机的工作循环可理想化为定压加热理想循环。近年来，有些增压柴油机及汽车用高速柴油机的燃烧过程是边燃烧边进行膨胀的，在整个燃烧过程中气缸内压力几乎不变，也可理想化成定压加热循环。

如图 11-1-4 所示，定压加热理想循环是由 1—2 可逆绝热压缩过程、2—3 可逆定压加热过程、3—4 可逆绝热膨胀过程、4—1 可逆定容放热过程组成的可逆正循环。

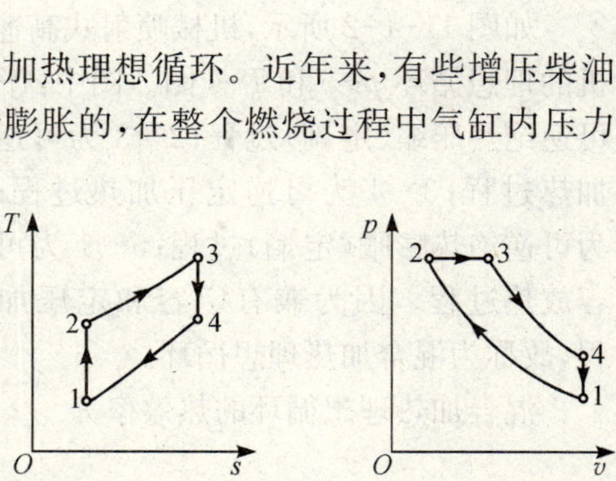

图 11-1-4　定压加热循环

可见，定压加热理想循环相当于定容升压比 $\lambda=1$ 的混合理想循环特例，所以定压加热理想循环的热效率为

$$\eta_t=1-\frac{\rho^k-1}{\varepsilon^{k-1}k(\rho-1)} \quad (11\text{-}1\text{-}3)$$

由式(11-1-3)知，定压加热理想循环的热效率 η_t 随压缩比 ε 的增大、气体 k 值的增大而增大；增大预胀比 ρ，则 q_1(负荷)增加，循环的输出功增加，但循环的热效率降低。

任务实施

上述三种内燃机理想循环是对内燃机实际工作过程的概括和简化，目的在于：阐明各基本热力参数间的关系，明确提高以理想循环热效率为代表的经济性的基本途径；确定循环热效率的理论极限。

【任务要求】

1. 内燃机理想循环的热效率计算。

2. 内燃机不同循环方式对热效率影响分析。

3. 对比内燃机理想循环与实际循环，结合内燃机理想循环热效率分析的理论依据和方法，找出限制内燃机热效率提高的主要因素。

【任务准备】

熟悉理想气体性质，热力学第一定律和热力学第二定律内容以及热力计算，记识内燃机理想循环过程特点。

【任务操作】

1. 计算内燃机理想循环的工质状态参数和热效率

已知某柴油机混合加热理想循环 $p_1=0.17$ MPa，$t_1=60$ ℃，压缩比 $\varepsilon=14.5$，气缸中气体最大压力 10.3 MPa，循环加热量 $q_1=900$ kJ/kg。设其工质为空气，比热容为定值并取 $c_p=1\,004$ J/(kg·K)，$c_v=718$ J/(kg·K)，$k=1.4$；环境温度 $t_0=20$ ℃，压力 $p_0=0.1$ MPa。试分析循环并求循环的热效率。

解：循环如图 11-1-2 所示，由已知条件得 $p_1=0.17\times10^6$ Pa，$T_1=333.15$ K

点 1：$v_1=\dfrac{R_gT_1}{p_1}=\dfrac{287\ \text{J/(kg·K)}\times333.15\ \text{K}}{0.17\times16^6\ \text{Pa}}=0.562\ \text{m}^3/\text{kg}$

点 2：$v_2=\dfrac{v_1}{\varepsilon}=\dfrac{0.562\ \text{m}^3/\text{kg}}{14.5}=0.038\,7\ \text{m}^3/\text{kg}$

1—2 是定熵过程，有

$$p_2=p_1\left(\frac{v_1}{v_2}\right)^k=p_1\varepsilon^k=0.17\ \text{MPa}\times14.5^{1.4}=7.18\ \text{MPa}$$

$$T_2=\frac{p_2v_2}{R_g}=\frac{7.18\times10^6\ \text{Pa}\times0.038\,7\ \text{m}^3/\text{kg}}{287\ \text{J/(kg·K)}}=968\ \text{K}$$

点 3：$p_3=10.3\times10^6$ Pa，$v_3=v_2=0.038\,7\ \text{m}^3/\text{kg}$

$$T_3=\frac{p_3v_3}{R_g}=\frac{10.3\times10^6\ \text{Pa}\times0.038\,7\ \text{m}^3/\text{kg}}{287\ \text{J/(kg·K)}}=1\,389\ \text{K}$$

$$\lambda=\frac{p_3}{p_2}=\frac{10.3\ \text{MPa}}{7.18\ \text{MPa}}=1.43$$

循环吸热量：

$$q_{1v}=c_v(T_3-T_2)=0.718\ \text{kJ/(kg·K)}\times(1\,389\ \text{K}-968\ \text{K})=302\ \text{kJ/kg}$$

$$q_{1p}=q_1-q_{1v}=900\ \text{kJ/kg}-302\ \text{kJ/kg}=598\ \text{kJ/kg}$$

点 4：$p_4=p_3=10.3\times10^6\ \text{Pa}$，$q_{1p}=c_p(T_4-T_3)$

$$T_4=T_3+\frac{q_{1p}}{c_p}=1\,389\ \text{K}+\frac{598\ \text{kJ/kg}}{1.004\ \text{kJ/(kg·K)}}=1\,985\ \text{K}$$

$$v_4=\frac{R_gT_4}{p_4}=\frac{287\ \text{J/(kg·K)}\times1\,985\ \text{K}}{10.3\times16^6\ \text{Pa}}=0.055\ \text{m}^3/\text{kg}$$

点 5：$v_5=v_1=0.562\ \text{m}^3/\text{kg}$

$$p_5=p_4\left(\frac{v_4}{v_5}\right)^k=10.3\ \text{MPa}\times\left(\frac{0.055\ \text{m}^3/\text{kg}}{0.562\ \text{m}^3/\text{kg}}\right)=0.398\ \text{MPa}$$

$$T_5=\frac{p_5v_5}{R_g}=\frac{0.398\times10^6\ \text{Pa}\times0.652\ \text{m}^3/\text{kg}}{287\ \text{J/(kg·K)}}=779\ \text{K}$$

循环放热量：$q_2=c_v(T_5-T_1)=0.718\ \text{kJ/(kg·K)}\times(779\ \text{K}-333\ \text{K})=320\ \text{kJ/kg}$

循环净功：$w_{\text{net}}=q_1-q_2=900\ \text{kJ/kg}-320\ \text{kJ/kg}=580\ \text{kJ/kg}$

循环的热效率：$\eta_t=1-\dfrac{\lambda\rho^k-1}{\varepsilon^{k-1}((\lambda-1)+k\lambda(\rho-1))}$

$$=1-\frac{1.43\times1.42^{1.4}-1}{14.5^{1.4-1}((1.43-1)+1.4\times1.43(1.42-1))}=0.639$$

或 $\quad\eta_t=\dfrac{w_{\text{net}}}{q_1}=\dfrac{580\ \text{kJ/kg}}{900\ \text{kJ/kg}}=0.644$

热工计算较灵活，以上各参数有的还可以通过其他途径求得，读者自行另解。

2. 内燃机不同循环方式对热效率影响的分析

对内燃机三种理想循环进行比较，首先从实际需要出发，明确比较的前提条件，找出在给定条件下，哪种循环的热效率最高。

1) 初态、压缩比和加热量相同时

如图 11-1-5 所示 T-s 图中，123451 为混合加热循环，$124'5'1$ 为定容加热循环，$124''5''1$ 为定压加热循环。在给定条件下三种循环的绝热压缩线 1—2 重合，工质从高温热源吸收的热量相等，面积 $5'1ab'5'$ < 面积 $51ab5$ < 面积 $5''1ab''5''$，即

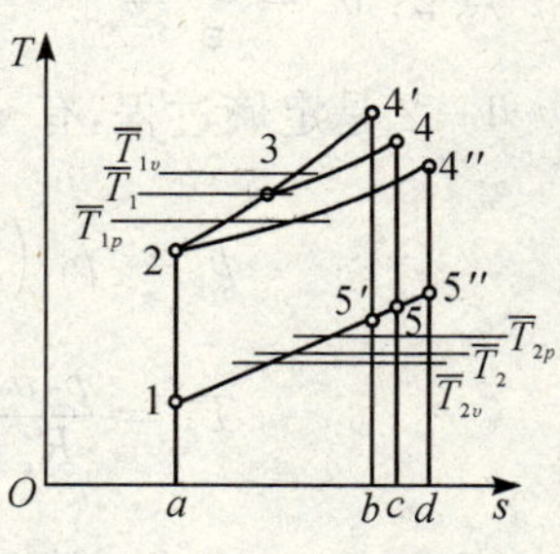

图 11-1-5 ε, q_1 和初态相同时理想循环的比较

$$q_{2v}<q_2<q_{2p}$$

根据热效率公式 $\eta_t=1-q_2/q_1$，三种理想循环热效率之间有

$$\eta_{t,v}>\eta_t>\eta_{t,p}\tag{11-1-4}$$

式(11-1-4)的比较结果即为：在相同的工作初态下，当内燃机理想循环的压缩比和加热量一定时，定容加热循环热效率最大，定压加热循环的热效率最低，混合加热循环的热效率

居中。

2) 初态、循环的最高压力和最高温度相同时

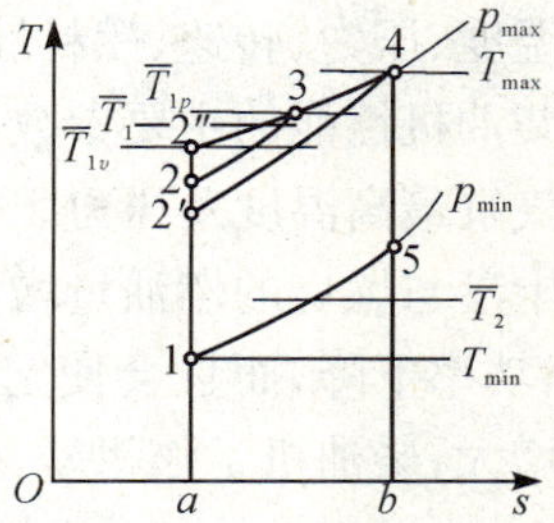

图 11-1-6　p_{max}，t_{max}和初态相同时理想循环的比较

此条件下三种理想循环的 T-s 图如图 11-1-6 所示，图中 123451 为混合加热循环；124′5′1 为定容加热循环，124″5″1为定压加热循环。可见，三种理想循环的放热量相同，而各加热量为面积 $a2'4ba$ < 面积 $a234ba$ < 面积 $a2''4ba$，即

$$q_{1v} < q_1 < q_{1p}$$

因此热效率为

$$\eta_{t,p} > \eta_t > \eta_{t,v} \quad (11\text{-}1\text{-}5)$$

式(11-1-5)表明，在初态、循环的最高压力和最高温度相同的条件下，定压加热循环热效率最大，定容加热循环的热效率最低，混合加热循环的热效率居中。

上述条件下比较的结论，也可以通过 T-s 图中分析各理想循环的平均吸热温度 $\overline{T_1}$ 和平均放热温度 $\overline{T_2}$ 得到。

3. 限制内燃机热效率的实际因素

从内燃机实际工作过程的简化过程中，可以看到内燃机能量转换的本质和提高转换经济性的途径，但实际与理想之间存在的诸多差异，导致相比于理论在提高内燃机热效率的措施上有很多限制。认识相关限制因素有助于在理论分析的指导下全面把握实际设备，判断实际内燃机工作过程进行的完善程度以及改善潜力的方向。

由内燃机理想循环的热效率表达式得知：从参数上，增大压缩比 ε，定容升压比 λ，绝热指数 k，降低定压预胀比 ρ，能提高循环的热效率 η_t。

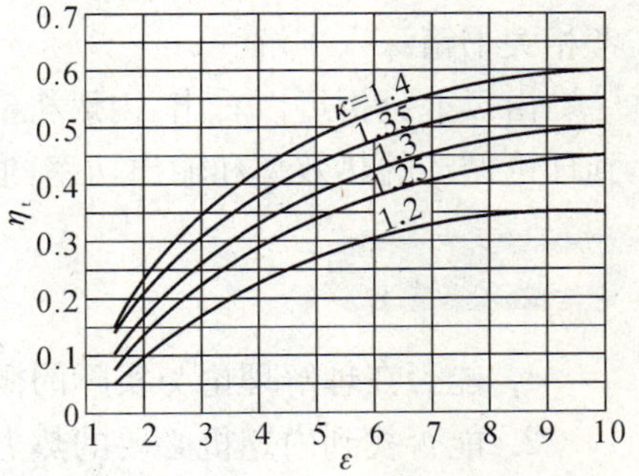

图 11-1-7　热效率与压缩比和绝热指数的关系

如图 11-1-7 所示，增大压缩比可提高热效率，但提高率随着压缩比的不断增大而逐渐降低。对压燃式柴油机来说，压缩终点的温度应不低于燃油着火的自燃温度，压缩比最小值依据终了燃油可靠着火，较高压缩终点有利于缩短燃油滞燃期和提高冷机启动性。压缩比增加使燃烧最高温度和压力升高，同时由于压缩终点柴油机气缸容积变得很小，给燃烧室的设计带来困难，对柴油机承载零件的结构强度要求更高，而且使运动零件间摩擦力和运动惯性力增加，使振动噪声增大，从而使内燃机机械效率下降，对工作可靠性和使用寿命不利。

压缩比 ε 过大的汽油机，可能发生爆燃、表面点火等不正常燃烧现象。一般，非增压柴油机 ε =15～22，增压柴油机 ε =11～16，汽油机 ε = 6.5～11。汽油机压缩比 ε 较柴油机压缩比 ε 低得多，这就是汽油机循环热效率一般比柴油机循环热效率低的原因。

内燃机实际热量是通过燃油燃烧获得的，为提高热效率，必须使燃烧在活塞上止点后不久结束，因此需在上止点前提前喷油或点火。喷油提前量取决于燃油滞燃期，而滞燃期与压

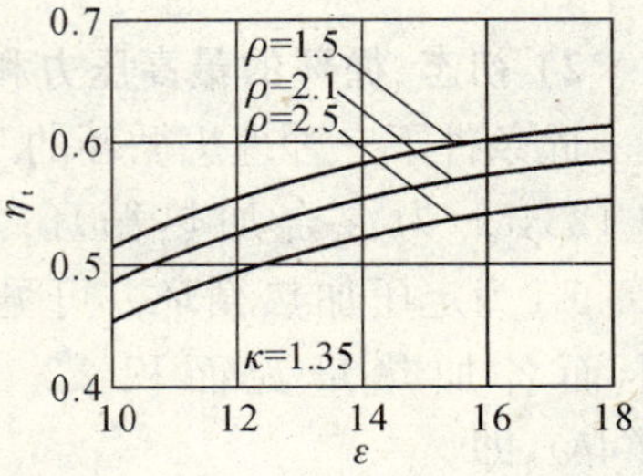

图 11-1-8　热效率与预胀比的关系

缩温度、压力、转速、燃料性质等有关。喷油提前量是影响柴油机性能的主要参数，它主要影响燃气定容升压比和气缸最高温度及压力。喷油提前量过大，则在压缩过程中参与燃烧的燃油量增多，不但增加压缩功使油耗增加，功率下降，而且会使定容升压比和最高燃烧压力迅速增大，柴油机工作粗暴，发生敲缸；另外还会造成怠速不良，难以启动。喷油提前量过小，燃油不能在上止点附近迅速燃烧，后燃增加。虽然最大燃烧压力不高，但使定压预胀比增大，使热效率下降（如图 11-1-8 所示），油耗、排温均增高，热损失大，造成发动机过热。

实际燃烧过程的存在，使工质成分产生变化，工质的原子数增多、混合浓度变大，从而使其绝热指数 k 变小；尤其是因比热容随温度升而升高，这意味着同样的加热量在实际过程中所引起的压力和温度的升高比理论循环低，致使循环所做的功和热效率均减小。

内燃机工作负荷（即 Q_1）、转速变化，也会造成热效率不稳定。对柴油机而言，燃油边喷入边燃烧，当负荷下降时喷油时间变短，喷油初期相当于定容燃烧部分变化不大，即 λ 基本不变而 ρ 减小，热效率 η_t 提高；汽油机则是点火后燃烧，无论负荷大小火焰传播距离不变。负荷下降时，气缸内汽油燃烧速度降低，燃烧时间加长，即相当于 λ 下降而 ρ 上升，热效率 η_t 降低。

内燃机理想循环的压缩和膨胀过程为绝热过程，但实际循环压缩初期，由于气缸壁面温度高于工质温度，工质从气缸壁吸热；压缩后期则相反，工质向气缸壁放热；膨胀过程工质始终向外放热，所以内燃机实际循环有传热损失，使循环的热效率和循环的指示功都有所下降，同时增加内燃机受热零件的热负荷。

另外，还有内燃机实际循环中换气时的气体流动阻力损失、运动摩擦损失等，读者可参考相关书籍深入了解。

由以上分析可以看出，内燃机实际与理论循环相比，存在着许多不可逆损失，从而达不到理论循环的热效率和输出功率，通过分析可以找到发挥内燃机能效的方向和措施。

任务评价

1. 能否在理解理论与实际的概括方法上，准确把握不同内燃机类型的理论工作循环。
2. 能否找到内燃机必要的热力参数，计算内燃机的理论热效率。
3. 是否具有分析提高实际内燃机工作热效率基本途径和措施的能力。

课后练习

1. 请选择一个最合适的答案。

(1) 往复式内燃机混合加热循环中的加热过程是（　　）。

A. 定温　　B. 定压　　C. 定容　　D. 定压、定容

(2) 内燃机最理想循环是（　　）。

A. 卡诺循环　　B. 定压加热循环

C. 定容加热循环　　　　D. 定压加热循环或混合加热循环

(3) 汽油机的压缩比通常应(　　)柴油机的压缩比。

A. 大于　　B. 小于　　C. 等于　　D. 不小于

(4) 柴油机理想循环中,(　　)表示绝热过程中工质被压缩程度,它由柴油机结构确定。

A. 压缩比　　　　B. 定容升压比

C. 定压预胀比　　　　D. A,B,C都不对

(5) 为了提高循环热效率,船舶柴油机在运行管理中,下列做法错误的是(　　)。

A. 选择适当的压缩比　　　　B. 尽可能减少定容加热量

C. 尽可能使其工作过程接近于理想循环　　D. 恰当选择喷油提前角

(6) 当内燃机混合加热循环的其他条件不变时,压缩比越(　　)、压力升高比越(　　)、膨胀比越小,其热效率越高。

A. 小/大　　B. 大/大　　C. 大/小　　D. 小/小

2. 活塞式内燃机的平均吸热温度相当高,为什么循环热效率还不是很好?是否因平均放热温度太高所致?

3. 柴油机吸气终了时气缸中空气的温度为60 ℃,压力为0.1 MPa。为使压缩终了时空气温度超过柴油的自燃温度以使其着火,故要求压缩终了的温度至少为720 ℃。设比热容为定值,压缩过程的多变指数为1.45,试求柴油机的压缩比(即压缩过程初始容积与终了容积之比)及压缩终了的压力。

4. 已知活塞式内燃机定容加热循环的进气参数为 $p_1=0.1$ MPa,$t_1=50$ ℃,压缩比,加入的热量 $q_1=750$ kJ/kg。试求循环的最高温度、最高压力、压缩比、循环的净功和理论热效率。认为工质是空气并按定比热容理想气体计算。

任务2 内燃机动力性的提高途径分析

任务描述

本任务是从内燃机气缸工作容积的做功能力上，即从平均压力为代表的内燃机动力性上，找到内燃机动力性的提高途径。

学习目标

1. 识记内燃机循环的平均压力的概念及其意义。
2. 了解内燃机机构参数对内燃机指示功率的影响，分析提高内燃机功率的根本途径。

相关知识

如图 11-2-1 所示为内燃机理想循环示功图。设内燃机气缸中气体的质量为 m(kg)，每一循环单位质量气体所做的功为 w(J)，每一循环中所做的总功为 mw(J)，气缸工作容积（活塞排量）为 V_s(m^3)，则单位气缸容积在每循环中所做的功为

$$p_t = \frac{mw}{V_s} \qquad (11-2-1)$$

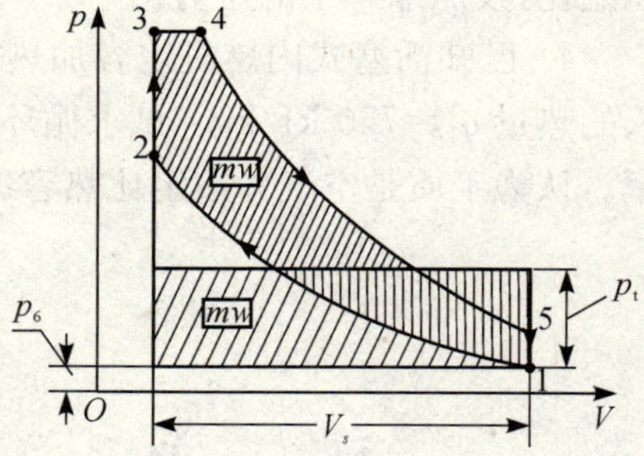

图 11-2-1 内燃机的 p-V 图与平均压力

由式(11-2-1)可看出，p_t 的单位为压力单位(Pa)，因此称 p_t 为内燃机循环的平均压力。在 p-V 示功图上，以 V_s 为底边、p_t 为高的矩形面积就等于循环中所做的总功 mw。可见，内燃机循环的平均压力 p_t 代表单位气缸容积的做功能力，即内燃机循环的平均压力值越大，说明其每一循环单位气缸容积的做功能力越大。

完成一个循环，气体对活塞所做的总功为

$$W = mw = p_t V_s = p_t \cdot \frac{\pi D^2}{4} S$$

式中：D 为气缸直径；S 为冲程长度；V_s 为气缸有效工作容积。可见，往复式内燃机循环的平均压力与气缸的直径、冲程无关 。

内燃机气缸中气体在单位时间内对活塞做的功，称为指示功率，用符号 N_i 表示，单位为瓦(W)或千瓦(kW)，即

$$N_i = p_t V_s \frac{2ni}{60\tau} = p_t \cdot \frac{\pi D^2 S}{4} \frac{2ni}{60\tau} \qquad (11-2-2)$$

式中：i 为内燃机的气缸数；n 为内燃机的每分钟转数；τ 为内燃机冲程数。内燃机的指示功率只反映气缸内气体做功的功率，它不能完全从曲轴输出，因为还要扣除克服运动摩擦以及带动配气机构、水泵、油泵等消耗的功率。实际从内燃机曲轴上输出的功率，称为有效功率，用符号 N_e 表示。有效功率与指示功率之比为机械效率，用符号 η_e 表示。有效功率也可写为

$$N_e = \eta_e N_i$$

有效功率比指示功率小。在额定负荷下，内燃机的机械效率为 0.75～0.90。

任务实施

【任务要求】

找出内燃机动力性提高的途径。

【任务准备】

充分理解内燃机循环的平均压力的概念及其意义。

【任务操作】

式(11-2-2)表明，内燃机的指示功率 N_i 随内燃机的气缸数 i，每分钟的转数 n，活塞排量 V_s 和循环的平均压力 p_t 的增加，以及冲程数 τ(二冲程内燃机 $\tau=2$，四冲程内燃机 $\tau=4$)的减少而提高。但是，内燃机的缸数、缸径、冲程长度及冲程数的改变，受多种因素的限制；同时，虽然内燃机转速的增大可以提高功率，然而转速的增加会使磨损增加、内燃机惯性增加，从而使内燃机可靠性变差、寿命缩短。另外对用作船用主机的柴油机来讲，转速增加还受到螺旋桨效率的限制。因此，提高平均压力 p_t 是提高内燃机功率的根本途径。下面分析提高平均压力的方法。

内燃机实际工作循环中完成吸气时气缸内气体压力为 p_1，温度为 T_1，则循环中气体的质量为 $m=\dfrac{p_1 V_s}{RT_1}$，单位质量的循环功

$$w = q_1 \eta_t$$

所以

$$p_t = \frac{mw}{V_s} = \frac{p_1 V_s}{RT_1} \cdot q_1 \eta_t \cdot \frac{1}{V_s} = \frac{p_1}{RT_1} \cdot q_1 \eta_t \tag{11-2-3}$$

由式(11-2-3)可以找到提高实际内燃机平均压力的方法。由前面的分析知，式中热效率 η_t 的提高受到循环特性参数的限制；q_1 实际是由喷入燃油燃烧产生的，故受进气量限制。如果提高压缩始点压力 p_1，降低压缩始点温度 T_1，即提高实际循环的进气密度，增加进气量，就可以多喷油(即增加 q_1)，多做功，达到提高平均压力的目的。因此，提高初压 p_1 和降低初温 T_1 是提高平均压力的有效方法。

现代柴油机中有利用废气涡轮增压器提高 p_1，再经空气冷却器降低 T_1 的。这种在柴油机气缸排量不变的条件下，充入更多的空气而可多喷油，以发出更大功率的增压柴油机已在船舶上广泛应用。

综上所述，较经济地提高内燃机动力性的途径是：增压、中冷以加大循环供油量，提高热效率。

任务评价

是否具有全面的分析提高内燃机动力性途径的能力。

课后练习

1. 请选择一个最合适的答案。

(1) 提高内燃机理想循环平均指示压力的方法是在压缩始点(　　)。

A. 提高空气温度　　B. 提高燃油温度

C. 降低空气温度　　D. 降低燃油温度

(2) 下列说法不正确的有(　　)。

A. 汽油机的压缩比通常应小于柴油机的压缩比

B. 内燃机循环的平均压力与气缸的直径、冲程有关

C. 单一热源的热机是造不成的,这是由热力学第二定律得出的结论

D. 内燃机混合加热循环的热效率随着压缩比的提高而提高

(3) 往复式内燃机的指示功率与其气缸数(　　),与冲程数(　　)。

A. 有关/有关　　B. 无关/有关　　C. 有关/无关　　D. 无关/无关

(4) 提高往复式内燃机的(　　)是提高往复式内燃机指示功率的主要途径。

A. 缸数　　B. 平均压力　　C. 转速　　D. 冲程数

(5) 内燃机循环的平均压力与气缸直径、冲程(　　)。

A. 无关　　B. 有关　　C. 可能有关　　D. 无法确定

(6) 衡量内燃机单位气缸容积工作能力大小的指标是(　　)。

A. 气缸的工作容积　　B. 曲轴发出的功率

C. 喷油量　　D. 平均压力

(7) 影响往复式内燃机循环的平均压力的主要因素是(　　)。

A. 压缩始点气体的压力　　B. 压缩过程中气体压力的波动

C. 压缩始点气体的温度　　D. 压缩始点气体的压力和温度

2. 怎样求取发动机的指示功率、有效功率、平均指示压力和平均有效压力?

3. 试述影响理论循环热效率和循环平均压力的因素。

项目十二
热机理论的应用(二)

项目描述

本项目是工程热力学理论具体应用于轮机设备中的燃气轮机(废气涡轮增压器)和蒸汽轮机的实例,是工程热力学理论中热力学第一定律和热力学第二定律的运用。它包括气体压缩、膨胀过程,定压放热、吸热过程的理论分析应用。通过理论上对实际燃气轮机、蒸汽轮机工作规律和效果经济性的分析,从能量转换角度评估燃气轮机和蒸汽轮机工作完善性。本项目任务完成中能结合实际废气涡轮增压器从理论上认识其基本原理和作用,找到影响废气涡轮增压器效率的因素。

任务1　废气涡轮增压器对内燃机功率的影响分析

任务描述

燃气轮机设备工作过程、原理在船舶动力设备中主要体现在柴油机的废气涡轮增压器上，即通过认识燃气轮机可以从理论上分析柴油机废气涡轮增压器工作状况。本任务通过对燃气轮机实际工作过程认识，抓住燃气轮机工作过程的主要特征进行理论简化，借助于燃气轮机理想简单循环，从理论上分析废气涡轮增压器对内燃机的功率影响，以及提高废气涡轮增压器经济性参数(即热效率)的主要途径。

学习目标

1. 了解燃气轮机实际工作过程、原理和理想简化过程。
2. 识记燃气轮机简单理想循环组成，分析热力性能参数对其热效率的影响。
3. 从能量利用率的角度分析内燃机废气涡轮增压器对内燃机功率提高的影响。

相关知识

燃气轮机装置也是以燃气为工质的热机装置，它主要由叶轮式压气机、燃烧室和燃气轮机本体组成。

如图12-1-1所示，在燃气轮机中，空气首先从1状态进入轴流式压气机，压缩后的空气达到2点状态再进入燃烧室，一部分空气直接参与燃料燃烧，称为高温燃气，并与另一部分空气混合，混合气到3点状态后进入燃气轮机的喷管，在喷管中气体膨胀加速，形成高速的气流，冲动叶轮上叶片使叶轮旋转对外做功。

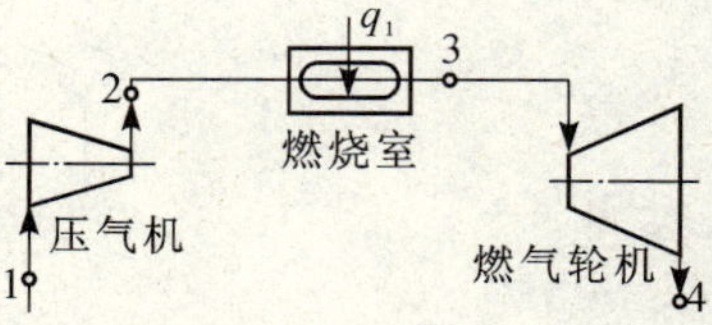

图12-1-1　燃气轮机流程示意图

在所做的功中，小部分带动压气机工作，其余部分对外输出。做功后成为4点状态的废气而排入大气，从而完成一个开式的、不可逆的多变过程组成的复杂循环。

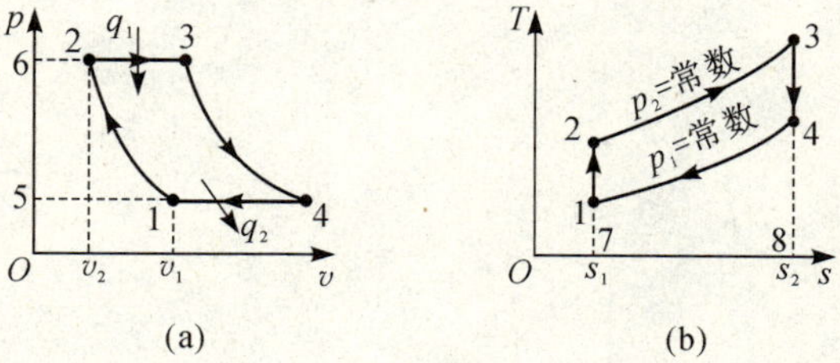

图12-1-2　燃气轮机理想循环

与对内燃机的理想分析方法一样，根据燃气轮机实际工作特点，经理想化后将其概括为一定压加热闭式循环，称为燃气轮机理想简单循环，又称布雷顿循环，其 p-v 和 T-s 图如图12-1-2所示。它是由1—2气体在压气机中可逆绝热压缩过程、2—3气体在燃烧室中可逆定压加热过程、3—4气体在燃气轮机中可逆绝热膨胀过程和 4—1 气体向大气中可逆定压放热过程组成的可逆正循环，其工质以空气替代燃气。

燃气轮机理想循环能量及热效率分析计算类似于内燃机，但各个过程量产生在燃气轮机装置的不同组成设备中，每个设备都按稳定流动开口系计。

下面取单位质量的工质，分析燃气轮机理想循环的热效率。

在燃烧室中定压吸热量 q_1 为

$$q_1 = h_3 - h_2 = c_p(T_3 - T_2)$$

向大气中定压放热量 q_2 为

$$q_2 = h_4 - h_1 = c_p(T_4 - T_1)$$

循环的热效率为

$$\eta_t = 1 - \frac{q_2}{q_1} = 1 - \frac{h_4 - h_1}{h_3 - h_2} = 1 - \frac{T_4 - T_1}{T_3 - T_2} \tag{12-1-1}$$

式(12-1-1)中，压气机的进口温度 T_1 是已知的，压气机的出口温度 T_2 及 T_3 和 T_4 可根据过程特点和已知参数、条件逐个求出。若引入压气机增压比 $\pi = p_2/p_1$，循环的热效率为

$$\eta_t = 1 - \frac{T_1}{T_2} = 1 - \frac{1}{\pi^{\frac{k-1}{k}}} \tag{12-1-2}$$

由式(12-1-2)知，定压加热燃气轮机装置的理想循环的热效率只取决于压气机的进、出口温度之比 T_1/T_2，或者说只取决于工质的绝热指数 k 和压气机的增压比 π。即，理论上提高燃气轮机中压气机的增压比 π，可提高定压加热燃气轮机理想循环的热效率。

由图 12-1-2 分析得压气机耗功为

$$\begin{aligned} w_c &= h_2 - h_1 = c_p(T_2 - T_1) = c_p T_1\left(\frac{T_2}{T_1} - 1\right) \\ &= c_p T_1\left(\left(\frac{p_2}{p_1}\right)^{\frac{k-1}{k}} - 1\right) = c_p T_1(\pi^{\frac{k-1}{k}} - 1) \end{aligned} \tag{12-1-3}$$

燃气轮机做功为

$$\begin{aligned} w_T &= h_3 - h_4 = c_p(T_3 - T_4) = c_p T_4\left(\frac{T_3}{T_4} - 1\right) \\ &= c_p T_1\left(\left(\frac{p_3}{p_4}\right)^{\frac{k-1}{k}} - 1\right) = c_p T_1\left(\left(\frac{p_2}{p_1}\right)^{\frac{k-1}{k}} - 1\right) = c_p T_4(\pi^{\frac{k-1}{k}} - 1) \end{aligned} \tag{12-1-4}$$

燃气轮机装置循环净功为

$$w = w_T - w_c = c_p\left(T_3\left(1 - \frac{1}{\pi^{(k-1)/k}}\right) - T_1(\pi^{(k-1)/k} - 1)\right) \tag{12-1-5}$$

如图 12-1-3 所示，实际上燃气轮机理想循环在给定的循环最高温度和最低温度之间有个循环输出最大净功时的增压比，即最佳增压比。由导数求极值方法得，在输出最大净功时有最佳增压比：

$$\pi_0=\left(\frac{T_3}{T_1}\right)^{\frac{k}{2(k-1)}}=\tau^{\frac{k}{2(k-1)}}$$

式中：$T_3/T_1=\tau$，称为循环增温比，注意此时热效率并不是最大。

如图 12-1-3 所示，π 值常在 5～20 之间。π 过高，一方面压缩每千克空气时压气机耗功增加；另一方面在燃烧室中加给每千克燃气的热量反而减少。设想压缩后空气温度已达到燃气轮机入口最高允许温度时，气体吸热量为零，因而不可能有功输出。

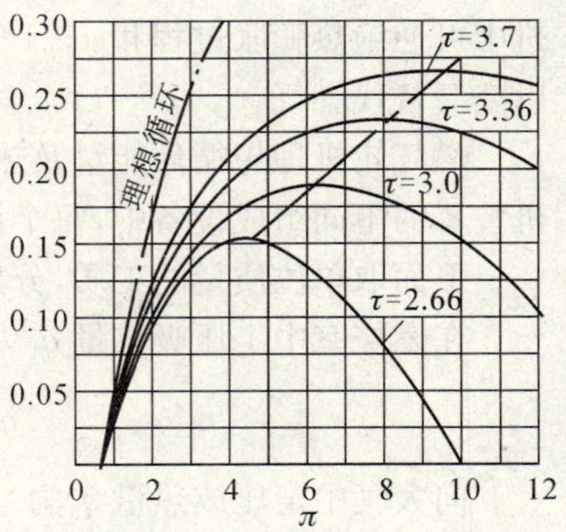

图 12-1-3　实际燃气轮机增压比、循环增温比与热效率的关系

任务实施

为了提高内燃机的平均压力，常采用废气涡轮增压技术，能否由燃气轮机装置理论知识认识废气涡轮增压器呢？

【任务要求】

运用燃气轮机装置理论知识，从能量利用上认识废气涡轮增压器的工作原理，分析在提高内燃机功率上的作用。

【任务准备】

了解燃气轮机装置，识记燃气轮机原理本质，运用燃气轮机装置工作循环的状态参数坐标图分析其热效率影响因素。

【任务操作】

如图 12-1-4 所示为船舶增压柴油机的废气涡轮增压器，该装置主要由废气涡轮 2 和压气机 4 两部分组成。驱动增压器所需的功率由柴油机的排气能量提供，即柴油机的排气驱动涡轮增压器的涡轮 2，由涡轮带动同轴上的压气机 4 压缩空气，经进气管 5 送入气缸。在涡轮增压器中，涡轮和压气机处于同一轴 3 上，因此压气机所消耗的功率 N_K 必须等于涡轮发出的功率 N_r，即 $N_K=N_r$。故足够的排气能量才能保证足够的压气机能量，才能得到所需的增压压力和空气流量。显然，废气涡轮增压器与柴油机无任何机械联系，驱动增压器不仅不消耗柴油机的有效功，而且能够通过回收利用废气中的一部分能量实现增压。涡轮从废气中利用的能量越多，其做功的能力就越大，则增压压力越高，柴油机功率也就越大。废气涡轮增压可使增压压力达到 0.25 MPa，甚至更高。增压压力较高时，由于会使增压空气的温度也随之升高而降低实际充气量，所以常在系统中装设空气中间冷却器。中间冷却器装于压气机出口与柴油机进气管之间。废气涡轮增压器是利用释放气缸排出的废气本身能量做功的，它是无燃烧室的燃气轮机装置。

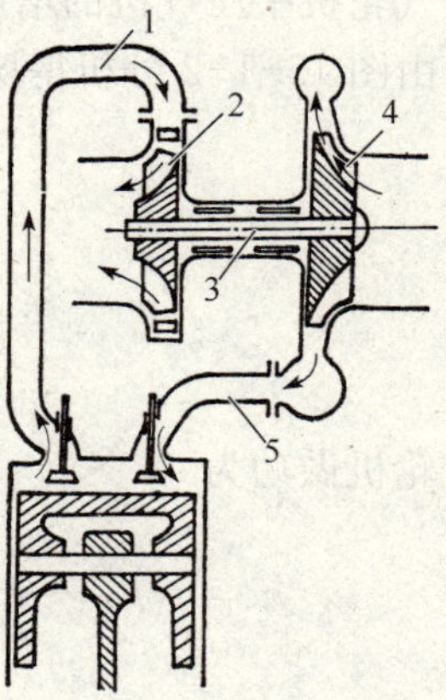

1-排气管；2-废气涡轮；
3-转子轴；4-压气机；
5-进气管

图 12-1-4　柴油机废气涡轮增压器

内燃机的废气涡轮增压有两种形式：脉冲涡轮增压和定压废气涡轮增压。以定压废气

涡轮增压为例,如图 12-1-5 所示。定压增压柴油机在结构上的特点是将各缸的排气支管接到一个大容积的排气总管上,而后再将排气引入涡轮。因为排气总管容积足够大,所以各缸排气进入总管时迅速膨胀,降为管内压力,只引起总管中微小的压力波动,涡轮前排气管内压力基本是恒定的。定压增压亦称等压增压。

图 12-1-6 是定压涡轮增压四冲程柴油机的理论示功图。图中 p_K 是增压空气压力; p_T 是涡轮前压力; p_0 是环境空气压力(若装有废气锅炉,则为锅炉前压力)。

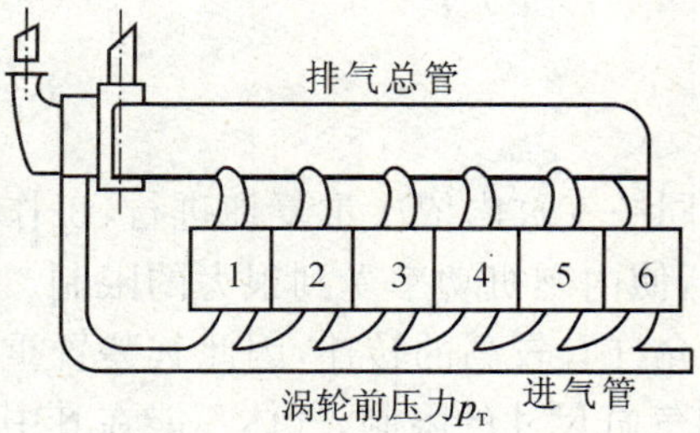

图 12-1-5　定压废气涡轮增压系统

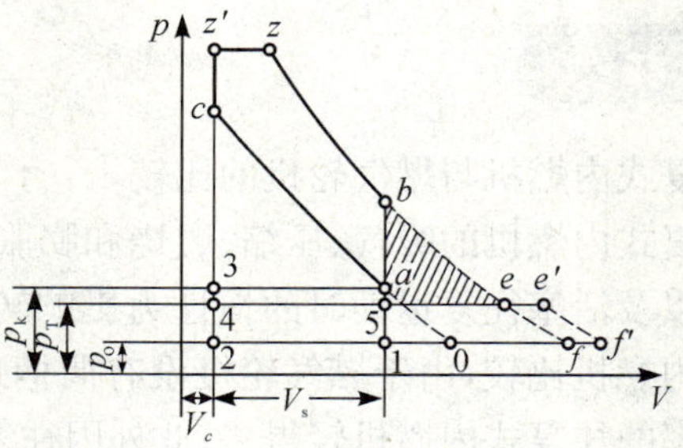

图 12-1-6　定压涡轮增压四冲程柴油机的理论示功图

柴油机排出的废气具有一定的温度和压力。它所含的热量约占燃油燃烧放出热量的 30%～37%,废气增压技术就是有效利用废气的能量。

在理论上所能作的功为面积 b-1-f-b,也就是排气开始时废气中的可用能。根据在废气涡轮中能量的利用情况,通常把废气的能量分成两部分:一部分是废气由压力 p_b 膨胀到 p_T 的膨胀能 E_1,称之为脉冲能。它是一种脉动的速度能,在排气管中以压力波的形式出现,在图中为 $be5b$ 的面积。另一部分是废气由压力 p_T 膨胀到 p_o 的膨胀能比,称之为定压能(亦称势能),在图中为 e—f 过程线与纵坐标围成的面积。废气能量 E 是脉冲动能 E_1 与定压能 E_2 之和。能量 E_1 和 E_2 各自在总能量中所占的百分数随着增压压力 p_k 的不同而不同。p_k 越低,则 E_1 所占的比例越大;p_k 越高,则 E_2 越大。

定压增压只利用废气能量中的定压能 E_2,而没有利用废气中的脉冲动能 E_1。脉冲动能 E_1 在排气流动中由于排气口(阀)的严重节流及在排气管中膨胀涡旋,大部分损失掉。只有小部分脉冲动能转化为热能,使排气管中的废气温度略有升高。因此废气涡轮增压所能利用的废气能量就少些。尤其是当柴油机在低负荷时或起动时,因排气管压力低,废气的能量少,涡轮发出的功率不能满足压气机所需的功率,柴油机必需另设辅助风机以满足低负荷时的扫气需要。

废气涡轮增压器总效率由压气机、涡轮机和机械损失三部分组成。压气机和涡轮机的效率以绝热效率表示,其定义是单位质量空气的理论绝热过程功与实际过程功之比。因此,应减少气流的实际不可逆损失。如,控制离心式压气机的转速以防止低速时出现气流强烈震荡引起压缩机中叶片强振动,或高速时涡轮喷嘴出口的气流量增加到最大后不再增加等现象造成压气机工作不稳,效率下降甚至损坏;机械效率提高主要是通过增加散热和润滑等措施实现。

可见,内燃机配装废气涡轮增压器作用有:可以减少缸数或气缸直径,减少整机外形尺寸和单位功率的重量;提高整个动力装置的热效率,降低内燃机的油耗;减少排气污染及噪声;降低单位功率造价;对补偿高功率损失十分有利。当然也会带来诸如对内燃机材料强度的更高要求，工作温度不可能太高而限制涡轮机热效率等负面影响。

任务评价

1. 是否能从废气涡轮增压器能量转换原理上，分析出它在经济地提高内燃机功率方面的影响。

2. 能否结合废气涡轮增压器的工作过程，分析影响废气涡轮增压器效率的因素。

任务拓展

往复式内燃机与燃气轮机的比较

往复式内燃机的吸气、压缩、燃烧和膨胀过程都在同一气缸内依次重复地进行，工作的间歇性以及活塞往复运动时的惯性力影响转速的提高，使内燃机功率受到很大的限制。与往复式内燃机比较，由于燃气轮机没有曲柄连杆机构，允许有较高的转速，因此其装置重量比同功率的往复式内燃机轻得多；此外因往复式内燃机气缸尺寸的限制，气体不能在其中进行完全膨胀，而燃气轮机中气体可进行较充分膨胀。燃气轮机不存在往复式内燃机工作的间歇性和活塞往复运动的惯性力，但是，由于受燃气轮机中涡轮叶片材料耐热强度限制，燃气轮机装置工作循环的最高温度要比内燃机工作循环的最高温度低，热效率也就远低于往复式内燃机。

课后练习

1. 请选择一个最合适的答案。

(1) 就目前而言，燃气轮机装置工作循环的最高温度(　　)往复式内燃机工作循环的最高温度。

A. 低于　　B. 等于　　C. 高于　　D. 不高于

(2) 与往复式内燃机相比，燃气轮机装置(　　)。

A. 不存在工作的间歇性　　B. 气体可充分膨胀

C. 不存在往复运动的惯性力　　D. A+B+C

(3) 废气涡轮增压器的理想循环的热效率只与(　　)有关。

A. 压气机的进、出口压力比　　B. 燃气压力

C. 叶轮片的进、出口压力比　　D. 排气压力

(4) 燃气轮机理想循环中，压气机的进口温度 27 ℃，出口温度 327 ℃，则该燃气轮机的热效率约为(　　)。

A. 27%　　B. 37%　　C. 40%　　D. 50%

(5) 废气涡轮增压器的理想循环中不包括(　　)。

A. 绝热过程　　B. 定压过程

C. 定容过程　　D. 定温过程和定容过程

(6) 燃气轮机与内燃机相比，下列哪项论述不正确(　　)。

A. 燃气轮机工质对外做功连续，功率大

B. 燃气轮机其热效率一般不如内燃机高

C. 燃气轮机的转速一般都较低

D. 以上全部不正确

2. 废气涡轮增压和中冷为什么能提高发动机的功率？有何优、缺点？

3. 有一台内燃机的涡轮增压器(可逆循环)，在涡轮机进口处工质的压力为 0.2 MPa，温度为 650 ℃，出口处压力为 0.1 MPa。涡轮机所产生的功全部用于驱动压气机，在压气机入口处空气的压力为 0.1 MPa，温度为 27 ℃。设涡轮机及压气机中进行的过程为绝热过程，并假设工质为空气，试求涡轮机输出的功和排气温度以及压气机输出的压缩空气的压力和温度。

4. 燃气轮机装置定压加热理想循环中，工质视为空气。空气进入压气机时的压力为 0.1 MPa，温度为 15 ℃。循环增压比 $\beta=17$，燃气轮机进口温度为 1 673 K。循环的 p-v 图及 T-s 图见图 12-1-2。若空气的比热容 $c_p=1.01$ kJ/(kg·K)，气体常数 $k=1.4$，试分析此循环。若燃气轮机进口温度为 1 273 K，试分析此循环效率的变化。

任务2 蒸汽轮机装置的热效率分析

任务描述

蒸汽轮机装置以最廉价的水蒸气作为工质，不仅应用于火力发电，也应用于大型船舶、军用舰艇等动力上。本任务通过对蒸汽轮机装置实际工作过程的认识，抓住其工作过程的主要特征进行理论简化，并加以热力描述，以从蒸汽轮机装置原理本质上找到提高其经济性参数的途径。研究蒸汽轮机装置，也是对其涉及到的卡诺循环（热力学第二定律）、水蒸气、典型热力过程（热力学第一定律）等热力学基础知识的综合应用。

学习目标

1. 了解蒸汽轮机装置组成设备、实际工作过程、原理，理解理想简化过程。
2. 识记蒸汽轮机装置理想循环（朗肯循环）的组成和热力性能参数。
3. 会计算主要组成设备的相关量，分析提高蒸汽轮机装置经济性参数的基本途径。

相关知识

1. 蒸汽动力循环是否可以采用卡诺循环

由卡诺定理得，在外界条件相同的情况下卡诺循环的热效率最高。理想气体无法实现定温下交换热量，所以也就不能实现理想气体的卡诺循环。若以水蒸气作为工质，则可利用水与水蒸气相变性质，即定压下等温汽化或液化，理论上可以实现蒸汽卡诺循环，如图 12-2-1 所示。

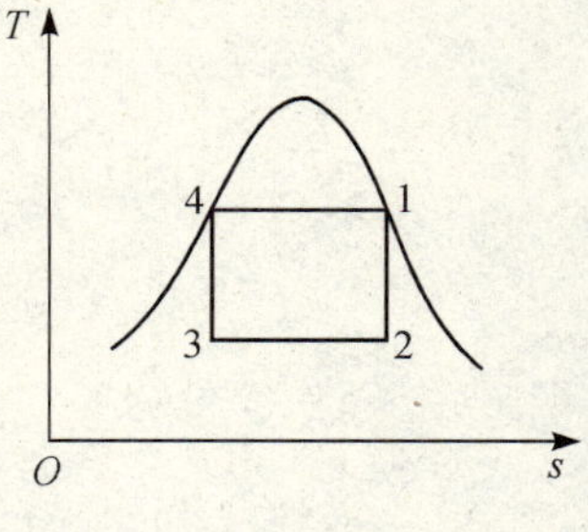

图 12-2-1 蒸汽卡诺循环

实际上蒸汽卡诺循环难以实现，因为过程 3—4 中所压缩的工质是干度很低的湿蒸汽，不仅需要消耗很大的压缩功，而且对压缩机的工作也非常不利；另外，乏气（汽轮机出口的低压湿蒸汽）的干度较低，也对汽轮机的工作不利；同时，饱和水蒸气的温度总是在临界温度 374 ℃以下，远远低于金属材料所允许的 600 ℃左右的工作温度。因此，即使在湿蒸汽区实现了卡诺循环，其效率也不会太高。

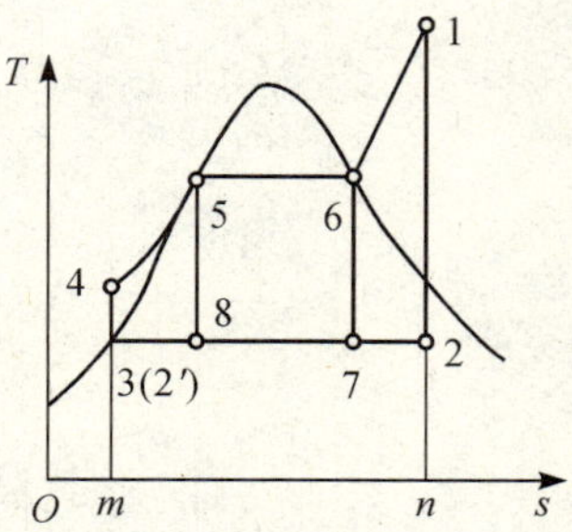

图 12-2-2 蒸汽动力循环

为了避免蒸汽卡诺循环中的不利因素，将蒸汽卡诺循环改进为最基本的蒸汽循环——朗肯循环，现今大多数实际蒸汽动力循环都是在朗肯循环基础上改进发展而成的。

如图 12-2-2 所示，循环 56785 为蒸汽卡诺循环，循环 12341

为蒸汽朗肯循环。朗肯循环与蒸汽卡诺循环的不同之处主要有两点：一是在朗肯循环中，工质的加热过程不是定温过程而是定压过程，完成加热过程后的工质是过热蒸汽，采用过热蒸汽不仅能提高循环工质的平均吸热温度，提高水蒸气的做功能力和循环热效率，而且能促使乏汽(2 点)的干度提高，有利于汽轮机中涡轮的安全运行。二是在朗肯循环中，工质在冷凝器的冷却放热过程充分，工质在冷凝器中完全冷却凝结为饱和水，因此可以用水泵替换蒸汽压缩机，简化设备、减少功耗。

2. 朗肯循环

1) 蒸汽动力装置的基本设备

如图 12-2-3 所示，蒸汽动力循环装置主要由锅炉、蒸汽轮机、冷凝器和水泵等四个基本设备组成。水在锅炉里经过热器被加热汽化，成为过热蒸汽后，进入汽轮机膨胀做功，做功后的低压蒸汽进入冷凝器冷凝成水，凝结后的水在水泵中被压缩升压后，再回到锅炉中，完成一个循环。

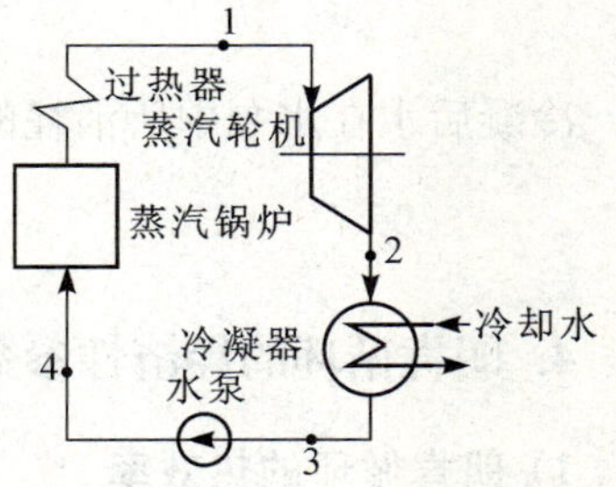

图 12-2-3　朗肯循环系统的装置组成

2) 朗肯循环组成

为了突出主要矛盾，便于分析主要参数对循环的影响，与内燃机工作循环分析方法一样，首先对实际循环进行简化和理想化，略去摩擦阻力及温差传热等不可逆因素，理想化后的循环由图 12-2-4 所示的热力过程组成，它对应的理想循环为朗肯循环，工质状态可逆变化的 p-v 图、T-s 图和 h-s 图如图 12-2-5 所示。

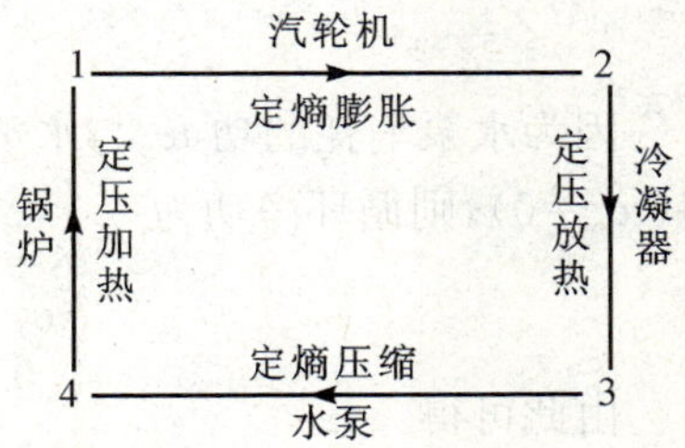

图 12-2-4　蒸汽动力循环热力过程

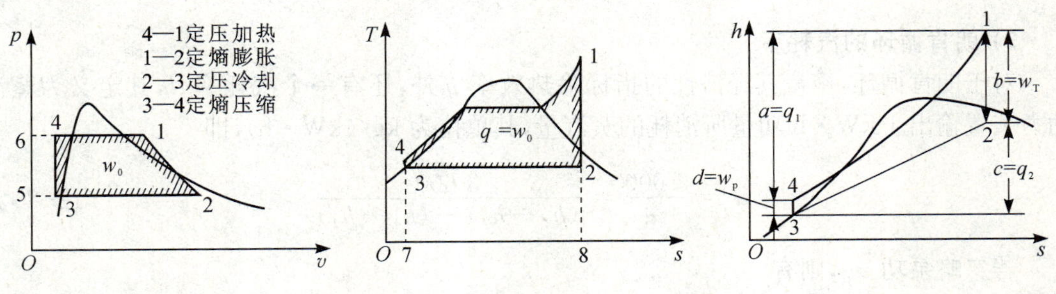

图 12-2-5　朗肯循环状态参数坐标图

图 12-2-5 中显示，朗肯循环是一个由两个可逆定压过程和两个可逆绝热过程组成的简单蒸汽动力循环。两个定压过程与外界不涉及技术功的交换，只涉及热量交换，热量交换是该过程的目的；两个绝热过程与外界涉及技术功(忽略与轴功的差别)的交换，但与外界没有热量的交换，技术功的交换是该过程的目的。

3. 朗肯循环中的能量交换

如图 12-2-5 所示，由热力学第一定律得，朗肯循环中单位质量工质交换能量如下。

工质在锅炉(过热器)中吸热：

$$q_1 = h_1 - h_4$$

工质在汽轮机中膨胀做功

$$w_T = h_1 - h_2$$

工质在冷凝器中的放热量

$$q_2 = h_2 - h_3$$

冷凝后水在水泵中所消耗的功

$$w_p = h_4 - h_3$$

4. 朗肯循环的经济性参数

1) 朗肯循环的热效率

如图 12-2-5 所示，有

$$\eta_t = 1 - \frac{q_2}{q_1} = 1 - \frac{h_2 - h_3}{h_1 - h_4}$$

因为水泵消耗的功 w_p 与水蒸气在汽轮机中绝热膨胀做的功 w_T 相比很小，几乎可以忽略($w_p=0$)，则循环净功为

$$w_0 = w_T - w_p \approx w_T = h_1 - h_2$$

由此可得

$$\eta_t = \frac{w}{q_1} \approx \frac{w_T}{q_1} = \frac{h_1 - h_2}{h_1 - h_4} \tag{12-2-1}$$

2) 朗肯循环的汽耗率

对于朗肯循环，衡量其经济性的指标除热效率 η_t 外，还有一个汽耗率 d，其定义为蒸汽动力装置输出 1 kW·h 功量所消耗的蒸汽量，其单位为 kg/(kW·h)，即

$$d = \frac{3\,600}{w} = \frac{3\,600}{(h_1 - h_2) - (h_4 - h_3)} \tag{12-2-2}$$

若忽略泵功 w_p，则有

$$d = \frac{3\,600}{w} \approx \frac{3\,600}{h_1 - h_2} \tag{12-2-3}$$

汽耗率 d 越大，说明蒸汽轮机发电厂发同样多的电，需要更多的蒸汽参与朗肯循环，系统设备所需的投资就越大。如果说朗肯循环的热效率是描述的是蒸汽轮机装置运行中的经济性的话，汽耗率 d 则描述的则是蒸汽轮机装置建设中一次性投资的经济性。

任务实施

朗肯循环是最基本的动力循环，它结构简单，但效率较低。如何提高蒸汽动力装置的热效率呢？

【任务要求】

结合朗肯循环的参数计算式与朗肯循环的状态参数坐标图示过程,从蒸汽参数上分析提高蒸汽轮机装置经济性参数的基本途径。

【任务准备】

认识朗肯循环的组成和工作过程,熟悉朗肯循环的热效率意义与计算式。

【任务操作】

在朗肯循环中,从锅炉中出来的水蒸气称为新气,膨胀做功后从汽轮机中排出的水蒸气称为乏气。如果确定了新气的温度(初温 T_1)和压力(初压 p_1),以及乏气的压力(背压 p_2),那么整个朗肯循环也就确定。因此,所谓蒸汽参数对循环的影响也就是初温 T_1,初压 p_1 和背压 p_2 对循环的影响。研究蒸汽参数对循环的影响,运用 T-s 图最方便。

1. 蒸汽初温的影响

如果维持初压 p_1 和背压 p_2 保持不变,将新气从初温 T_1 提高到 T_1',如图 12-2-6 所示,循环的平均吸热温度也必然提高,即循环的效率也随着提高。从图中还可以看出,初温提高还可以带来另外两个明显的好处:一是单位工质循环的功量将增加,并由此减小循环的汽耗率;二是乏气的干度将增大,从而改善汽轮机的工作条件。

虽然从热力学的角度来看提高初温总是有利的,但是受金属材料耐热性能的限制,一般初温取在 600 ℃以下。

2. 蒸汽初压的影响

假定初温 T_1 和背压 p_2 保持不变,把初压由 p_1 提高到 p_1',如图 12-2-7 所示。由于背压不变,则平均放热温度保持不变,而平均吸热温度提高,因此循环效率也随之提高。但是,单纯地提高初压会导致乏气干度的下降,而乏气干度过低会危及汽轮机运行的安全性,并降低汽轮机的工作效率。一般要求乏气的干度不低于 85%。

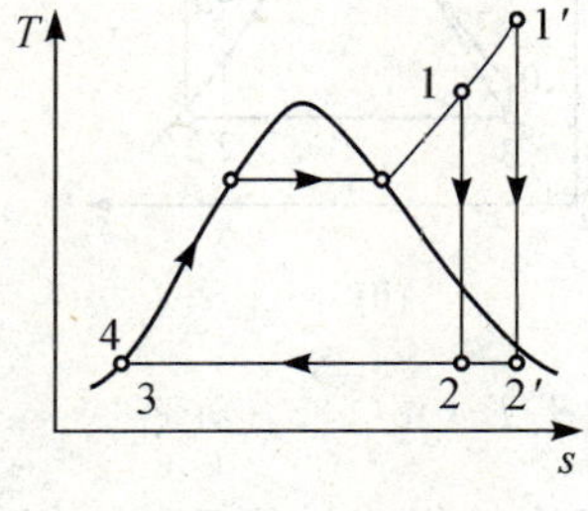

图 12-2-6 提高初温

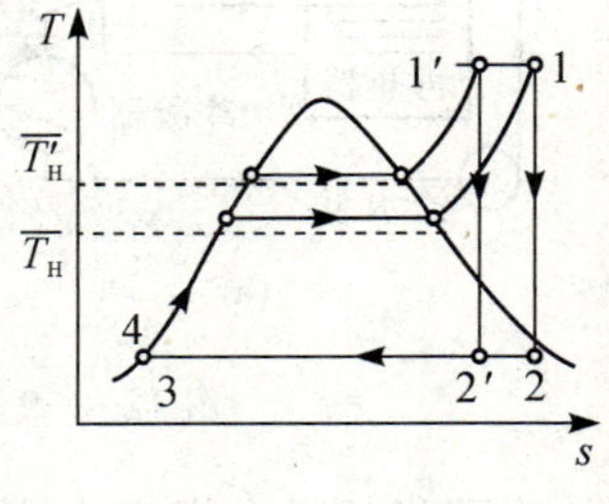

图 12-2-7 提高初压

3. 汽轮机出口乏气压力的影响

如图 12-2-8 所示,背压对热效率的影响也是十分明显的。当初参数 p_1 和 T_1 不变时,降低背压 p_2,则蒸汽动力循环的平均放热温度明显下降,而平均吸热温度的变化很小,这样使循环的热效率得以提高。但是背压必然受环境温度的制约,即对应于背压条件下的蒸汽饱和温度不能低于环境温度。

现代蒸汽动力装置的背压可设计在0.003～0.004 MPa左右，其对应的饱和温度为28 ℃左右，略高于冷却水的温度。

同样，由式(12-2-1)和(12-2-2)等相关量的计算式，可分析出蒸汽参数对热效率的影响的上述结论(读者可自行推导)，只不过用 T-s 图最直观、方便而已。

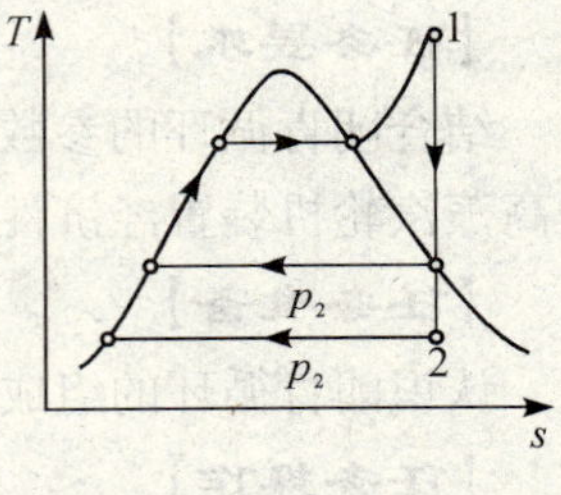

图 12-2-8　乏气参数的影响

任务评价

1. 是否能找到燃气轮机定压加热理想循环与蒸汽动力装置朗肯循环的区别和联系。
2. 能否运用状态参数坐标图分析蒸汽动力装置的热效率提高途径。

任务拓展

循环形式对热效率的影响

通过前面的分析可知，单纯地调整蒸汽参数可以提高循环效率，但同时也受到各种制约，如蒸汽干度、材料以及环境温度等。为了更好地解决这些矛盾，还可以通过改进循环形式提高热效率，比较常用的方法有再热循环和回热循环等。

1. 再热循环

由前可知，提高 p_1 可使 η_t 提高，但如不相应提高 T_1，则将使干度 x_2 降低，这对汽轮机运行安全不利。解决的办法：中间再热——对朗肯循环加以改进，在新气膨胀到某一中间压力时，撤出(高压)汽轮机，导入换热器再加热，然后再导入(低压)汽轮机，继续膨胀到背压 p_2，此称为再热循环，如图 12-2-9 所示。

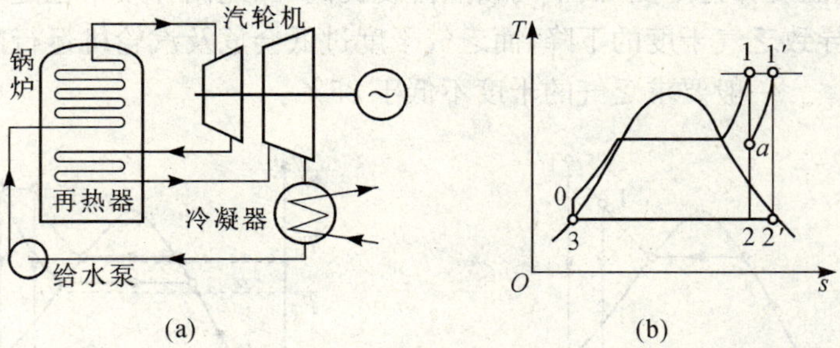

图 12-2-9　再热循环装置及 T-s 图

再热循环的主要目的是在提高 p_1 的情况下，提高汽轮机出口干度 x_2，但能否使热效率 η_t 进一步提高，取决于中间再热的压力。选择合适的再热压力，不仅可以使乏气干度得到提高，还可以使循环热效率得到提高。依据计算及运行经验，最佳中间再热压力一般在蒸汽初压力的20%～30%之间。

2. 回热循环

朗肯循环效率不高的一个主要原因：水泵加压后的未饱和水温很低，使得平均加热温度不高，传热的不可逆损失较大。解决的办法：蒸汽回热——用汽轮机中做过功的蒸汽加热锅炉给水。因乏气温度仅略高于未饱和水温度,故不可用。

目前常用的是抽汽回热,即从汽轮机的适当部位抽出尚未完全膨胀,压力温度较高的少量蒸汽,去加热低温冷凝水,称为抽汽回热循环,如图 12-2-10 所示。

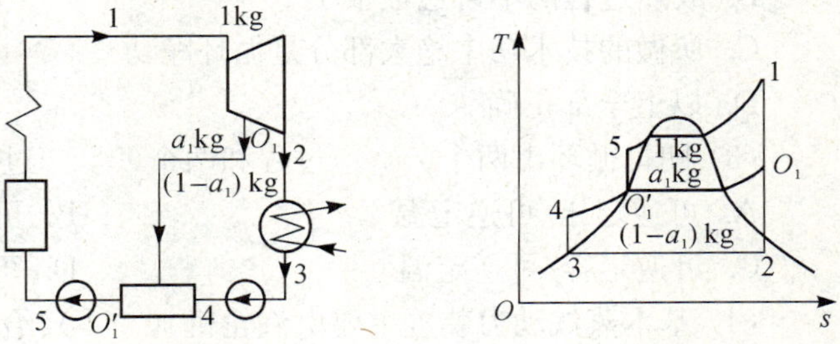

图 12-2-10　一级抽气回热循环装置及 T-s 图

抽汽回热的优点:①减轻锅炉的热负荷,可使锅炉的换热面积减小;②减少进入冷凝器的乏气,可使冷凝器的换热面积减小;③汽轮机低压段因抽汽流量减小,叶片长度可缩短,使高低压的结构更均衡。

3. 功热联合循环

虽然采用了各种提高热效率的方法,但是现代蒸汽动力循环的热效率一般仍然小于50%,也就是说还有 50%左右的热能在冷凝器中传递给冷却水而散失于环境之中。这部分热量虽然数量很大,但它是在接近环境温度 T_0 下被释放的,因此不能更进一步地转化为机械能,但是这部分热量可以以热能的形式直接满足生活与生产需求。

图 12-2-11 是采用背压式汽轮机(排汽压力大于 0.1 MPa,约 120 ℃)的简单功热循环。与凝汽式动力循环不同,循环放热不是通过冷凝器排入环境,而是通过换热器直接供给热用户;为满足热用户对气温或水温的要求,背压一般都要求大于 0.1 MPa(约 120 ℃)。这种循环的缺点在于供热和供功捆绑,相互影响,不灵活,并且不能同时满足不同的热用户对热力参数的不同要求。

为克服上述缺点,热电站多采用如图 12-2-12 所示的抽汽供热式汽轮机(可任意温度、流量)功热循环。这样一方面生产电能,另方面将做过功的蒸汽的一部分或全部引出,为热用户直接提供热能。

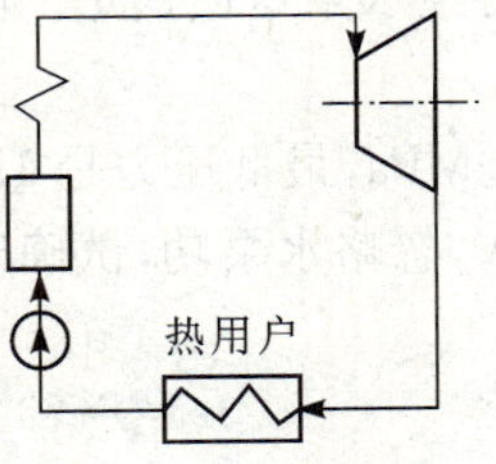

图 12-2-11　背压式汽轮机热电循环

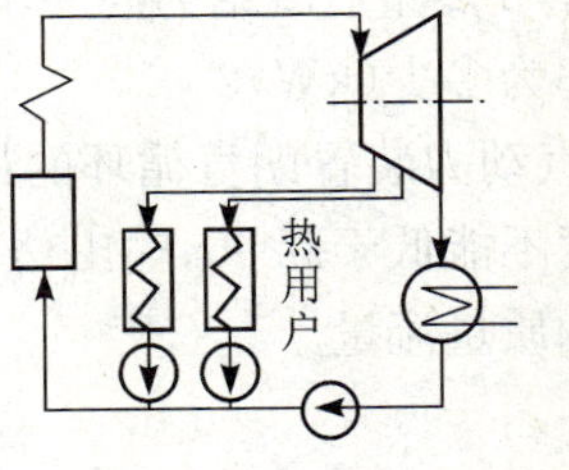

图 12-2-12　抽汽式汽轮机热电循环

课后练习

1. 请选择一个最合适的答案。

(1) 汽轮机的乏气在冷凝器中凝结放热过程是一个(　　)过程。

A. 定压　　B. 定温　　C. 绝热　　D. 多变

(2) 蒸汽动力循环的特点是(　　)。

A. 能够使用各种燃料，因而可以提高整个装置的经济性

B. 放热过程的不可逆性很小

C. 所做的技术功中绝大部分是循环净功

D. 以上全部正确

(3) 朗肯循环由两个(　　)过程和两个(　　)过程组成。

A. 可逆定压/可逆定温　　B. 可逆定压/可逆绝热

C. 可逆定容/可逆定温　　D. 可逆定容/可逆绝热

(4) 基本蒸汽动力装置主要由汽轮机、(　　)、给水泵和锅炉及过热器组成。

A. 冷凝器　　B. 蒸发器　　C. 膨胀阀　　D. 排气阀

(5) 影响汽轮机理想循环热效率的主要因素有(　　)。

A. 冷凝器　　B. 初温　　C. 锅炉　　D. 过热器

(6) 提高(　　)，降低(　　)，可以提高蒸汽轮机理想循环热效率。

A. 初温/初压　　B. 初温/背压　　C. 初压/背压　　D. 以上都不对

(7) 蒸汽动力装置的经济性参数除了热效率外，还有一个重要的经济性指标是(　　)。

A. 耗水率　　B. 耗汽率　　C. 耗煤率　　D. 耗功率

(8) 蒸汽动力装置的耗汽率随着热效率的提高而(　　)。

A. 提高　　B. 不变　　C. 降低　　D. 无法确定

2. 在蒸汽的朗肯循环中，如何理解热力学第一、二定律的指导作用？

3. 既然卡诺循环在一定温限中热效率最高，为什么理论蒸汽动力循环不采用卡诺循环，而采用朗肯循环？

4. 郎肯循环热效率不高是不是因为等温放热量太大？为什么？

5. 简单蒸汽动力装置循环(即朗肯循环)，蒸汽的初压 p_1＝3 MPa，终压 p_2＝ 6 MPa，初温分别是 t_1＝300 ℃，t_1＝500 ℃。试求在两种不同初温时循环的热效率 η_t，耗汽率 d 及蒸汽的终干度 x_2。

6. 某朗肯循环，其新气参数为 3 MPa，400 ℃，背压为 0.12 MPa。乏气经冷凝器放出 1.06×10^{10} kJ/h 热量后凝结为同一压力下的饱和水，再经水泵返回锅炉。问理论上此汽轮机的输出功率为多少(kW)？

7. 某蒸汽动力装置朗肯循环的最高运行压力是 5 MPa，最低压力是 15 kPa，若蒸汽轮机的排汽干度不能低于 0.95，输出功率不小于 7.5 MW，忽略水泵功，试确定锅炉输出蒸汽必需的温度和质量流量。

项目十三
制冷机理论的应用

项目描述

本项目是工程热力学热力循环中逆循环理论的设备运用。它阐述制冷(或热泵)的本质原理,同时结合热力学第一定律、热力学第二定律分析制冷效果下的能量转换及其转换的经济性参数。项目以蒸汽压缩式制冷循环组成、工作过程,从理论上剖析提高制冷装置经济性参数——制冷系数的途径,结合实际进行蒸汽压缩式制冷系统性能测试。此为后续制冷设备的专业课学习奠定了基础。

任务1　蒸汽压缩制冷循环的制冷系数分析

任务描述

本任务介绍单级压缩式制冷设备的组成和基本工作循环过程。从理论上简述制冷装置各组成设备的作用和相关参数的计算，分析提高制冷效果和制冷系数的基本途径。

学习目标

1. 能理解蒸汽压缩制冷循环工作原理，了解蒸汽压缩制冷理想循环和实际蒸汽压缩制冷工作过程的差异，认识理论分析的指导意义。

2. 会用热力学第一定律、热力学第二定律理论计算蒸汽压缩制冷理想循环相关参数。

3. 利用蒸汽压缩制冷循环的 p-h 图和 T-s 图分析提高制冷效果和制冷系数的基本途径。

相关知识

对物体进行冷却，使其温度低于环境温度，并维持此低温，称之为制冷。工程上，让制冷剂在系统中进行制冷循环的设备称为制冷装置。由热力学第二定律知，制冷装置必须以消耗机械能或其他形式的能量为代价才能达到制冷目的。

如前所述，制冷循环是逆循环，逆循环的另一种效果是热泵循环。下面介绍最常用的蒸汽压缩制冷循环。

1. 制冷剂的热力性质表与其压焓图

在制冷循环中所用的工质通常称为制冷剂。蒸汽压缩制冷循环采用低沸点的蒸汽作为制冷剂，常用的制冷剂有氟利昂 F12(或称 R12)、F22(或称 R22)，工业制冷中还用氨(NH_3)作制冷剂，但氟利昂类物质对大气臭氧层的破坏很强。目前替代的无污染制冷剂有 R134a(四氟乙烷)、R152a(二氟乙烷)等。

为计算制冷循环中各过程的状态变化和交换能量，需查找制冷剂的蒸汽热力性质表，或查根据蒸汽性质表绘制的压焓图(p-h 图)。

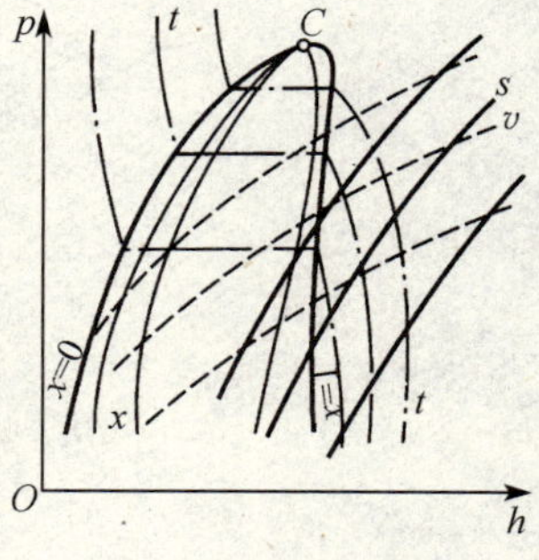

图 13-1-1　制冷剂的 p-h 图

用 T-s 图定性分析蒸汽压缩制冷循环很直观，但对于定量计算，通常使用制冷剂的 p-h 图更为方便。p-h 图以压力的对数 $\lg p$ 为纵坐标，以比焓 h 作横坐标，如图 13-1-1 所示。在 p-h 图上绘有饱和液体($x=0$)线和干饱和蒸汽($x=1$)线，两相汇于临界点

C。同样，饱和线将图面分为三个区：饱和液体线左侧为过冷液，饱和液体线与干饱和蒸汽线之间为湿蒸汽区，干饱和蒸汽线右侧为过热蒸汽区。图上除水平定压(p)线和垂直定焓(h)线外，还绘有四组定参数值线簇，即定温(t)、定容(v)、定熵(s)和由临界点出发向右下方呈发散状的等干度(x)线簇。其中定温线是折线，定温线在过冷液区为铅垂线(与定焓线重合)，在湿蒸汽区为水平直线(与定压线重合)，在过热蒸汽区为向右下方的曲线。

2. 蒸汽压缩制冷装置与其循环

前已述及，逆卡诺循环是最理想的制冷循环。因为在两个恒温热源间的制冷循环中，以逆卡诺循环的制冷系数最高。逆卡诺循环制冷系数为

$$\varepsilon=\frac{q_2}{w}=\frac{q_2}{q_1-q_2}=\frac{T_2}{T_1-T_2}$$

即逆卡诺循环制冷系数与工质性质无关，仅与两热源温度有关。

蒸汽压缩制冷循环利用制冷剂汽、液两相交替变化能实现定压定温的换热过程，因而在理论上可实现蒸汽逆卡诺循环，以取得较高的制冷系数，如图 13-1-2 所示。但是，蒸汽逆卡诺循环中压缩过程 1—2 制冷剂处于湿蒸汽态会使实际压缩机在工作中产生液击而损坏机件。针对蒸汽压缩制冷的逆卡诺循环缺陷，对蒸汽压缩制冷的逆卡诺循环进行改进。

如图 13-1-3 所示是现代实际蒸汽压缩制冷循环的基本装置。该装置由压缩机、冷凝器、膨胀阀(节流阀)和蒸发器组成，其制冷循环与蒸汽逆卡诺循环的不同之处是：(1)用节流膨胀阀代替蒸汽逆卡诺循中的膨胀机，以简化装置；(2)压缩机吸入的是干饱和蒸汽(实际上为了保证“干压”和提高制冷量，吸入的是过热蒸汽)；(3)制冷剂在冷凝器和蒸发器中均为定压传热过程。

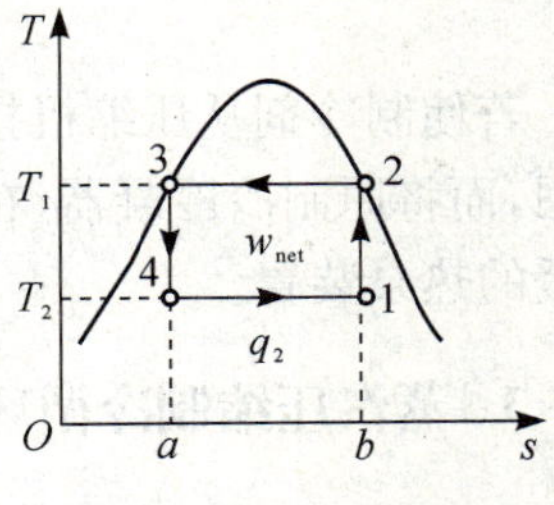

图 13-1-2 蒸汽压缩制冷逆卡诺循环

如图 13-1-3 所示，由冷凝器出来的制冷剂饱和液(状态 3)，被引向节流阀膨胀降压、降温为低干度的湿蒸汽(状态 4)；后进入低温处的蒸发器定压(也是定温)吸热而汽化，成为饱和蒸汽(状态 1)；再由压缩机进行接近绝热的压缩；压缩后的过热制冷剂(状态 2)引回到冷凝器中定压放热冷却而凝结成饱和液，从而完成闭合循环。

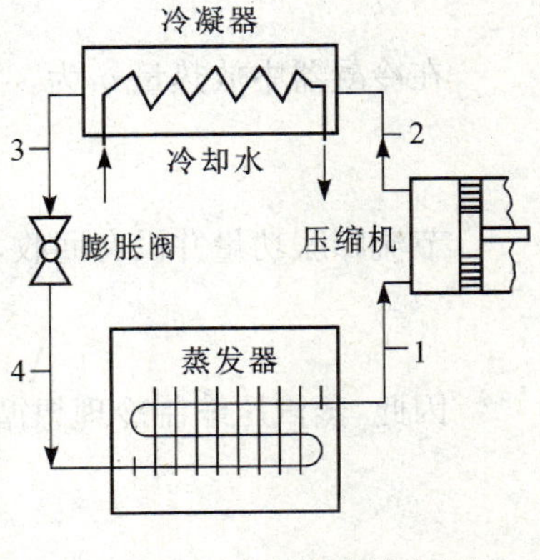

图 13-1-3 蒸汽压缩制冷装置

为便于分析，忽略蒸汽压缩循环中制冷剂在压缩机、冷凝器和蒸发器中实际过程不可逆性因素，制冷剂经过节流膨胀阀的过程为不可逆、熵增、降压、等焓的绝热过程，这样得到“蒸汽压缩制冷理想循环”。图 13-1-4 所示为蒸汽压缩制冷理想循环的 p-h 图和 T-s 图。

因为循环中利用制冷剂在相变时具有较大的比汽化潜热进行吸、放热，所以制冷剂的制冷量(制冷剂蒸发器中的吸热量)较大，从而使制冷装置的结构较紧凑，这是蒸汽压缩制冷装置得到广泛应用的原因。

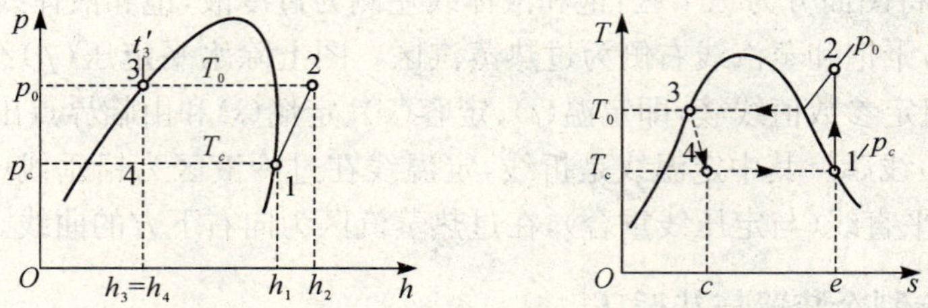

图 13-1-4 蒸汽压缩制冷理想循环的 p-h 和 T-s 图

如图 13-1-5 所示，在空调装置中，增设换向阀和逆止阀，就能控制工质流动方向。

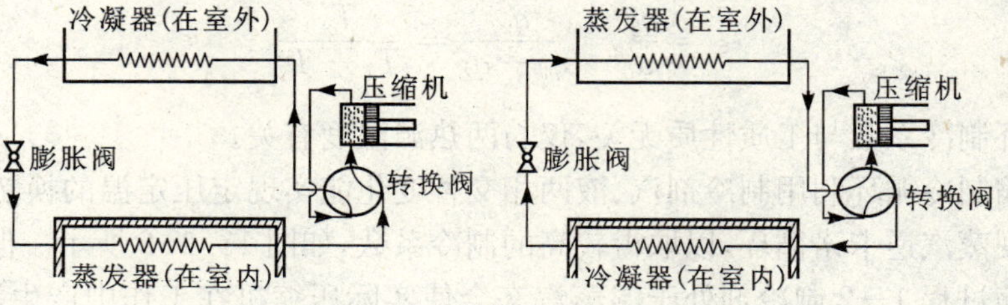

图 13-1-5 空调的夏季和冬季工况

若使制冷剂从压缩机排出后流线相反，即将原制冷循环的蒸发器(在室内)作为冷凝器使用，而将原制冷冷凝器(在室外)作为蒸发器使用，此转置即可将原夏季空调制冷改为冬季供暖的热泵装置。

3. 蒸汽压缩制冷循环的制冷系数

如图 13-1-4 所示，在蒸汽压缩制冷理想循环的 p-h 图和 T-s 图中，完成一个循环，单位质量制冷剂的制冷量 q_2 为

$$q_2 = h_1 - h_4$$

在冷凝器中放热量 q_1 为

$$q_1 = h_2 - h_3$$

节流膨胀功量并没有回收，故蒸汽压缩制冷循环净耗功量即为压缩机的耗功 w_c

$$w_c = h_2 - h_1$$

因此，蒸汽压缩制冷理想循环的制冷系数 ε

$$\varepsilon = \frac{q_2}{w_c} = \frac{h_1 - h_4}{h_2 - h_1} \tag{13-1-1}$$

上式可见，蒸汽压缩制冷循环的有关功量和热量都可由产生功、热过程的焓差求得。在制冷剂的 p-h 图上，过程的焓差就是过程线两端点的水平距离，所以使用制冷剂的压焓图在计算上很方便。

比较图 13-1-2 和 13-1-4 可见，用节流膨胀过程替代理想的可逆绝热膨胀过程，使制冷量减小、耗功增加；用蒸汽压缩制冷理想循环压缩始点的饱和蒸汽进行“干压”代替逆卡诺循环压缩始点的湿蒸气进行“湿压”，使制冷量增加，耗功也增加。总之，蒸汽压缩制冷理想循环与逆卡诺循环相比，耗功增加很大，而制冷量增加很小。所以，蒸汽压缩制冷理想循环制冷系数较相同的两热源温度间蒸汽压缩逆卡诺循环的制冷系数有明显的降低。

分析图 13-1-4，可得蒸汽压缩式热泵理想循环的供热系数 ε' 为

$$\varepsilon'=\frac{q_1}{w_c}=\varepsilon+1=\frac{h_2-h_3}{h_2-h_1} \tag{13-1-2}$$

任务实施

【任务要求】

从蒸汽压缩制冷循环的制冷系数计算式出发，结合循环 $p-h$ 图和 $T-s$ 图，分析提高制冷效果和制冷系数的基本途径。

【任务准备】

充分认识蒸汽压缩制冷循环工作原理和特点，熟悉制冷剂的热力性质。

【任务操作】

制冷系数是制冷循环的经济性指标，制冷系数高就等于消耗较小的功能获得较大的制冷量。根据逆卡诺循环揭示的提高制冷系数方向，分析蒸汽压缩制冷理想循环的 $T-s$ 图或 $p-h$ 图，将提高蒸汽压缩制冷循环的制冷系数方法归纳如下。

1) 提高蒸发温度

如图 13-1-6 所示，原循环 12341，当冷凝压力不变，蒸发温度由 T_4 提高到 T_4' 时，就构成新的循环 $1'2'34'1'$，原循环的制冷系数为

$$\varepsilon=\frac{h_1-h_4}{h_2-h_1}$$

新循环的制冷系数为

$$\varepsilon'=\frac{h_1'-h_4'}{h_2'-h_1'}$$

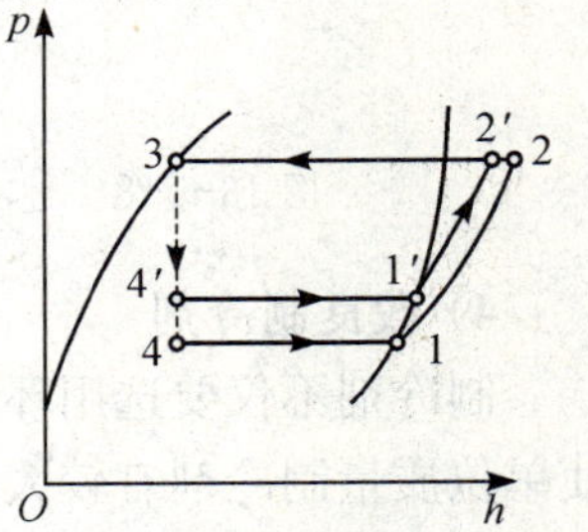

图 13-1-6　蒸发温度对 ε 的影响

由图 13-1-6 可见，显然 $(h_1'-h_4')>(h_1-h_4)$，$(h_2'-h_1')<(h_2-h_1)$，即 $\varepsilon<\varepsilon'$。虽然蒸发温度主要取决于制冷对象的温度要求，不能随意变动，但在制冷对象允许情况下，通过调节节流阀出口压力，取较高的蒸发温度，有利于提高循环的制冷系数。

2) 降低冷凝温度

如图 13-1-7 所示，原循环 12341，若蒸发温度不变，降低冷凝温度，则循环变为新的循环 $12'3'4'1$。由图 13-1-7 可得 $\varepsilon<\varepsilon'$。

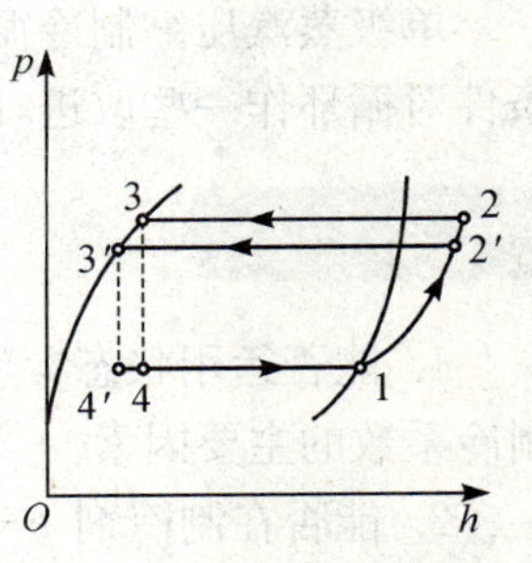

图 13-1-7　冷凝温度对 ε 的影响

冷凝温度取决于冷却介质的温度，不易变动很大。在条件允许时，应考虑到有利于制冷剂在冷凝器中散热，因制冷剂在冷凝器内不能较好地放热将使其冷凝温度和冷凝压力较高，这不仅使制冷系数变小、压缩机耗功增大，而且也可能引起制冷剂外漏。

3）加大制冷剂在冷凝器放热后的过冷度

如图 13-1-8 所示，原循环 12341 中进入膨胀阀的为饱和液体（3 点），若使进入膨胀阀的制冷剂液体为过冷液体（3′点），而其它条件不变，则新循环变为 123′4′1。由图 13-1-8 可以看出，新循环比原循环制冷系数大。过冷度越大，制冷系数增加越多。

制冷剂液体离开冷凝器的温度取决于冷却介质的温度，过冷度一般很小。多数制冷装置专设一回热器，如图 13-1-9 所示。回热器把从冷凝器出来到膨胀阀的这段管路与从蒸发器出来到压缩机吸入的管路包扎在一起，使从冷凝器出来的制冷剂液体进一步冷却，增大过冷度后再进入膨胀阀，同时也让进入压缩机前的蒸汽过热以保证“干压”。在蒸发温度和冷凝温度一般都不能随意变动的实际情况下，增加过冷度是提高蒸汽压缩制冷循环制冷系数最有效的办法。

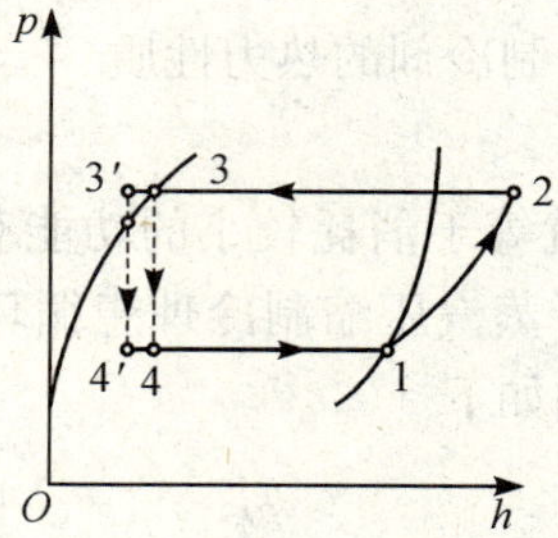

图 13-1-8　过冷度对 ε 的影响

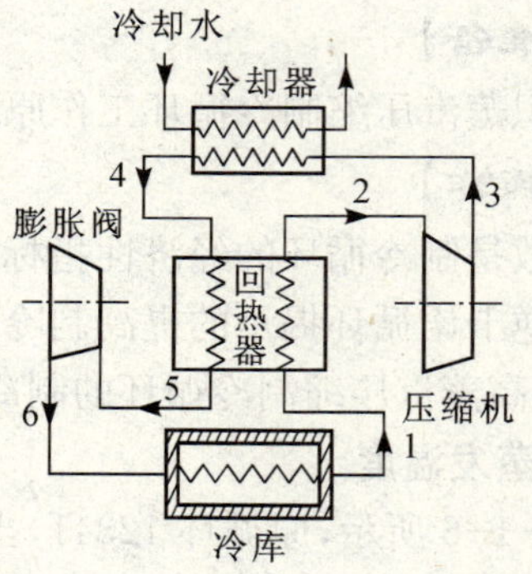

图 13-1-9　回热式压缩制冷装置

4）改良制冷剂

制冷剂不仅要选用环保型的，而且要选用汽化潜热大、液态比热小的。汽化潜热大才能使单位质量制冷剂有较大的制冷量；液态比热小，即其下界限线较陡，可使节流过程中液体汽化量较少，更多地在蒸发器中汽化。另外，制冷剂的蒸汽比容要小，以减小压缩机尺寸，使装置更紧凑。

5）尽量减少实际制冷循环中摩擦等不可逆因素，使循环接近于可逆制冷循环

单级蒸汽压缩制冷循环是最简单的循环。实际上，在上述分析指导下往往要根据实际条件对循环作一些改进，以便提高循环的热力完善度。

任务评价

1. 能否运用状态参数的 p-h 图和 T-s 图表示蒸汽压缩制冷循环的工作过程，分析影响制冷系数的主要因素。

2. 能否在制冷剂 p-h 图上准确读出蒸汽压缩制冷循环中确定状态的相关热力参数数据。

课后练习

1. 请选择一个最合适的答案。

(1) 某窗式空调由夏天工况转为冬天工况，下列说法不正确的是(　　)。

A. 制冷剂的流向相反　　B. 冷凝器变蒸发器

C. 蒸发器变冷凝器　　D. 膨胀阀变膨胀机

(2) 在实际制冷循环中下列说法错误的是(　　)。

A. 用“干压”代替“湿压”

B. 压缩机吸入的是干饱和蒸汽或稍过热的蒸汽

C. 用膨胀阀代替膨胀机

D. 膨胀阀中的过程是定压节流

(3) 制冷剂的 p-h 图上没有下列哪些线(　　)。

A. 定干度线　　B. 定熵线　　C. 定温线　　D. 定焓线

(4) 以 R12 为制冷剂，制冷剂在压缩机进口为饱和蒸汽态($h_1=673.6$)，同压力下饱和液的焓值为 $h_5=405.1$；若制冷剂在压缩机出口处焓为 $h_2=598$，在绝热节流阀进口处焓为 $h_3=443.8$，则该制冷循环的制冷系数为(　　)。

A. 4.32　　B. 5.32　　C. 6.32　　D. 6.91

(5) 提高制冷系数的正确途径是(　　)。

A. 尽量使实际循环接近于逆卡诺循环

B. 尽量增大冷剂在冷库和冷凝器中的传热温度

C. 降低冷库温度

D. 提高冷却水温度

(6) 实际的制冷循环为了增加过冷度，经常把从冷凝器出来到膨胀阀的这一段管路与(　　)包扎在一起。

A. 从压缩机的排出到冷凝器的管路

B. 从蒸发器出来到压缩机吸入口的管路

C. 蒸发管盘

D. 从膨胀阀到蒸发器的管路

(7) 影响蒸汽压缩制冷理想循环制冷系数的主要因素中没有(　　)。

A. 蒸发温度　　B. 过冷度　　C. 膨胀阀　　D. 冷凝温度

(8) 在其他条件不变下，蒸汽压缩制冷循环的制冷系数随低温热源温度降低而(　　)。

A. 降低　　B. 升高　　C. 不变　　D. 无法确定

2. 制冷剂在通过节流元件时压力降低，温度也大幅下降，可以认为节流过程近似为绝热过程，那么制冷剂降温时的热量传给了谁？

3. 单级蒸汽压缩式制冷理论循环有哪些假设条件？

4. 热泵供热循环与制冷循环有何异同？

任务2　单级蒸汽压缩式制冷系统性能测试

任务描述

本任务是应用蒸汽压缩制冷循环理论，对单级蒸汽压缩式制冷系统进行实际测试，将从测试中获得的参数与理论结合进行计算，算出实际单级蒸汽压缩式制冷机的相关参数，评估该制冷装置系统的效果和经济性。

学习目标

1. 能运用测量仪表，采集测量蒸汽压缩制冷系统相关参数。
2. 能将蒸汽压缩制冷系统理论运用于对实际制冷设备的评估分析中。

相关知识

测试设备及仪器仪表有：供水系统、氟利昂制冷装置、功率表、电压表、温度计、压力表、流量计、转速表等。本单级蒸汽压缩式制冷系统性能测试装置由压缩机、冷凝器、蒸发器、节流阀构成制冷系统，同时设有温度、压力、电流、电压等测量仪表，用于测量工质温度以及对系统实现控制。蒸发器和冷凝器均为水换热器，压缩机的轴功率通过输入电功率进行测算。制冷系统工况通过加热器调节蒸发器进、出水的水温，通过阀门调节进出蒸发器、冷凝器的水的流量；制冷量为蒸发器进出水带走的热量，通过测量冷凝器进出水带走的热量来校核实验。系统使用低压工质R22作为制冷剂，测试系统工作原理见本项目中任务一的相关知识。蒸汽压缩式制冷循环系统示意图见图13-2-1。

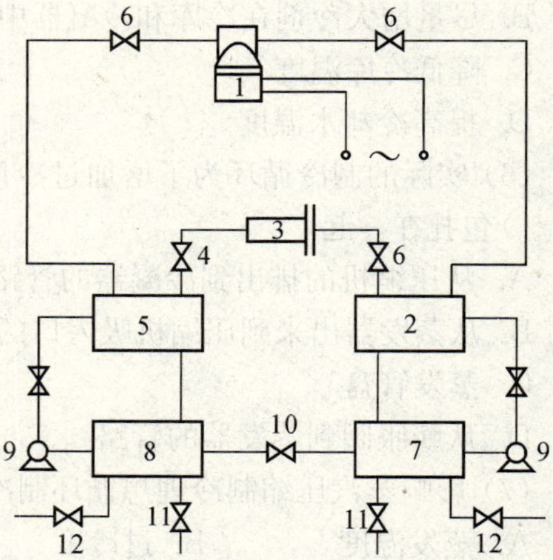

1-压缩机；2-冷凝器；3-干燥过滤器；4-节流阀；5-蒸发器；6-截止阀；7-冷凝器循环水箱；8-蒸发器循环水箱；9-水泵；10-水箱连通阀；11-排水管；12-进水管

图13-2-1　蒸汽压缩式制冷循环系统示意图

制冷循环的相关计算

1. 蒸发器的制冷量为　　$Q_0 = G_{mz} c_p (t_{z1} - t_{z2})$

2. 蒸发器中单位制冷机的制冷量为　　$q_0 = (h_{1'} - h_4)$

3. 制冷系统制冷剂循环量为　　　　$G_{mf}=\frac{Q_0}{q_0}$

4. 循环的理论制冷系数为　　　　　$\varepsilon=\frac{h_0-h_4}{h_2-h_1}$

5. 循环的实际制冷系数为　　　　　$\varepsilon_s=\frac{h_{1'}-h_4}{h_{2s}-h_1}$

6. 系统消耗理论功率为　　　　　　$N_p=G_{mf}(h_2-h_1)$

7. 系统实际消耗的功率为　　　　　$N=\sqrt{3}IU\cos\phi$

8. 冷凝器的理论放热量为　　　　　$q_L=(h_2-h_4)$

9. 冷凝器实际放热量为　　　　　　$Q_L=G_{mL}c_p(t_{L1}-t_{L2})$

式中：t_{z1}为蒸发器进水温度，℃；t_{z2}为蒸发器出水温度，℃；$h_{1'}$为蒸发器出口比焓；h_4为节流阀前液体比焓；h_1为压缩机吸气比焓；h_2为压缩机排气理论比焓；h_0为蒸发压力下饱和蒸汽比焓；h_{2s}为压缩机排气实际比焓；I为电机电流，A；U为电机电压，V；$\cos\phi$为功率因数；t_{L1}为冷凝器进水温度，℃；t_{L2}为冷凝器出水温度，℃；c_p为水的定压比热；G_{mL}为进出冷凝器的水流量；G_{mf}为进出蒸发器的水流量。

任务实施

【任务要求】

1. 在对制冷循环的理性认识的基础上，进一步熟悉和掌握单级蒸汽压缩式制冷系统的基本组成。

2. 了解温度、压力参数采集方法。

3. 通过对实际测定参数的计算，了解实际蒸汽压缩式制冷循环与理论蒸汽压缩式制冷循环的差异，分析影响制冷系统性能的因素。

4. 学会制冷系统测试方法，根据现有设备装置设计测试方案，完成制冷系统性能测试任务。

【任务准备】

1. 复习教材中有关制冷（热泵）循环方面的原理和公式。

2. 查阅相关参数手册：水的定压比热 $c_p=4.186\ 8$ kJ/(kg·K)，电机的功率因数 $\cos\phi=0.85$，R22 制冷剂热力性质表（见附录）。

3. 注意：为确保安全，切忌冷凝器在不通水或无人看管情况下长时间运行，控制工质压力不超过 0.2 MPa。

【任务操作】

1. 改变进入冷凝器的水量和水温，使冷凝压力达到所需要的值。

2. 在不改变热力膨胀阀阀杆位置的情况下，改变蒸发器的进水温度和流量，调节蒸发压力，同时也改变蒸发器出口制冷剂蒸汽温度。

3. 实验装置稳定后，在数据记录表 13-2-1 中记录相关数据（每次读出 3 个值，计算采用平均值）。

4. 查 R22 热力性质表，将相关数据填入数据记录表 13-2-2。

5. 调节热力膨胀阀阀杆，改变工况，重复步骤 3 和 4。

表 13-2-1

序号	排气压力 p_k/MPa	吸气压力 p_0/MPa	蒸发器出口温度 $t_{1'}$/℃	压缩机吸气温度 t_1/℃	压缩机排气温度 T_{2s}/℃	冷凝器前温度 t_2/℃	冷凝器后温度 t_4/℃	蒸发器进水温度 t_{z1}/℃	蒸发器出水温度 t_{z2}/℃	冷凝器进水温度 t_{L1}/℃	冷凝器出水温度 t_{L2}/℃	电机电压 U/V	电机电流 I/A
1													
2													
3													

表 13-2-2

序号	冷凝温度 t_k/℃	蒸发温度 t_0/℃	压缩机吸气焓 h_1/(kJ/kg)	压缩机排气理论焓 h_2/(kJ/kg)	压缩机排气实际焓 h_{2s}/(kJ/kg)	节流阀前液体焓 h_4/(kJ/kg)	节流阀后焓 $h_{0'}$/(kJ/kg)	冷凝后液体焓 $h_{4'}$/(kJ/kg)	冷凝前液体焓 $h_{2'}$/(kJ/kg)	p_0压力下饱和蒸汽焓 $h_{0'}$/(kJ/kg)
1										
2										
3										

任务评价

1. 是否能看懂系统图及实验设备规格、性能说明，理解制冷系统性能测试的原理。
2. 能否完成测试的数据处理与计算。
3. 能否分析理论与实测误差。
4. 提出如何获得稳定运行工况的具体实施方案。

课后练习

1. 指出本系统运行参数的调节手段是什么？

蒸汽压缩制冷循环中，循环增压比 p_2/p_1 越小，制冷系数是越大还是越小？增压比减小，循环的制冷量如何变化？（在 T-s 图上分析）

2. 有一个单级蒸汽压缩式制冷系统，高温热源温度为 30 ℃，低温热源温度为 −15 ℃，分别采用 R22 和 R717 为制冷剂，试求其工作时理论循环的性能指标。

3. 有一单级蒸汽压缩式制冷循环用于空调，假定为理论制冷循环，工作条件如下：蒸发温度 $t_0=5$ ℃，冷凝温度 $t_k=40$ ℃，制冷剂为 R134a。空调房间需要的制冷量是 3 kW，试求：该理论制冷循环的单位质量制冷量 q_0，制冷剂质量流量 q_m，理论比功 w_0，压缩机消耗的理论功率 P_0，制冷系数 ε 和冷凝器热负荷 Q_k。

附　录

1. 常用单位换算

(1) 长度

米(m)	分米(dm)	厘米(cm)	毫米(mm)	码(yd)	英尺(ft)	英寸(in)
1	10	100	1 000	1.093 6	3.280 84	39.370 1

注：1 海里为地球椭圆子午线上 1′(分)的弧长，纬度 45°时为 1 852 米
1 码＝3 英尺；1 英尺＝12 英寸；1 英寸＝8 英分

(2) 面积

平方米 (m^2)	平方分米 (dm^2)	平方厘米 (cm^2)	平方毫米 (mm^2)	平方码 (yd^2)	平方英尺 (ft^2)	平方英寸 (in^2)
1	100	10 000	10^6	1.196	10.763 9	1 550.0

(3) 体积

立方米 (m^3)	升(立方分米) (L)(dm^3)	毫升(立方厘米) (ml)(cm^3)	英加仑 (gal)[UK]	美加仑 (gal)[US]	立方英尺 (ft^3)	立方英寸 (in^3)
1	1 000	10^6	220.09	264.20	35.315	1 023.8

(4) 质量

吨(t)	千克(kg)	英吨(T)	美吨(shT)	英磅(lb)
1	1 000	0.984 2	1.102 3	2 204.62

(5) 力

牛顿(N)	达因(dyn)	公斤力(kgf)	磅力(lbf)
1	10^5	0.101 972	0.224 8

(6) 线速度

公里/小时 (km/h)	米/分 (m/min)	米/秒 (m/s)	海里/小时 (n mile/h)	英尺/分 (ft/min)	英尺/秒 (ft/s)
1	16.666 7	0.277 8	0.612 4	54.680 0	0.911 3

(7) 压力

帕斯卡(Pa)	巴(bar)	公斤力/厘米^2 (kgf/cm^2)	磅力/英寸^2 (lbf/in^2)	英吨/英尺^2 (T/ft^2)	大气压(atm)	汞柱高		水柱高	
						毫米(mm)	英寸(in)	米(m)	英尺(ft)
1	10^{-5}	1.0197×10^{-5}	1.450×10^{-4}	0.9324×10^{-5}	0.9869×10^{-5}	7.501×10^{-5}	29.53×10^{-5}	1.0197×10^{-4}	33.46×10^{-5}

(8) 流量

毫升/秒 (mL/s)	升/分 (L/min)	立方米/时 (m^3/h)	英加仑/分 (gal/min)[UK]	美加仑/分 (gal/min)[US]	立方英尺/时 (ft^3/h)	立方英寸/秒 (in^3/s)
1	60×10^{-3}	36×10^{-3}	13.197×10^{-3}	15.851×10^{-3}	61.024×10^{-3}	127.14×10^{-3}

(9) 功、能和热量

千焦耳 (kJ)	千卡 (kcal)	公斤力·米 (kgf·m)	千瓦·小时 (kW·h)	马力·小时 (PS·h)	英热单位 (Btu)
1	0.2389	101.9	0.277×10^{-3}	0.377×10^{-3}	0.9480

注：1 J=1 N·m=1 W·s；1 kW·h=1.36 PS·h；1 cal=4.186 J

(10) 功率

瓦特 (W)	公制马力 (PS)	公斤力·米/秒 (kgf·m/s)	英制马力 (HP)	磅力·英尺/秒 (lbf·ft/s)
1	1.36×10^{-3}	0.10197	1.34×10^{-3}	0.7376

(11) 绝对黏度

牛顿·秒/米^2 ($N\cdot s/m^2$)(Pa·s)	公斤力·秒/米^2 ($kgf\cdot s/m^2$)	达因米/厘米^2(泊) ($dyn\cdot m/cm^2$)(P)	厘泊 (cP)
1	0.102	10	1000

(12) 运动黏度

厘沲(cSt)	沲(St)	米^2/秒(m^2/s)	英尺^2/秒(ft^2/s)
1	1×10^{-2}	1×10^{-6}	1.076×10^{-5}

注：1 St=1 cm^2/s

(13) 散热系数

瓦/(米^2·K) ($W/(m^2\cdot K)$)	千卡/(米^2·时·K) ($kcal/(m^2\cdot h\cdot K)$)	英热单位/(英尺^2·时·℉) ($Btu/(ft^2\cdot h\cdot ℉)$)
1	0.86	0.1761

注：$W/(m^2\cdot K)$为SI单位

2. 水蒸气的焓熵图

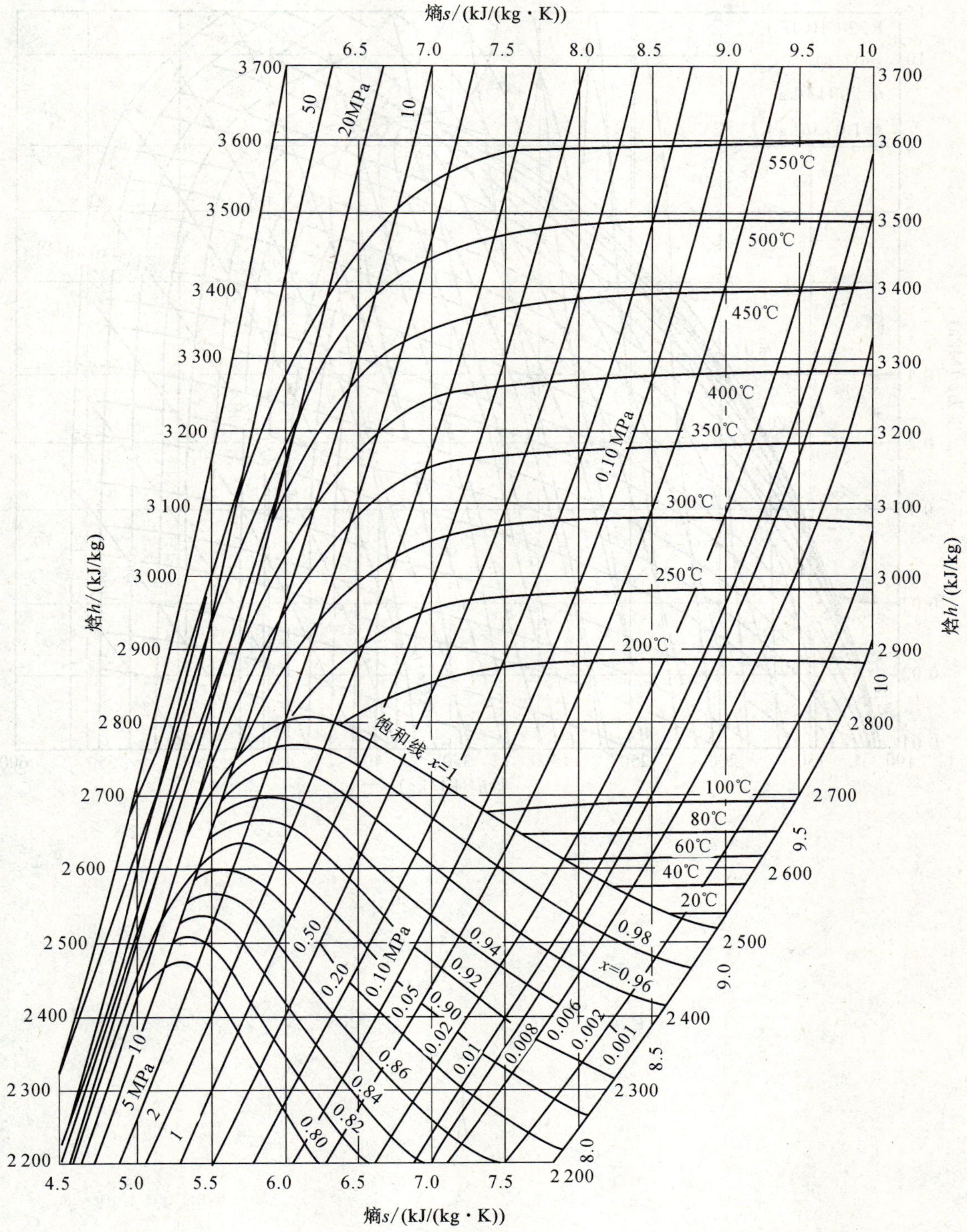

熵s/(kJ/(kg·K))
6.5
7.0
7.5
8.0
8.5
9.0
9.5
10
3 700
3 600
3 500
3 400
3 300
3 200
3 100
3 000
2 900
2 800
2 700
2 600
2 500
2 400
2 300
2 200
焓h/(kJ/kg)
50
20MPa
10
550℃
500℃
450℃
400℃
350℃
300℃
250℃
200℃
100℃
80℃
60℃
40℃
20℃
0.10 MPa
饱和线 x=1
0.98
x=0.96
0.94
0.92
0.90
0.86
0.84
0.82
0.80
0.50
0.20
0.10 MPa
0.05
0.02
0.01
0.008
0.006
0.002
0.001
10
5 MPa
2
1
10
9.5
9.0
8.5
8.0
4.5
5.0
5.5
6.0
6.5
7.0
7.5
熵s/(kJ/(kg·K))

3. 制冷剂的压焓图

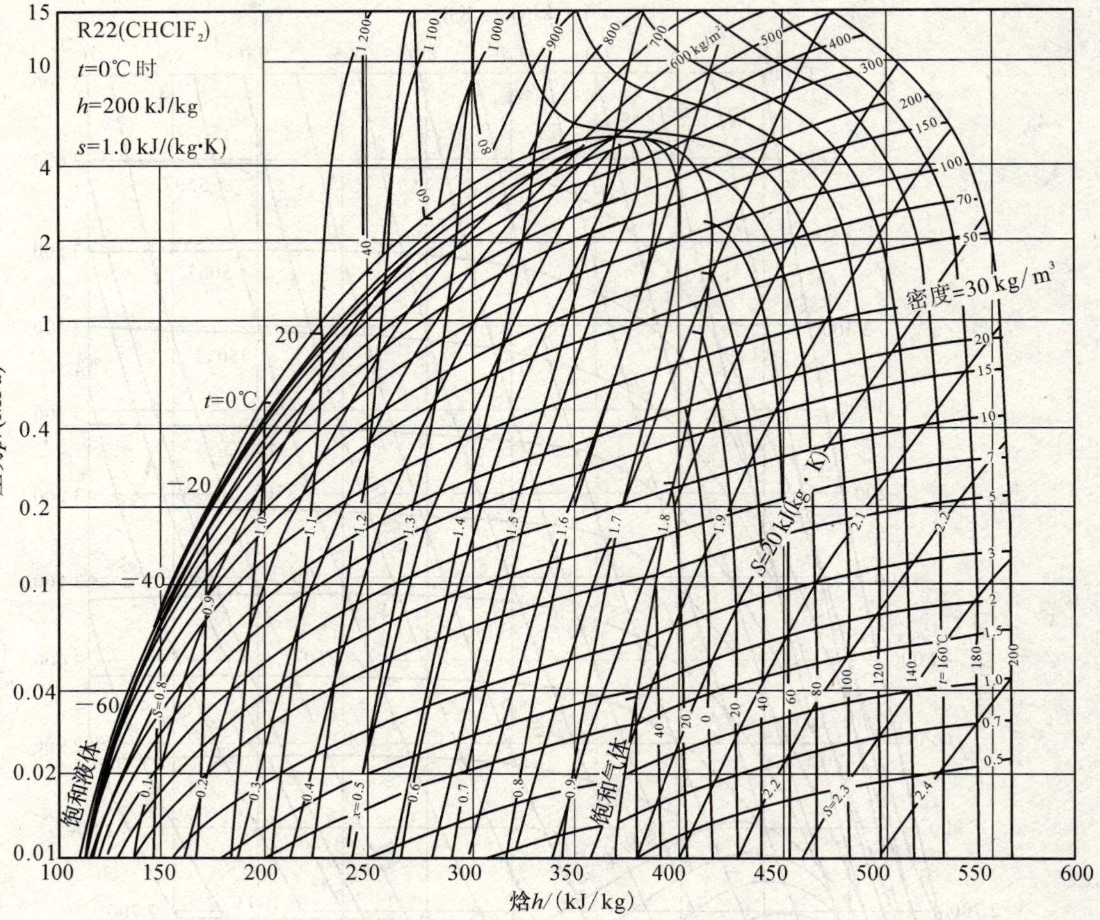
R22(CHClF2)
t=0℃时
h=200 kJ/kg
s=1.0 kJ/(kg·K)
压力p/(MPa)
焓h/(kJ/kg)
饱和液体
饱和气体
密度=30 kg/m3
S=20 kJ/(kg·K)
600 kg/m3

4. 湿空气的焓湿图

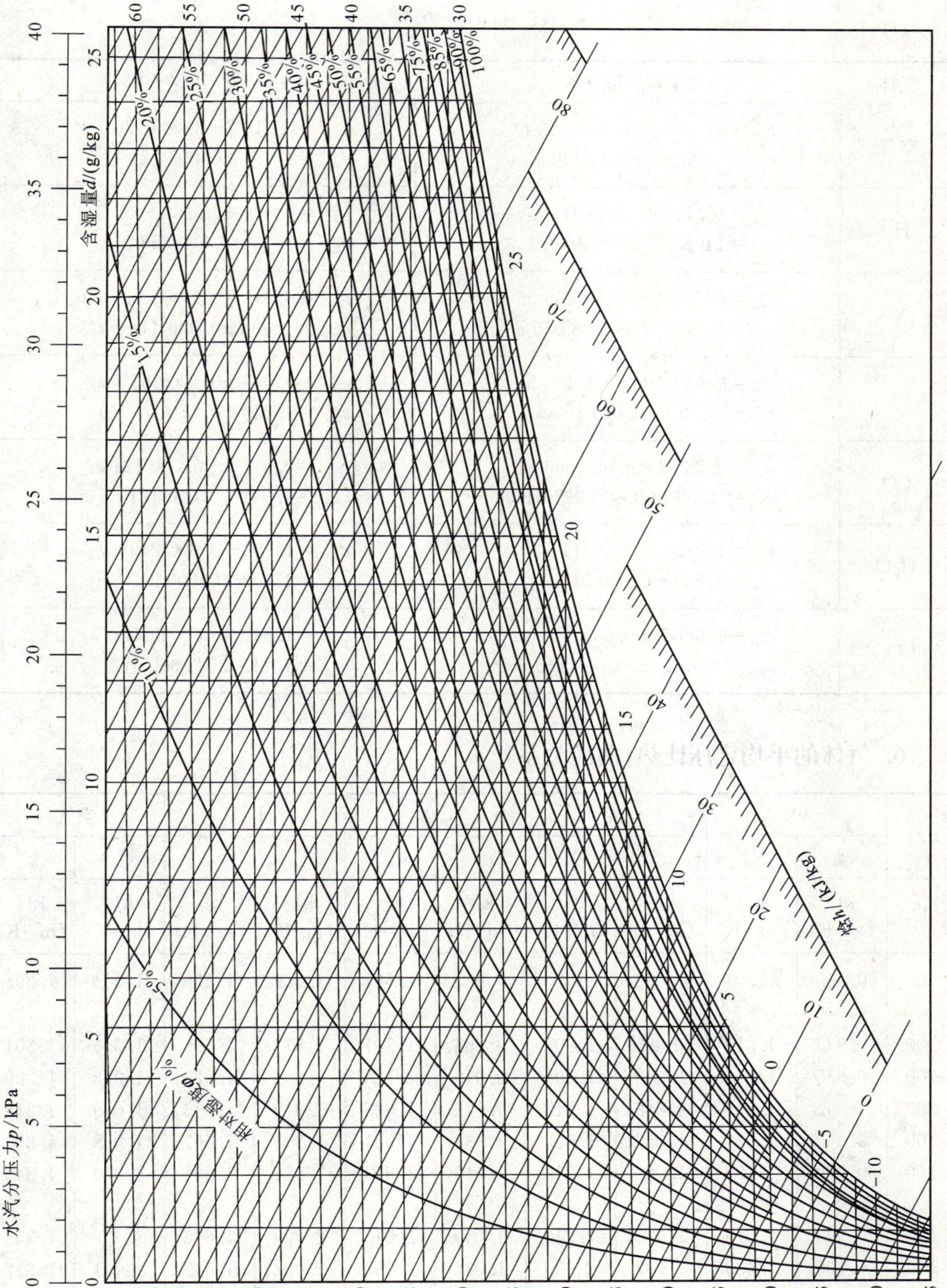

5. 气体平均比热直线关系式(适用 1~1 500 K)

$$c_m = a_0 + b_0 t$$

气体	c_m, kJ/(kg·K)	c_m', kJ/(m_0^3·K)
空气	c_{vm} = 0.708 8+0.000 093 t c_{pm} = 0.995 6+0.000 093 t	c_{vm}'=0.915 7+0.000 120 1 t c_{pm}'=1.287+0.000 120 1 t
H_2	c_{vm}=10.12+0.000 594 5 t c_{pm}=14.33+0.000 594 5 t	c_{vm}'=0.909 4+0.000 052 3 t c_{pm}'=1.28+0.000 052 3 t
N_2	c_{vm}=0.730 4+0.000 089 55 t c_{pm}=1.032+0.000 089 55 t	c_{vm}'=0.913 1−0.000 110 7 t c_{pm}'=1.306+0.000 110 7 t
O_2	c_{vm}=0.659 4+0.000 106 5 t c_{pm} = 0.919+0.000 106 5 t	c_{vm}'=0.943+0.000 157 7 t c_{pm}'=1.313+0.000 157 7 t
CO	c_{vm}=0.733 1+0.000 096 81 t c_{pm} = 1.035+0.000 096 81 t	c_{vm}'=0.917 3+0.000 121 t c_{pm}'=1.291+0.000 121 t
H_2O	c_{vm}=1.372+0.000 311 1 t c_{pm}=1.833−0.000 311 1 t	c_{vm}'=1.102+0.000 249 8 t c_{pm}'=1.473−0.000 249 8 t
CO_2	c_{vm}=0.683 7+0.000 240 6 t c_{pm} = 0.872 5+0.000 240 6 t	c_{vm}'=1.342 3+0.000 472 3 t c_{pm}'=1.713 2+0.000 472 3 t

6. 气体的平均定压比热(曲线关系)

t	O_2		N_2		CO_2		H_2O		空气	
	c_{pm}	c_{pm}'	c_{pm}	c_{pm}'	c_{pm}	c_{pm}'	c_{pm}	c_{pm}'	c_{pm}	c_{pm}'
℃	kJ/(kg·K)	kJ/(m^3·K)	kJ/(kg·K)	kJ/(m^3·K)	kJ/(kg·K)	kJ/(m^3·K)	kJ/(kg·K)	kJ/(m^3·K)	kJ/(kg·K)	kJ/(m^3·K)
0	0.915	1.307	1.039	1.3	0.815	1.601	1.859	1.495	1.004	1.298
100	0.923	1.319	1.04	1.301	0.866	1.701	1.873	1.506	1.006	1.301
200	0.935	1.336	1.043	1.305	0.910	1.788	1.894	1.523	1.012	1.309
300	0.95	1.357	1.049	1.312	0.949	1.865	1.919	1.543	1.019	1.318
400	0.965	1.379	1.057	1.322	0.983	1.931	1.948	1.567	1.028	1.330
500	0.979	1.399	1.066	1.333	1.013	1.990	1.978	1.591	1.039	1.343
600	0.993	1.419	1.076	1.346	1.040	2.043	2.009	1.616	1.05	1.358
700	1.005	1.436	1.087	1.36	1.064	2.090	2.042	1.642	1.061	1.372
800	1.016	1.451	1.097	1.372	1.085	2.132	2.075	1.669	1.071	1.385
900	1.026	1.466	1.108	1.385	1.104	2.169	2.11	1.697	1.081	1.398

（续　表）

t	O_2		N_2		CO_2		H_2O		空气	
	c_{pm}	c_{pm}'	c_{pm}	c_{pm}'	c_{pm}	c_{pm}'	c_{pm}	c_{pm}'	c_{pm}	c_{pm}'
℃	kJ/(kg·K)	kJ/(m^3·K)	kJ/(kg·K)	kJ/(m^3·K)	kJ/(kg·K)	kJ/(m^3·K)	kJ/(kg·K)	kJ/(m^3·K)	kJ/(kg·K)	kJ/(m^3·K)
1 000	1.035	1.479	1.118	1.398	1.122	2.204	2.144	1.724	1.091	1.411
1 100	1.043	1.490	1.127	1.410	1.138	2.236	2.177	1.750	1.100	1.423
1 200	1.051	1.501	1.136	1.421	1.153	2.265	2.211	1.778	1.108	1.433
1 300	1.058	1.511	1.145	1.432	1.166	2.291	2.243	1.804	1.117	1.445
1 400	1.065	1.521	1.153	1.442	1.178	2.314	2.274	1.829	1.124	1.454
1 500	1.071	1.530	1.160	1.451	1.189	2.336	2.305	1.854	1.131	1.463
1 600	1.077	1.539	1.167	1.460	1.200	2.358	2.335	1.878	1.138	1.472
1 700	1.083	1.547	1.174	1.468	1.209	2.375	2.363	1.901	1.144	1.480
1 800	1.089	1.556	1.180	1.476	1.218	2.393	2.391	1.923	1.150	1.487
1 900	1.094	1.563	1.186	1.484	1.226	2.409	2.417	1.944	1.156	1.495
2 000	1.099	1.570	1.191	1.490	1.233	2.423	2.442	1.964	1.161	1.502

参考文献

[1] 范钦珊主编. 普通高等教育"十一五"国家级规划教材・工程力学:静力学和材料力学. 2版. 北京:高等教育出版社,2010.

[2] 孙铮主编. 轮机工程力学与热工基础. 北京:对外经贸大学出版社,2012.

[3] 章学来主编. 轮机工程基础. 北京:人民交通出版社,2009.

[4] 刘鹤年主编. 流体力学. 2版. 北京:中国建筑工业出版社,2004.

[5] 沈维道,童钧耕. 工程热力学. 4版. 北京:高等教育出版社,2007.

[6] 史琳,吴晓敏,段远源,等. 工程热力学. 2版. 北京:清华大学出版社,2011.

[7] 童钧耕. 工程热力学学习辅导与习题解答. 北京:高等教育出版社,2008.

[8] 龚良贵,章宝华. 工程力学. 北京:中国水利水电出版社,2007.

[9] 朱小良,方可人. 普通高等教育"十一五"国家级规划教材:热工测量及仪表. 3版. 北京:中国电力出版社,2011.

[10] 潘汪杰,文群英. 热工测量及仪表. 2版. 北京:中国电力出版社,2010.